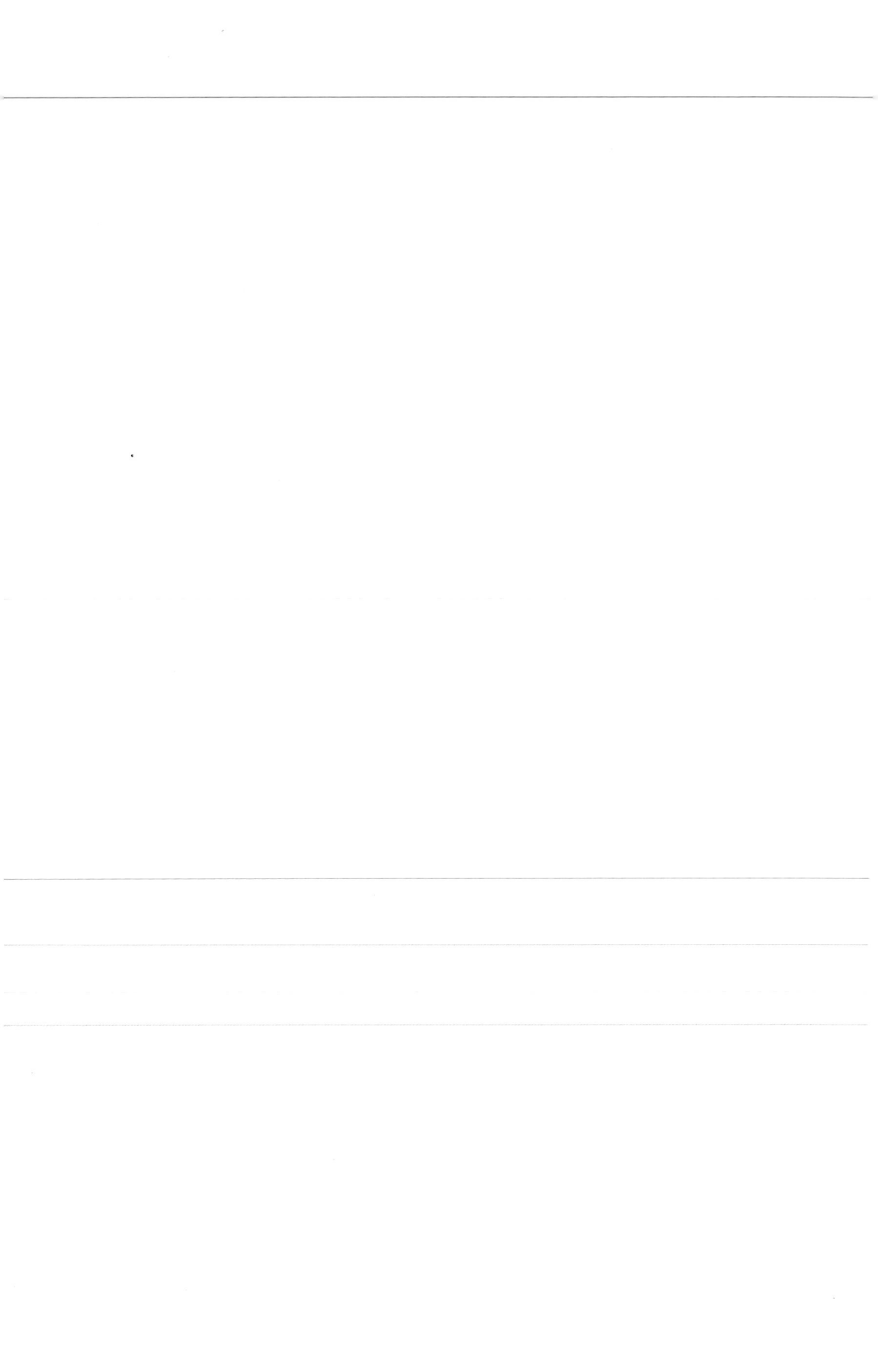

行业协会的治理转型与渐进调适

任晓春 著

社会科学文献出版社
SOCIAL SCIENCES ACADEMIC PRESS (CHINA)

目 录

绪 论 ·· 001

第一章 新中国行业协会的建立和发展 ······································ 027
  第一节 不同时期成立的行业协会 ·· 027
  第二节 行业协会的发展及文本分析 ······································ 059
  第三节 行业协会发展的动力和挑战 ······································ 074

第二章 行业协会的功能、结构与现状 ······································ 099
  第一节 行业协会的治理功能 ·· 099
  第二节 行业协会的治理结构 ·· 108
  第三节 行业协会的治理失灵 ·· 121

第三章 行业协会与行政机关脱钩的治理变革 ······························ 132
  第一节 行业协会与行政机关脱钩的外部关系变革 ···················· 132
  第二节 行业协会与行政机关脱钩的内部结构变革 ···················· 146

第四章 S省涉煤行业协会的发展及转型 ···································· 160
  第一节 S省煤炭工业协会的治理转型 ··································· 161
  第二节 S省焦化行业协会的治理转型 ··································· 175
  第三节 S省涉煤行业协会治理转型的启示 ····························· 184

第五章 行业协会治理转型的渐进调适 ······································ 188
  第一节 行业协会与行政机关脱钩的困境 ································ 188

第二节　行业协会与行政机关脱钩后的持续发展 …………… 206

结语　行业协会何以走向自组织治理 ……………………… 220

参考文献 …………………………………………………………… 225

后　　记 …………………………………………………………… 243

绪　论

一　研究目的与价值

行业协会是中国社会组织管理体制改革中最先启动、改革最为迅速的类型。改革开放后，中国的行业协会逐步发展起来，特别是20世纪90年代末，行业协会的发展与行政改革相互促进，政府的某些经济管理部门让权于行业协会。自20世纪90年代初以来，行业协会治理变革一直是政会关系改革的重要内容，但由于政策本身的不完备和执行中的偏差，行业协会依附政府的现象仍普遍存在。《国家经济贸易委员会关于加强行业协会规范管理和培育发展工作的通知》《国务院办公厅关于加快推进行业协会商会改革和发展的若干意见》等文件成为行业协会发展的行动指南。2013年，党的十八届三中全会提出了"社会治理"一词，并"限期实现行业协会商会与行政机关真正脱钩"，政会脱钩从试点向全国推广。2015年，中办、国办印发的《行业协会商会与行政机关脱钩总体方案》为行业协会治理结构的转型提出了行动指南。行政色彩浓厚的行业协会与行政机关脱钩需要一个过程，而在这个过程中，行业协会脱离政府将面临"靠山"没了，政府放开协会意味着"跑腿的"没了。因此，在政府与社会的关系框架下及"推进国家治理体系和治理能力现代化"的目标下，研究"政会脱钩"的进程以及脱钩后行业协会的治理转型是发挥社会组织参与社会治理的应有之义。

基于政会脱钩的管理实践，本书提出以下问题：行业协会与行政机关真正脱钩的过程是什么？在政会脱钩进程中，政府和市场的网络关系是否会改变或者重塑行业协会的内部结构？具体而言，作为资源的主要提供者，政府和市场的网络关系将会对行业协会的策略行动产生什么影响？这种影响是否会改变行业协会治理结构的转型？政府如何推进社会治理的精细化？这都是我们需要考虑的问题。本书一方面以"政府-社会"为分析框架，关注行业协会治理转型，拓展此分析框架的应用范畴；另一方面以"政会脱钩"为切入点，理解行业协会治理转型，与党的十八届五中全会提出的"推进社会治理精细化，构建全民共建共享的社会治理格局"有机联结。

二　研究现状与述评

国内外学者很早就对行业协会展开了研究。从研究主题来看，主要集中于以下几个方面。

（一）研究现状

1. 组织特性与功能研究

第一，关于行业协会组织特性（Organizational Properties）的研究，主张行业协会应当具备独立法人资格，行业协会的组织特征在于自治性，目前的研究多从权力的角度展开论述，如艾里什、E. 利昂、W. 卡尔拉、西蒙[1]以及杨团[2]、孔繁斌[3]、蓝煜昕[4]等的研究。陈宪和徐中振认为，行业协会自身的独立性是由其代表的社会权力所决定的，行业协会应体现其群体意志和利益，将自主与自律作为其行为的基本原则。[5] 鲁篱论述了行业协会自治的法律依据，提出成员企业对自治权的认同程度、自治权内部的结构分化水平、自治权行使主体管理活动能力的大小、国家对自治权的认同和约束程度、社会一般公众的评判标准等变量影响协会自治权的实现程度。[6] 陈剩勇、汪锦军、马斌认为行业协会实现自治性必须满足：领导人由会员企业民主选举产生、经费必须来自会员、相对健全的组织结构和治理机制、具有规范行业秩

---

[1] 艾里什、E. 利昂、W. 卡尔拉、西蒙：《建设有利于非营利组织的法制环境》，载赵黎青编《非营利部门与中国发展》，香港社会科学出版社，2001。
[2] 杨团：《社区化社会保障、非营利组织与相关政策、法规》，载赵黎青编《非营利部门与中国发展》，香港社会科学出版社，2001。
[3] 孔繁斌：《从限制结社自由到监管公共责任》，《中国行政管理》2005年第2期。
[4] 蓝煜昕：《试论我国非营利部门的法制环境指数》，《中国非营利评论》2009年第1辑。
[5] 陈宪、徐中振：《体制转型与行业协会：上海培育和发展行业协会研究报告》，上海大学出版社，1999，第9页。
[6] 鲁篱：《行业协会经济自治权研究》，西南政法大学博士学位论文，2002。

序和化解纠纷的能力等四个条件。① 阿什比等（Ashby et al.）基于博弈论的视角，指出了行业协会自治效率的影响因素，如政府授权行业协会进行管制后的成本收益比较、行业协会的管理成本和会员企业的守法成本收益比较等因素。张婕、张媛媛提出了行业协会在治理目标多元化、缺乏相关利益主体、协会与会员之间互为治理对象等条件下的弱治理特征。②

第二，行业协会的微观功能。林恩和麦基翁（Lynn and Mckeown）的调查发现，91%的制造业协会的基本功能是收集信息，这个比例明显高于其他领域的行业协会。③ 维韦斯（Vives）指出，行业协会提供的信息分享、交换和披露机制使协会成员可以获得单个成员依靠自身力量无法获取或即使获取成本也较高的必要信息。④ 还有一部分学者分析了行业协会的价格协调功能。

第三，行业协会的宏观功能研究主要围绕社会秩序和经济发展等方面展开。

首先，行业协会为社会发展提供了秩序。一方面，行业协会是在国家、市场、企业和社区之外提供的另一种社会制度，是一种组织化的私序，整合和提高了社会运作的秩序与效率。施密特和施特雷克（Schmitter and Streeck）认为，在政府许可和支持下，社团的协会秩序可被视为一种"私益政府"或新社团主义调解者，并将成为一种介于"俱乐部"和"企业"之间的组织。⑤ 贝克（Baker）认为，行业协会能满足会员在利益上的特定需要，有利于增强会员间的团结和行为和谐，使会员更具公民性。⑥

---

① 陈剩勇、汪锦军、马斌：《组织化、自主治理与民主——浙江温州民间商会研究》，中国社会科学出版社，2004。
② 张捷、张媛媛：《商会治理的基本特征及中国的经验证据》，《经济管理》2009年第11期。
③ L. H. Lynn, T. J. Mckeown, *Organizing Business: Trade Associations in America and Japan*, Washington, D. C: America Enterprise Institute for Public Policy Research, 1988.
④ X. Vives, "Trade Association Disclosure Rules, Incentives to Share Information, and Welfare," *Rand Journal of Economics* 3 (1990).
⑤ W. Streeck, P. C. Schmitter, "Community, Market, State-and Associations? The Prospective Contribution of Interest Governance to Social Order," *European Sociological Review* 2 (1985): 119-138.
⑥ H. P. Baker, "Practical Problem of Trade Association," *Proceedings of the Academy of Political Science in the City of New York* 4 (1926): 77-91.

阿莱曼（Aleman）认为行业协会扮演着学习中心的角色。[①] 余晖等认为，行业协会通过组织合法性的取得以及组织权力的运用，提高了整个社会的法治水平。[②] 另一方面，行业协会是探求中国市场经济改革作用下社会变迁的线索。例如，罗德麦克斯（Rademakers）认为，行业协会基于交易过程、交易特性和制度，提供了三种形式的信任。[③] 罗伯特（Robert）认为，行业协会通过地方企业俱乐部等形式召集协会成员进行交流和参与社会活动，能够形成非正式的联系，进而创建共同的社区精神。[④]

其次，行业协会对经济发展的影响。多数学者认为，行业协会对经济发展有着积极的影响，如以广告来支持或发展更大的市场（Lockley）[⑤]，使商业贸易扩张更具有效性（Grief）[⑥]，能够提高企业应对反倾销的积极性（陈林荣）[⑦]，能够提供"市场支持"和"市场补充"（Doner & Schneider）[⑧]，是一种政府和企业交替存在的工业控制方式（Compton）[⑨]。还有个别学者，如奥尔森（Olsen）认为，行业协会作为分利集团，会产生"寻租"行为，

[①] P. P. Aleman, "A Learning-Centered View of Business Associations: Building Business-Government Relations for Development," *Business and Politics* 2 (2003): 193-213.

[②] 余晖等：《行业协会及其在中国的发展：理论与案例》，经济管理出版社，2002年。

[③] 基于交易过程的信任（process-based trust）主要是信息和知识的传播，通过游说等提升整体利益以及实施合作等；基于交易特性的信任（characteristic-based trust）主要是给行业的管理者提供一个平台来对行业内的集体事务进行磋商，比如提高整体产品质量和技术等，共同对付外部竞争者等；基于制度的信任（institutionally-based trust）主要是针对行业自律的，如共同规则的发展和监控、对内部冲突进行仲裁等。M. F. Rademakers, "Agents of Trust: Business Associations in Agri-food Supply Systems," *International Food and Agribusiness Management Review* 3 (2000): 139-153.

[④] J. B. Robert, "The Logic of Local Business Association: An Analysis of Voluntary Chambers of Commerce," *Journal of Public Policy* 3 (1996): 251-279.

[⑤] C. L. Lockley, "Trade Associations as Advertisers," *Journal of Marketing* 2 (1943): 189-193.

[⑥] A. Grief, "Contract Enforceability and Economic Institutions in Early Trade: The Maghribi Traders' Coalition," *American Economic Review* 3 (1993): 525-548.

[⑦] 陈林荣：《行业协会治理与企业应对反倾销的博弈分析》，《首都经济贸易大学学报》2011年第5期。

[⑧] 支持性（market-supporting）表现在推动政府提供一些公共产品，如修建公共基础设施等；补充性（market-comlementing）表现为克服市场失灵，如降低信息成本、制定行业标准等。R. F. Doner, B. R. Schneider, R. S. Ben, "Business Association and Economic Development: Why Some Associations Contribute More than Others," *Business and Politics* 3 (2000): 261-288.

[⑨] W. Compton, W. Myron, et al. "Trade Association-Discussion," *The American Economic Review* 1 (1926): 227-239.

会提高社会的交易成本,阻碍经济的增长。①

2. 产生与发展研究

(1) 行业协会的产生动力

第一,强调市场发展作为行业协会的动力。将行业协会与私营经济领域为适应外部环境的变化发展出来的策略结合起来,认为协会是市场经济领域自发形成的整合工具。一种观点认为行业协会的产生是减少交易成本的需要。拉摩洛克斯(Lamoreaux)、皮伦肯珀尔(Pierenkemper)、高拉姆博什(Galambos)、瓦尔登(Waarden)② 等认为,行业协会是为节约企业间反复出现的谈判、签约以及履约的交易费用等交易成本而达成的一系列合约安排。例如,雷卡纳蒂尼和莱特曼(Recanatini and Ryterman)认为,在转型过程中行业协会的自发产生是对交易成本增加和企业无组织化的理性反应。③ 余晖等认为,行业协会通过组织化的"私序"而节约交易成本,提高资源的配置效率。孙丽军运用经济学的交易成本理论和博弈论分析工具构建了一个用于解释行业协会产生、存续的内外机制的理论框架。④ 另一种观点认为行业协会是基于行业内竞争(行业特征和市场结构)而形成的。兰姆(Lamb)认为:"(行业协会)目的在于促进和提高该行业中一个或多项经济利益或者是该领域所覆盖成员的经济利益。"⑤ 施奈贝格和霍林斯沃斯(Schneiberg and Hollingsworth)认为行业协会内部是一种非交易

---

① 〔美〕曼库尔·奥尔森:《国家兴衰探源》,吕应中等译,商务印书馆,1993。
② N. R. Lamoreaux, *The Great Merger Movement in American Business*, Cambridge: Cambridge University Press, 1985; T. Pierenkemper, "Trade Associations in Germany in the Late Nineteenth and Early Twentieth Century," Hiroaki Yamazaki, Matao Miyamoto, eds., *Trade Associations in Business History*, Tokyo: Tokyo University Press, 1988, pp. 233 – 261; L. Galambos, *Competition and Cooperation: The Emergence of a National Trade Association*, Baltimore: Johns Hopkins University Press, 1965; F. V. Waarden, "Sector Structure, Interests and Associative Action in the Food Processing Industry," in WynGrant. *Business Interests, Organizational Development and Private Interest Government*, Berlin: de Gruyter, 1987.
③ F. Recanatini, R. Ryterman, "Disorganization or Self-Organization," *World Bank Working Paper* 2 (2001): 25-39.
④ 孙丽军:《行业协会的制度逻辑》,复旦大学博士学位论文,2004。
⑤ G. P. Lamb, "Trade Association Law and Practice," *The University of Chicago Law Review*, 4 (1957): 788.

性的水平关系，很少有交易关系。① 霍林斯沃斯和林德伯格（Hollingsworth and Lindberg）认为行业协会在竞争性市场和市场分散化的产业部门、最终消费品部门（如纺织品、药品和半导体等）尤其繁荣，竞争性的行业必须通过协会来进行价格、产量等方面的管制。② 郑江淮和江静综合了以上两种观点后认为，行业协会一方面以整合行业特质资源的方式创造和分配租金，使协会稳定发展，另一方面以会员横向关系的单边治理结构降低了政府、法律等的管制成本，促使整个市场经济更加有序。③ 总之，在市场经济相对发达的温州等沿海中等城市，各类民营企业或相关经济主体或在政府的倡导下，或自愿加入体制外行业协会。

第二，强调国家干预作为行业协会的动力。社会结构和经济结构影响着行业协会的生成。余晖等认为，就国家干预而言，行业协会的生成有两种制度动力：一是用行政手段建立的行业协会，或将政府专业经济管理部门转制而成，或由政府的不同业务部门成立的企业协会。④ 这类协会一般由行业主管部门组建并挂靠在政府主管部门内，在政府的授权或委托下承担部分行业管理职能。二是法律颁布后产生或得到确认的行业协会，如注册会计师协会、律师协会、体育运动协会、中国证券业协会等。张良、吴强玲、叶海平提出行业协会重组的三种模式：整体改造、分拆改造和新建转型。⑤

（2）行业协会的发展

行业协会发展的影响因素主要集中在制度环境和资源依赖两个方面。

---

① M. Schneiberg, J. R. Hollingsworth, "Can Transaction Cost Economics Explain Trade Associations?" Masahikon Aoki, Bo Gustaffaon, O. Williamson, *The Firm as a Nexus of Treaties*, London and Beverly Hills: Sage Pulications, 1990, pp. 320-346.

② J. R. Hollingsworth, L. Lindberg, "The Role of Market, Clan, Hierarchies and Associative Behavior," W. Streeck, P. Schmitter, eds., *Private Interest Government: Beyond Market and State*, Sage Publications Ltd, 1985.

③ 郑江淮、江静：《行业特质性资源配置、激励差别化和行业发展秩序》，载盛洪《WTO与中国经济案例集》，上海三联书店，2007；郑江淮、江静：《理解行业协会》，《东南大学学报》（哲学社会科学版）2007年第6期。

④ 张贯一：《我国企业协会的覆盖率及其相关制度的再设计》，《改革与战略》2009年第4期。

⑤ 张良、吴强玲、叶海平：《论我国行业协会的重组模式、治理结构和政策创新》，《华东理工大学学报》（社会科学版）2004年第1期。

第一,"制度环境"对行业协会发展的影响。行业协会是理解社团中政治因素影响的旁白(White)[1]。学者们一致认为,社会组织的双重管理体制直接妨碍、制约和限制了社会组织的成长发展。研究这方面的学者们深陷于国家与社会关系的"结构论争",但主要是从法团主义的视角认为协会是国家吸纳战略的一部分,康晓光较早就提出了用法团主义模式构建行业协会与政府关系的观点。法团主义可区分为国家法团主义和社会法团主义。国家法团主义强调国家对社会的控制,认为行业协会是国家控制的替代工具和制度性连接工具,如 Chan[2]、Dickson[3]、Saich[4]、Unger[5]、顾昕等[6]、吴建平[7]等学者的研究。纪莺莺认为中国缺乏法团主义的社会基础,将组织化利益整合进国家决策结构中的制度安排也不存在[8],协会不能先谋求利益代表地位而只能先谋求自己生存下来。因而,国家法团主义有中国特征:中国典型特征的合作主义(马秋莎)[9]、"利益契合"的法团主义(江华等)[10]、强调利益合作观念的新法团主义(Dittmer)[11]、依附-法团主义(Pearson)[12]等。社会法团主义强调国家与社会的合作,多数学者

---

[1] S. White, "The Politics of NGO Development in China," *Voluntas: International Journal of Voluntary and Nopprofit Organizations* 2 (1991): 16-48.

[2] A. Chan, "Revolution or Corporatism? Workers and Trade Unions in Post-Mao China," *The Australian Journal of Chinese Affairs* 1 (1993): 31-61.

[3] B. J. Dickson, *Red Capitalists in China: The Party, Privae Enterpreneurs, and Prospects for Political Change*, Cambridge: Cambridge University Press, 2000, pp. 83-85.

[4] T. Saich, "Negotiating the State: The Development of Social Oranizations in China," *China Quarterly* 3 (2001): 124-141.

[5] J. Unger, "Chinese Associations, Civil Society, and State Corporatism: Disputed Terrain," in J. Unger, ed., *Association and the Chinese State: Contested Spaces*, New York: M. E. Sharpe, Inc, 2008.

[6] 顾昕、王旭:《从国家主义到法团主义:中国市场经济转型过程中国家与专业团体关系的演变》,《社会学研究》2005年第2期。

[7] 吴建平:《理解法团主义——兼论其在中国国家与社会关系研究中的适用性》,《社会学研究》2012年第1期。

[8] 纪莺莺:《当代中国的社会组织:理论视角与经验研究》,《社会学研究》2013年第5期。

[9] 马秋莎:《比较视角下中国合作主义的发展:以经济社团为例》,《清华大学学报》(哲学社会科学版)2007年第2期。

[10] 江华、张建民、周莹:《利益契合:转型期中国国家与社会关系的一个分析框架——以行业组织政策参与为案例》,《社会学研究》2011年第3期。

[11] L. Dittmer, "Chinese Informal Politics," *The China Journal* 7 (1995): 1-34.

[12] M. Pearson, *China's New Business Elite: The Political Consequences of Economic Reform*, Berkley and Los Angeles, California: University of California Press, 1997.

认为中国行业协会管理体制将由国家法团主义走向社会法团主义。① 多元主义视角强调国家对社团干预的放松和市场发展对协会的影响。治理视角强调协会参与市场治理，分析协会与政府的博弈关系，分析协会与政府合作治理的路径。

第二，发展逻辑和"资源依赖"对行业协会发展的影响。施密特和施特雷克（Schmitter and Streeck）认为，行业协会的发展受"会员逻辑"和"影响逻辑"的影响。会员逻辑强调行业协会为会员提供选择性激励，以便从会员单位获取适当的资源。国外学者多强调会员逻辑对行业协会生存发展的直接影响。② 影响逻辑强调行业协会接触并向政府施加适当的影响，以获取政府的认可、容忍、让步、援助等适当的资源。政府与社会组织的"庇护"（clientele）关系（周雪光）③，社会组织呈现"依附式发展"（康晓光等、张华）④ 的特征。由于国家权力的保留、市场的不完全和政党的控制意识形成了企业对政府（官员）及行业协会对政府的依附关系，协会并没有得到企业的认同，仍然镶嵌于国家机构内部。⑤ 因为政府和会员两种不同控制权配置会带来不同的组织目标和组织效率（谭燕等）⑥，会员和政府的支持是行业协会的生存基础，并影响其组织特性。瓦尔登进一步将"会员逻辑"和"影响逻辑"合称为"交换逻辑"，并认为行业协会的一

---

① 贾西津、沈恒超、胡文安：《转型时期的行业协会——角色、功能与管理体制》，社会科学文献出版社，2004。

② R. F. Doner & R. B. Schneider, "Business Associations and Economic Development: Why Some Associations Contribute More than Others," *Business and Politics* 3 (2000): 261 - 288. R. J. Bennett, "The Logic of Membership of Sector Business Associations," *Review of Social Economy* 1 (2000): 17-42. F. Traxler, G. Huemer, *Handbook of Business Interest Associations, Firm Size and Governance: A Comparative Analytical Approach*, London: Routledge, 2007.

③ 周雪光：《西方社会学关于中国组织与社会制度变迁研究状况评述》，《社会学研究》1999年第4期。

④ 康晓光等：《依附式发展的第三部门》，社会科学文献出版社，2011；张华：《连接纽带抑或依附工具：转型时期中国行业协会研究文献评述》，《社会》2015年第3期。

⑤ K. W. Foster, "Embedded within State Agencies: Business Associations in Yantai," *The China Journal* 1 (2002): 41-65.
D. Wank, "The Making of China's Rentier Entrepreneur Elite: State, Clientelism, and Power Conversion, 1978 - 1995," *Politics in China Moving Frontiers*, F. Mengin, J. L. Rocca, eds., New York: Macmillan, 2002.

⑥ 谭燕：《行业协会治理：组织目标、组织效率与控制权博弈》，《管理世界》2006年第10期。

般发展趋势是从代表型组织到控制型组织,这势必会造成行业协会对其会员相对自主性的增长。[①]

3. 治理结构研究

第一,治理结构的类型及影响因素的分析。多数学者认为,行业协会治理结构包括外部治理结构和内部治理结构。[②] 郁建兴和宋晓清指出,影响商会组织内部和外部治理的因素包括组织规模、社会资本、资金结构以及产品性质等。[③]

第二,行业协会产品的类型。冯巨章提出,商会的产品分为公共产品、俱乐部产品和私人产品。徐林清和张捷认为协会提供的服务主要是俱乐部型和集体行动型。[④] 赵永亮和张捷对商会的公共品和俱乐部产品的两种服务功能做了深入探讨。[⑤] 张捷、王霄和赵永亮提出了一个由分摊成本、决策成本和拥挤成本构成的综合成本最小化公共经济学模型,分析商会在分别提供公共品、俱乐部产品和混合产品时的组织边界形成机制。[⑥] 吴伟、赵永亮和张捷、冯巨章等都对行业协会提供的集体物品、俱乐部物品和私人物品进行了分析。[⑦]

第三,治理困境的研究。江华、张捷和徐林清等对行业协会的治理困境进行了综合分析。行业协会精英治理现象的成因及内部治理面临的寡头

[①] F. V. Waarden, "Emergence and Development of Business Interest Associations: An Example from the Netherlands," *Organization Studies* 4 (1992): 521-562.

[②] 秦诗立、岑丞:《商会:从交易成本的视角解释》,《上海经济研究》2002年第4期;余晖:《行业协会及其在中国转型期的发展》,《制度经济学研究》2003年第1期;孙春苗:《论行业协会:中国行业协会失灵研究》,中国社会出版社,2009。

[③] 郁建兴、宋晓清:《商会组织治理的新分析框架及其应用》,《中国行政管理》2009年第4期。

[④] 徐林清、张捷:《我国行业协会的营利倾向与治理困境》,《南京社会科学》2009年第3期。

[⑤] 赵永亮、张捷:《商会服务功能研究——公共品还是俱乐部品供给》,《管理世界》2009年第12期。

[⑥] 张捷、王霄、赵永亮:《商会治理功能与组织边界的经济学分析——基于公共选择的理论框架与中国的经验证据》,《中国工业经济》2009年第11期。

[⑦] 吴伟:《竞争能够提高协会服务能力吗?——行业协会的竞争逻辑及实证分析》,《中国行政管理》2017年第3期;赵永亮、张捷:《商会服务功能研究——公共品还是俱乐部品供给》,《管理世界》2009年第12期;冯巨章:《企业合作网络的边界——以商会为例》,《中国工业经济》2006年第1期。

统治危机[①]、大企业控制与内部人控制、搭便车行为与集体行动困境。外部治理失灵包括政府控制、与政治权力的非法结盟、借助民主形式进行反政府的政治活动。行为的失灵包括限制竞争行为与垄断倾向、寻租行为与营利倾向[②]。侯雪梅认为行业协会的限制竞争行为包括对协会会员和非协会会员正当竞争的限制、协会与协会之间的反竞争行为等。汤蕴懿认为行业协会垄断倾向结成价格同盟、谋取行业垄断、帮会倾向,但行业协会是适应充满竞争力量的环境的积极反应。沙夫曼(Sharfman)认为,行业协会的目的在于适应充满竞争力量的环境,而不是压抑竞争条件,行业协会倾向于反对垄断合并形成的压倒一切的权力,以维护共同体[③]。

4. 个案研究

将焦点放在行业协会的实际运作中,通过个案研究阐述组织治理效用和行业组织能力评估等,分析目前行业协会发展中存在的问题、原因及对策。黄小惠等的《我国第一家行业协会在改革中发挥行业管理的作用——关于中国包装技术协会行业管理情况的调查》[④]、清华大学 NGO 研究所撰写的《沮州市行业协会个案》《行业协会在广东》《沮州市烟具行业协会》《乐清市低压电器行业协会》和《青岛市船东行业协会》。贾西津等的合著展现了一些富有特色的地方创新经验,描述了"广东省工商联合会"(蔡前)、"广州市包装印刷行业协会"(陈莉、樊越欣)、"南海平洲珠宝玉器协会"(杜俊荣)、"广东省行业协会基本调研"(李建军)、"个体经济背景下的温州市行业协会"(贾西津)、"发挥青岛船东协会的行业治理功能"(徐宇珊)、"深圳外商投资企业协会"(马少和、朱黎)、"政府职能转移下的湖南省企业家协会"(张智勇)、温州的准社会法团主义体制、上海市行业协会发展署的"三合一"的弱国家法团主义体制(沈恒超)和鞍

---

① 陈剩勇、马斌:《温州民间商会民主的价值与民主发展的困境》,《开放时代》2004 年第 1 期。
② 徐林清、张捷:《我国行业协会的营利倾向与治理困境》,《南京社会科学》2009 年第 3 期;程子娴:《商会寻租行为研究》,暨南大学硕士学位论文,2008。
③ I. L. Sharfman, "The Trade Association Movement," *American Economic Review* 1 (1926): 203-218.
④ 黄小惠、鲁水清、徐彦儒、武平:《我国第一家行业协会在改革中发挥行业管理的作用——关于中国包装技术协会行业管理情况的调查》,《中国包装》1994 年第 1 期。

山初具雏形的"协会管协会"式单重管理体制（黄炎）等。[①] 邱海雄、陈建民等的著作考察了"清代以来广东工商会馆的考察"（刘正刚）、"晚清以来广东商业团体研究"（乔素玲）。[②] 徐家良和张玲通过分析浙江省义乌市玩具行业协会个案，剖析了协会的治理结构、运行机制以及与政府的关系，探讨了非营利组织的有效性。[③] 邓燕华和阮横俯研究了浙江老年协会在农村获得较高自主性和行动力的原因。地方政府对社团组织的选择性管理为老年协会自主性的获得提供了发展空间，而老年协会连带性吸纳功能增强了它在农村的权威及其在集体行动中的动员能力。[④] 郁建兴和黄红华以温州商会为例，发现其已取得了一定的自组织能力和独立性，但仍然存在一定的限度，特别是在自主治理以及处理与政府的关系上还有缺陷，如政府对温州商会的影响力和干预程度比较大，温州商会存在对政府的过度依赖等。彭敏以中国家用电器协会为例，分析了行业协会内部治理存在制度层面和实际运行的脱节。[⑤] 胡辉华、陈楚烽和郑妍通过对广东省物流行业协会的描述，发现了资源依赖对协会成长的影响。[⑥]

5. 比较研究

早期的论文《国外行业协会情况简介》[⑦] 和著作《国外行业协会资料选》等都介绍了国外行业协会的发展经验与模式及对我国的借鉴意义。余晖等认为，国外民间商会主要有两种分法：一是分为两类，以美国与英国为代表的市场模式和以日本与法德为代表的合作型模式；二是分为三类，英美的自由市场模式、法德的指导型模式和日本的政企合作模式。通过与

[①] 贾西津、沈恒超、胡文安：《转型时期的行业协会——角色、功能与管理体制》，社会科学文献出版社，2004。
[②] 邱海雄、陈建民主编《行业组织与社会资本——广东的历史与现状》，商务印书馆，2008。
[③] 徐家良、张玲：《治理结构、运行机制、与政府关系：非营利组织有效性分析——浙江省义乌市玩具行业协会个案》，《北京行政学院学报》2005年第4期。
[④] 邓燕华、阮横俯：《农村银色力量何以可能——以浙江老年协会为例》，《社会学研究》2008年第6期。
[⑤] 彭敏：《行业协会内部治理结构运行中存在的问题和解决途径——以C行业协会为例》，《学会》2014年第11期。
[⑥] 胡辉华、陈楚烽、郑妍：《后双重管理体制时代的行业协会如何成长发展？——以广东省物流行业协会为例》，《公共行政评论》2016年第4期。
[⑦] 杨力伟、周云梅：《国外行业协会情况简介》，《中国物资经济》1996年第3期。

美、法、日等国的比较，我国行业协会在较长时期内是一种民办官助式和完全民间式行业组织并存、地区和行业间有强度差别的模式，但应该鼓励和更有发展潜力的是民间自治型的行业自律形式。① 贾西津等比较了美国、日本及欧洲大陆的行业协会，将其归纳为市场模式与合作型模式，并分析了两种模式的共同点与功能。② 郁建兴等着重分析了国外民间商会的现状及在地方治理中的角色，以德国商会为例讨论了政府是如何支持商会的，以美国行业协会为例讨论了行会是如何对政府决策产生影响的，同时还分析了政府、行会和企业是如何合作制定产业政策的。③ 陈宪、徐中振等学者通过各国行业协会形成路径的比较分析，对行业协会的属性与功能进行了深入的分析，提出了我国行业协会目前发展的具体思路：政府主导、立法定位与行业协会自身改革等。④ 金晓晨在对大陆型、英美型及日本型商会和行业协会的立法与实践的比较分析基础上，明确提出了中国应借鉴大陆型的法国和德国经验，建立"半官半民、以民为主"性质的商会和行业协会组织。鲁篱的博士论文比较了世界各国行业协会运作发展模式的异同。⑤

（二）研究述评

从学科来看，行业协会的研究主要集中于政治学、经济学和社会学学科。"政治学视角下强调的是行业协会完成社会治理应当在政府引导和调控的节奏下进行。经济学视角则更加注重阐述协会组织机制运作的独特性与优越性。"⑥ 从研究框架来看，行业协会的分析都具有结构-功能倾向，以"政府-社会-市场"的关系架构为基础。

---

① 余晖等：《行业协会及其在中国的发展：理论与案例》，经济管理出版社，2002。
② 贾西津、沈恒超、胡文安：《转型时期的行业协会——角色、功能与管理体制》，社会科学文献出版社，2004。
③ 郁建兴等：《民间商会与地方政府——基于浙江省温州市的研究》，经济科学出版社，2006。
④ 陈宪、徐中振：《体制转型与行业协会：上海培育和发展行业协会研究报告》，上海大学出版社，1999。
⑤ 鲁篱：《行业协会经济自治权研究》，西南政法大学博士学位论文，2002。
⑥ 于显洋、蔡斯敏：《多元合作何以实现——现代社会治理下的行业协会行动机制》，《哈尔滨工业大学学报》（社会科学版）2015年第2期。

第一，学者多关注行业协会的社会定位，但没有注意到行业协会的特殊性以及行业协会内部的差异性。一方面，把行业协会当作社会团体的一部分来研究，而没有注意到行业协会与慈善会、基金会等公益型组织的区别，用其他部门与政府之间的关系来衡量行业协会与政府的关系，显然失之偏颇。既有的研究多以慈善组织为研究对象，解释行业协会或社会组织的生成与发展。另一方面，把行业协会作为一个整体来研究，而没有注意到区分官办社团和草根社团之间的差异，或者更多地聚焦于研究草根社团，很难对政府与社会之间的互动关系施加全面的观察与审视。但事实上，带有明显官办性质的行业协会才是政府与社会关系的真实交汇处，有针对性地对这一类型的社团开展研究能使研究者更加深入地窥探二者之间的互动与镶嵌关系。但很多研究都将研究对象指向草根社团，并将这些真正的非营利组织视作与政府、市场相并列的第三部门。

第二，对行业协会发展解释变量的研究具有局限性。国内外大多数学者赞同外部环境是影响行业协会的主要因素，但国内学者将影响变量聚集于政府，国外学者将解释变量聚集于会员。然而，行业协会发展的解释变量应当有所拓展，不仅包括政府和会员企业，还应包括政府与企业（家）之间的关系、国家经济干预对企业行动的影响进而对协会行动的影响等。

第三，对行业协会作为治理方式的研究不够。国外学者多将行业协会视为国家、市场、企业、社区和非正式网络之外的又一种治理方式；国内学者多关注行业协会在社会治理中的方式及与政府的关系，但对行业协会在市场经济中的本质属性与作用的研究不够深入。一方面，协会内部治理结构多从机构设置、组织权限等开展静态讨论，忽略了组织机构之间的动态关联和变化演进；另一方面，协会外部治理结构多研究行业协会在既定制度环境约束下如何发展，但对协会如何通过社会关系网络摄取资源、获得政府信任和企业支持则关注较少。

第四，多数研究停留在宏观层面，对微观层面的研究还较少，回到社会事实是所有研究的真正起点。多数学者偏重或停留于对行业协会的组织特性、外部环境约束、社会治理意义等问题的研究上，但对行业协会深层次的理论性研究不足，尚未形成与社会组织发展现实的充分互助。对本土研究不足，理想化的模式可能水土不服。近年来，各地社会组织的发展呈现出了诸多新局面，形成了若干创新模式和有益经验，其对未来社会组织的发展不乏模范的价值，能够为社会组织的发展提供行动参照与模式选择，但以案例为基础的经验研究还相对较少。

三 研究对象与问题

（一）研究对象：行业协会

1. 内涵

就行业协会的性质来看，它属于互益性组织，与基金会、慈善组织等公益性组织有着本质的区别；就行业协会的行业特性来看，它不同于由工商联指导或作为工商联二级组织的商会。行业协会的英文有"Trade Promotion Association""Trade Association""Business Association""Employer Association"等，和商会既有区别又有联系。行业协会常见于国家正式文件中，商会多为地方或历史上对某些特定行业性组织的一种习惯性叫法。一种观点认为，商会是行业协会的一个分支，此观点中的行业协会多指行业组织。另一种观点认为，行业协会和行业商会是两个并列的组织，二者业务主管单位不同。行业商会的业务主管单位为总商会，行业协会的业务主管单位为政府职能部门。（见表0-1）

表0-1 行业协会与商会比较

类型	行业协会	商会
性质	政府部门的延伸，准官方机构	协调企业、政府和市场关系的民间中介组织
产生途径	政府主管部门自上而下组建	会员自发地自下而上组建
会员构成	会员主体为公有制企业或较大的混合所有制企业，属于同一综合性行业领域	会员以民营企业为主，多数属于同一细分行业或生产同类产品的中小企业
隶属关系	多数隶属于政府经济部门（委办局），具有法人资格	由工商联指导或是工商联的二级组织，一部分尚未取得法人资格
领导成员的产生和组成	主要负责人由业务主管部门推荐，多由政府部门分流或退休人员担任	领导成员多由会员通过民主程序推选业内具有较强影响或热心为行业服务的企业家担任

续表

类型	行业协会	商会
主要功能	与政府部门关系密切。在政府授权或委托下，承担部门行业管理职能，及时将政府的政策信息传递给会员企业	与民营企业联系密切。注重维护企业会员的整体利益，能及时将会员的诉求反映给政府部门，并通过开展行业自律求得公平竞争环境，使消费者和会员企业共同受益
工作机制	大多数按照行业规范设置机构，习惯于依靠行政指令开展工作	机构设置精干，灵活多样，主要通过提供服务来开展工作
办事机构	大多由业务主管部门安排人员组成，办事讲求程序，比较规范	大多由社会招聘人员组成，工作效率较高
信息统计渠道	主要依托政府部门原有渠道，能反映行业全貌，比较系统规范	主要通过市场渠道取得，侧重反映会员企业的情况，比较及时、灵敏

资料来源：黄孟复主编《中国商会发展报告 No.1（2004）》，社会科学文献出版社，2005，第68页。

本书所研究的行业协会主要指曾隶属于政府经济部门（委办局）、会员以公有制企业或较大的混合所有制企业为主体的工业协会，如煤炭工业协会、钢铁工业协会等，而非一般意义上的学术团体（如学会、促进会）或职业团体（如律师协会、会计协会），也非联合性质的联谊会、校友会或工作者协会。具体而言，行业协会具有如下特征：（1）行业协会的成立多是基于政府职能的延伸而产生，并非基于非公有制经济发展和民营企业竞争需求而产生，曾隶属于政府经济部门（委办局）。由于多数的行业协会是由政府主管部门自上而下组建，其治理行为具有浓厚的行政官僚特点。（2）行业范围多属于统一、综合性的行业领域，而非生产同类产品的中小行业领域，因此，行业协会在社会经济发展领域中多具有行业调控职能，其治理任务更多的是反馈行业的信息全貌，提供行业发展的建议。（3）行业协会的服务对象是行业，而不局限于政府或企业。由于协会的会员以公有制企业或较大的混合所有制企业为主，因此其现阶段的主要功能在于接受政府的授权与委托，承担部分行业管理的职能，并及时将政府的政策信息传递给会员企业或溢出给其他非会员企业，发挥企业服务和经济管理之功能。综上，本书聚焦于行业协会的治理结构转型，特别是行业协会与行政机关脱钩进程中的治理结构转型。

从组织类型上看，行业协会属于"社会组织"。社会组织这一概念首次出现于党的十六届六中全会通过的《中共中央关于构建社会主义和谐社会若干重大问题的决定》中，包括社会团体、民办非企业组织和基金会三种组织形式。根据组织的功能，社会团体可分为支持型社团和操作型社团。支持型社会组织为社会组织的建立和发展提供支持和管理，操作型社会组织主要为某一群体或某一行业的人员或会员提供服务。支持型社会组织的概念最早由美国波士顿大学的教授戴维·布朗和坦顿在1990年提出，在国外通常被称为公益组织孵化器，在我国通常被称为枢纽型社会组织[1]，且需要经过政府有关部门的认定。典型的支持型社会组织主要是工商联、工经联等，操作型社会组织主要包括群团组织、利益表达型、科学技术类、公益慈善类和社区服务类。科学技术类社会组织主要是在社会科学、自然科学和工程技术领域内从事学术研究和交流的各类学会；公益慈善类社会组织主要是对"孤、寡、穷、灾、老、弱、病、残"等人群提供服务的组织；社区服务类社会组织主要是在社区内为居民开展养老慈善、文体娱乐、生产技术服务等的中介组织。民办非企业组织包括教育、科研、文化、卫生、体育、劳动保障、新闻出版、信息咨询、法律服务等领域的非企业组织。具体而言，教育事业主要指民办幼儿园、中小学、学院、进修校和培训机构；科技事业主要指民办科研院（所）和科技馆；文化事业主要指民办图书馆、博物馆、艺术馆、书画院和演出团体；卫生事业主要指民办门诊部（所）、医院、疗养院（所）、康复中心等；体育事业主要指民办体育场（馆）、俱乐部等；劳动保障事业主要指民办福利院、敬老院、老年福利机构，民办职业介绍所、民办婚姻介绍所、民办社区服务中心等；法律服务事业主要指民办法律事务所、法律援助中心等。[2] 中国社会组织分类见表0-2。

---

[1] 枢纽型社会组织概念首次出现在2008年9月北京市社会工作委员会出台的《关于加快推进社会组织改革与发展的意见》中，在北京市《关于构建市级"枢纽型"社会组织工作体系暂行办法》中指出了其具体含义。在政治上发挥桥梁纽带作用，在业务上处于龙头地位，在管理上承担业务主管职能的联合性社会组织。

[2] 李恒光：《市场与政府之中介——聚焦当代社会组织》，江西人民出版社，2003，第26页。

表 0-2　中国社会组织分类

	低 ←―――― 行政化程度 ――――→ 高
高 ↑ 市场化程度 ↓ 低	民办非企业（或民办服务型组织） / 官办服务型组织　行业协会
	草根服务型组织　民办互益性组织　草根倡导型组织　草根互益性组织 / 官方倡导型组织　免登记社团　八大群众组织

资料来源：王诗宗、宋程成：《独立抑或自主：中国社会组织特征问题重思》，《中国社会科学》2013 年第 5 期。

2. 组织特性

行业协会是由社会力量设立，不以营利为目的，处于政府、市场和社会重叠之处的中介组织，其目的是实现整个社会或社会中某一特定人群的利益。

（1）非政府性

行业协会是连接政府与企业的纽带，国际上统称为非政府机构（NGO）。从我国行业协会的成长和我国《民法典》的规定看，行业协会为社会团体法人。从治理的角度看，作为同行业企业间一种联合性、自组织性的社会团体，行业协会是一种私利政府（private interest government），即企业家横向地联合起来，将为了实现自我利益的集体行动转换为一种对公共政策目标有贡献的努力[1]，具体表现在两个方面：一是非强制性或自愿性，即实现行业自由结社的根本目标；二是非全体性或有限性，即服务对象和服务产品的有限性，主要是为了实现会员的集体利益。行业协会"作为一种互益性非营利组织具有一定封闭性，会员身份的取得受到行业、会员资质以及其他条件的限定"[2]。所谓"选择性益处"（selective benefit）是指向会员提供的各种利益和好处，并且这种益处是"俱乐部产品"，也就是说，

---

[1] 郑江淮：《行业协会职能配置与政策创新》，国家自然科学基金 2003 年度应急项目课题报告，2005。

[2] 郁建兴：《在参与中成长的中国公民社会》，浙江大学出版社，2008，第 73 页。

只有会员才能享有和使用。

(2) 非营利性

社会组织不仅是公共服务的提供者，还是多元价值理念的载体，通常被视为"基于价值的组织"（values-based organizations）。行业协会属非营利法人的一个类型，但非营利性并不等于不营利，而是可以在企业自愿的基础上开展一些服务并收取费用，且应适可而止。它的非营利性体现在两个方面，一是收入来源的非价格性，它的基本收入主要来自会员自愿缴纳的会费、会员与社会各界人士自愿的捐赠等非价格来源。二是收益的非分配性。行业组织所能筹集到的经费和开展章程规定的活动所取得的合法收入必须用于自身的合法业务活动，收入只能用于行业协会以后的发展，而不能用于领导或员工的分红。在行业组织被解散和清算前，行业组织所剩余的经费和收入不能在其成员间进行分配。社会组织因其所受的"非分配约束"而能够提供更为优质的公共服务，并且以低于政府的"交易成本"来提供公共物品。[①]

(3) 市场性

行业协会既是一种社会组织，又是一种经济制度。[②] 所谓市场性主要是强调行业协会的基础是市场经济，离开了市场经济就无所谓行业协会，不仅如此，行业协会在本质上属于市场机制。[③] 行业协会的市场性表现为：一是行业协会的生成是由于企业在市场中活动的需要。市场经济中的单个企业在市场交易中提供具有"共益性"的产品和服务，或者活动不具有规模经济效应或不具有成本收益方面的优势，因而形成了彼此之间的合作集体。行业协会作为由分散的企业按功能分化的原则组织起来的一个自治组织，有着政府和市场所不具有的优势和功能。它是企业集合起来防御的平台，能够提供一些特殊的产品——如信息，能够使政府的政策实施得更加顺利等，共同承担成本，共享收益。二是行业协会的一切活动最终都要通过会员企业的绩效来接受市场的检验。只有借助于行业协会能够在市场中

---

① 崔月琴、王嘉渊、袁泉：《社会治理创新背景下社会组织的资源困局》，《学术研究》2015年第11期。
② 龙宁丽：《关于全国性行业协会网络关系结构的考察》，《中国社会组织》2015年第8期。
③ 王名、孙春苗：《行业协会论纲》，《中国非营利评论》2009年第1辑。

取得优势绩效的企业才会更加紧密地依靠行业协会，反之亦然，这是行业协会区别于慈善组织、基金会以及科技性社会组织的关键特征。

(4) 共益性

"行业协会是市场经济中的结社形态之一，是作为市场主体的企业基于一定的经济关联性和利益共同性而结成的具有共同体特征的非政府组织。"[1] 从规范的角度而言，"共益性"强调行业协会是为特定群体的共同利益服务，是基于相互间的利益认同而达成一致的共同体。[2] "行业协会和商会作为一种制度安排，它使企业相互间了解对方的地位、权利，在寻求各自利益中达成一定形式并相对稳定的和解。因此，行业协会可以提供一套制度性的基础，使企业界定一组公共利益并避免争论而达成全体一致。"[3] 企业难以独自承担与其经营比较密切的权能，而政府又无法履行或无暇顾及这部分权能。"共益性"的产品、服务或活动对行业协会商会的会员不具有排他性，只要是会员企业都可以参加，享受其收益，同时从成本的角度而言，会员企业也要通过会费等方式承担这些"共益性"的产品、服务或活动的成本。互益性除了体现在与会员之间的关系外，还体现在与政府之间的关系上，它需要接受政府的委托和授权，生产与提供一些公共产品，所提供的服务一般由模糊的社会效益和会员的支持率来决定。

(5) 公益性

社会组织本质上是一种以建构公共性为价值取向的公共组织。公益性是指行业协会所从事的活动、提供的产品或服务不是专门针对某个企业或某些企业的特殊性活动、产品或服务，而是针对整个行业而言。一方面，对行业内的企业来说具有"公益"的性质；另一方面，社会公益性是一种正的外部性。"外部性问题具有这样的特征：人们能够参与一些影响整个社会其他成员福利的活动。只要人们的行为不受限制，可以不顾及其行为对他人产生的影响，那么很明显，整个结果从所有受到影响的人们的角度

---

[1] 王名、孙春苗:《行业协会论纲》,《中国非营利评论》2009年第1辑。
[2] 贾西津、沈恒超、胡文安:《转型时期的行业协会——角色、功能与管理体制》,社会科学文献出版社,2004,第11~12页。
[3] W. Streeck, P. C. Schmitter, *Private Interest Government: Beyond Market and State—Sage Studies in Neo-corporatism*, SAGE publications Ltd, 1985, p. 223

来看可能是不完备的。"① 公益性强调的是行业协会作为一种社会组织自觉承担社会责任的一种表现，也督促其会员企业承担社会责任、维护行业秩序，在保护产业、支持企业、增强企业国际竞争力的同时，不得过度强调自身会员利益，对其他行业利益或非会员企业利益以及国家利益造成损害。

（二）治理结构

"治理"一词最早来源于"统治"，但两者体现的是不同的管理模式。治理理论的主要创始人罗西瑙（Rosenau）认为："治理是由共同的目标所支持的，是一种管理机制……它既包括正式的、合法的政府机制，但同时也包含非正式、非强制力的机制，各种人和各类组织借助这些机制满足各自的需要并实现各自的愿望。"② 全球治理委员会在《我们的全球伙伴关系》中指出："治理是各种公共的或私人的个人和部门管理其共同事务的诸多方式的总和，是使相互冲突的或不同利益得以协调并且采取联合行动的持续互动的过程。"罗兹（Rhodes，又译罗茨）提出了六种形式的治理，认为"作为社会-控制体系的治理，它指的是政府与民间、公共部门与私人部门间的合作与互动，同时作为自组织网络的治理是建立在信任与互利基础上的社会协调网络"③。总之，治理体现为由政府和多个社会组织组成的社会网络运用各种方式提供社会性公共服务的制度安排。

治理结构通常包括两种理解，一是各治理主体的权力配置。联合国开发计划署认为，治理结构是"通过对社区居民、社团成员和国家公民的行为行使管辖权、控制权、管理权和支配权，公民和社会团体表达他们的利益愿望、履行他们的权利和义务，调和他们之间的利益冲突。有效治理结构致力于资源分配和管理、解决社会面临的共同问题。权力的运用包括集权和分权，是从上至下的管制型治理结构的框架与从下至上参与型治理结

---

① 〔美〕詹姆斯·M. 布坎南、〔美〕罗杰·D. 康格尔顿：《原则政治，而非利益政治：通向非歧视性民主》，张定淮、何志平译，社会科学文献出版社，2004，第89页。
② 〔美〕詹姆斯·N. 罗西瑙：《没有政府统治的治理》，江西人民出版社，2001，第5页。
③ 〔美〕R. A. W. 罗茨：《新治理：没有政府的管理》，《经济管理文摘》2005年第14期。

构框架的有机结合"。① 二是治理主体间的合作方式。在治理状态下，多元治理主体相互依赖，"基于特定的互惠性目标"，以相互信任的谈判和协商为基础，进行协同治理。治理理论指出，在寻求社会经济问题解答的过程中存在界限和责任方面的模糊，政府不是唯一的责任主体。这就造成在既有制度与规则之外，还存在组织之间彼此联系的特殊方式。② 中国的社会治理是一种政府主导、社会协同、公民参与的协作治理模式，"政府在对社会生活、社会事务和社会关系进行规范、协调和服务的活动和提供相关产品或服务中仍处于主导地位，社会组织和社会成员处于协同配合的地位，他治他律相比于自治自律更为重要，强制的秩序比自发的秩序更为普遍"③。

四 研究思路与方法

行业协会作为社会组织的一个类型，国家与社会关系、政府-市场-社会三分法已成为基本的分析框架。在此框架下，本书试图从"结构-关系-行动"三个层面关注行业协会的治理转型，进而建立理论性解释框架。

1959 年，贝恩在《产业组织理论》中首次提出"结构-绩效"范式。1970 年，谢勒在《产业市场结构和经济绩效》中将"结构-绩效"范式补充完整为"结构-行为-绩效"的 SCP 分析框架。新经济社会学的提出者格兰诺维特（Granovetter）认为，行为是嵌入社会结构中的，嵌入性可分为关系嵌入（relational embededdness）和结构嵌入（structural embededdness）两种类型。④ 莱利与费尔兰德斯认为，结社空间评价包括相对于原子化的"市场"而言的"组织"（organizational）和国家与社会的"关系"

---

① 中国（海南）改革发展研究院《反贫困研究》课题组：《中国反贫困治理结构》，中国经济出版社，2002，第 14 页。
② 张康之：《合作治理是社会治理变革的归宿》，《社会科学研究》2012 年第 3 期。
③ 何增科：《论改革完善我国社会管理体制的必要性与意义》，《毛泽东邓小平理论研究》2007 年第 8 期。
④ M. Granovetter, The Old and New Economic Sociolgy: A History and an Agenda, New York: Aldine DeGruyter, 1990, pp. 89-112.

(relational)两个维度。① 组织社会学的法兰西学派最早提出行动者的行动能力分析，将受动的行为研究转向有意向的行动研究，行动理论力图发现行动者可以理解的规范和规则，以帮助行动者界定自己的处境和改变它的方式。"行动者网络"理论以行动者（agency）、转义者（mediator）和网络（network）三个概念为核心。社会网络是基于行动者互动形成的社会关系。为响应政策要求，我国行业协会由"他组织"范式转变为"自组织"范式，提升协会的绩效水平。受此范式的影响，本书从结构、关系和行动三个方面进行研究。在行业协会的发展过程中，结构、关系和行动构成系统性要素，它们不仅有助于理顺政府、市场、社会三者之间的关系，而且在国家与社会关系的视角下凸显了行业协会的治理变迁。

第一，结构、关系和行动是对组织不同层面的研究。

结构是组织宏观与内部静态层面的研究。结构源于组织，没有组织就无所谓结构；组织是参与人数"整合"的载体，没有参与就无须组织。结构功能主义认为，特定功能的发挥需要有特定的、有机的结构安排。用于组织研究时，结构功能主义即研究组织履行的功能以及实现功能的结构，使组织结构变化符合其功能要求。

关系是组织宏观与外部静态层面的研究。制度主义学派和资源依赖理论强调环境对组织的影响。制度主义强调非选择性的组织发展的体制性环境，资源依赖理论强调可积极选择的组织发展的任务环境。制度环境（institutional environment）是"一个组织所处的法律制度、文化期待、社会规范、社会观念等为人们'广为接受'（taken for granted）的社会事实"。② 斯科特（Scott）认为体制让社会行为稳定，提供解释社会行为意义的认知的（Cognitive）、规范的（Normative）以及管理的（Regulative）结构。③ 组织不能产生所有它所需要的各种资源，组织发展需要依赖和管理外部的各种资源，处理组织面临的环境条件，以减少不确定性权力的影

---

① D. Riley, "Civic Associations and Authoritarian Regime in Interwar Europe: Italy and Spain in Comparative Perspective," *American Sociology* 2 (2005): 288-310.
② W. M. John, R. Brian, "Institutionalized Organizations: Formal Structure as Myth and Ceremony," *American Journal of Sociology* 2 (1977): 340-363.
③ W. R. Scott, *Institutions and Organizations*, Thousand Oaks, CA: Sage, 1995.

响。新制度主义理论认为，组织行为的认识和研究必须注重组织环境。（见表0-3）

表0-3 制度主义与资源依赖理论的差异

解释性因素	共同的假设	分歧的焦点	
		制度主义视角	资源-依赖视角
组织行为的背景环境	组织的选择受到多种外部压力的约束	制度性环境/非选择性行为	任务环境/积极选择行为
	组织的环境是共同的和相互关联的	服从/集体规范和信仰	处理/相互依存
	组织的生存依赖于其对外部要求的回应和期望	无形的压力/同构/坚持规则和规范	有形的压力/适应/管理稀缺资源
	组织寻求外部稳定性和可预测性	组织的持续性习惯和惯例	减少不确定性权力和影响
组织行为的动机	组织寻求合法性	社会价值/屈从外部标准	资源流动/控制外部标准
	组织的利益驱动	利益制度/服从自我利益	利益的政治和算计/不服从自我利益

资料来源：C. Oliver, "Strategic Responses to Institutional Processes," *Academy of Management Review* 1 (1991): 145-179。

行动是组织中观和经验层面的动态研究。组织社会学的法兰西学派最早提出行动者的行动能力分析。行动是"把行动者放置在一个系统中，来考察主体行动的特征及其作用方式"。[1] 用于组织研究时，通过将组织的行动置于权力、利益等一系列因素的场域中，考虑主体性因素及其社会建构，研究组织如何在充斥着各种因素的制度中做出行动决策的策略与逻辑。"围绕行动背后作用的是各种权力关系，组织及其行动者开展活动实际是围绕行为交换而进行的各种讨价还价的协商关系，权力作用下资源的

---

[1] 于显洋、蔡斯敏：《多元合作何以实现——现代社会治理下的行业协会行动机制》，《哈尔滨工业大学学报》（社会科学版）2015年第2期。

不对称关系是组织进行社会行动的主要动力。"①

第二,结构、关系和行动三者有着密切的关系。组织行动使内部结构和外部关系得以显现。社会资本是嵌入社会结构与网络中的资源或关系。林南认为社会资本是"嵌入在社会结构的资源",并提出了社会资本研究有三个争鸣的范式：社会网络、社会聚集［公民参与（civic engagement）］和信任。②

首先,结构与关系的互动。环境决定组织结构理论认为,组织环境是组织结构的主导力量,即组织的外部环境作用于组织的结构,其中组织的外部网络结构是外部环境的重要组成部分,外部网络结构表示为行业协会与政府、企业之间的关系。格兰诺维特认为,结构嵌入（structural embededdness）是行动者的社会关系嵌入与其他社会关系形成的社会结构中的,即受社会结构的影响。林南认为,社会资本有利于促进某一行动的结果。③（1）信息流通：在市场不完善的情况下,处于某些战略或阶层位置的社会网络可提供一些个人无从触及的机会及信息（如生意机会、选择更低成本的货源等）。特别是通过这些网络组织能更有效地寻找适当的人选从事某项工作,亦使个人寻得合适的组织,一展所长和获得合理回报。（2）影响力：网络除了减少信息寻找的交易成本外,亦可对决策者产生影响。（3）网络成为"社会履历"：一个人拥有的网络和其嵌入的资源可被某些组织视为一种有价值的履历,它反映此人可透过其网络或人际关系动员一些个人所不具备的资源。（4）社会关系巩固身份认同和社会地位：参与在社会网络中,促使个人与相同利益和资源的人在情感上互相支持和互相肯定彼此的价值。总之,资源流动或关系依赖构筑新的规则,规则演化成新的制度结构。

其次,结构与行动的互动。社会学认为"社会行动总是在一些结构中

---

① ［法］埃哈尔·费埃德伯格：《权力与规则——组织行动的动力》,张月等译,上海人民出版社,2005,第107～140页。
② Lin Nan, *Social Capital: A Theory of Social Structure and Action*, Cambridge University Press, 2001, pp.29-40.
③ 邱海雄、陈建民主编《行业组织与社会资本——广东的历史与现状》,商务印书馆,2008,第21页。

体现出来并且是在这些结构中实现的,尽管这些结构可能是形式化的或者非形式化的"。① 组织的行动总是在组织结构中体现出来,甚至在结构中实现,只有建立起组织结构,才能实现使组织结构内在特性得以显现的行动。社会行动受制于结构,而行动又反过来建构结构。行动者或借助非制度化的手段达到目标,或做一个手段相同而文化目标不合的傀儡,或隐退于大千世界,或通过反抗来重建社会结构。② 格兰诺维特认为,"结构洞"社会资本是由行动者所构成的网络结构给行动者提供信息和资源控制的程度。"结构限制常常是策略性地运作着;结构不是绝对的、无条件的,而常常是时间性的、空间性的、能动性的、策略性的。类似地……能动者是反思性的,能够在结构限制下重新阐明自身的身份和利益。并且,能够在他们当前的处境中进行策略计算。"③ 因此,行动是促进结构变迁的重要变量。

最后,关系与行动的互动。行动总是嵌入一定的社会关系中进行,社会关系一方面制约着行动,另一方面又为行动提供手段和工具。同时,社会关系也不是孤立存在的,只有与行动联系起来才有意义,只有在与行动的互动过程中才能展示其存在价值。"一个场域可以被定义为各种位置之间存在的客观关系的一个网络,每个场域都有其特有的价值观和调控原则。场域形塑着惯习,惯习成了某个场域固有的必然属性体现在行动者身上。同时由于行动者的能动性把一个场域不断地建构成充满意义的世界。"④ 昂格尔提出:"主体之所以接受并遵守一种人们之间相互关系的结构框架,原因在于它相信这是实现其目的的手段。"⑤ 普特南认为,社会资本是一种"或多或少制度化的持久接触及互相确认的关系",通过由公民自主组成的经济团体(如合作社)和社会团体(如福利互助组织与兴趣团

---

① 张银岳:《从结构、心灵到体系:社会行动的逻辑演进》,《西南大学学报》(社会科学版)2009年第5期。
② R. K. Merton, "Social Structure and Anomie," *American Sociological Review* 5 (1938): 672-682.
③ B. Jessop, "Interpretive Sociocity and the Dialectic of Structure and Agency," *Theory, Culture & Society* 1 (1996): 119-139.
④ 杨善华:《当代西方社会学理论》,北京大学出版社,1999,第280~282页。
⑤ 〔美〕昂格尔:《现代社会中的法律》,吴玉章、周汉华译,中国政法大学出版社,1994,第137页。

体）等公民参与网络，社区成员在社会团体中或多或少制度化的持久接触，不断交往参与，从而产生一种促进人与人之间互信的平等交换规范，而社会团体扮演了促进人际网络、互信和平等交换规范产生的角色。社会资本（公众参与）可以促进市民间的合作，进而促进经济和社会发展：（1）当大量市民参与这些社团，市民之间就会有持续性的交往，会形成"重复博弈"，从而倾向考虑长远利益而非短期的好处；（2）平等交换的规范亦必须在稳定和重复不断的交往中慢慢形成，社团能提供这样的环境；（3）社团亦能提供沟通的媒介，特别是个别成员过去诚信表现的信息将有助于人们选择合作伙伴，继而促进合作；（4）社团提供一种集体记忆，将过往一些创造公众物品的成功经验累积传递，有利于改进集体行动的策略。[1]

---

[1] 邱海雄、陈建民主编《行业组织与社会资本——广东的历史与现状》，商务印书馆，2008，第4页。

第一章　新中国行业协会的建立和发展

中国工业行业协会是政府管理改革的产物。中国官办行业协会由国家创办，其发展以政府机构改革为切入点，但也应适应市场需求而发展。官办行业协会的发展需要被纳入政府变革、市场变革和社会变革的进程中及政府、市场和社会的统一分析框架中。

第一节　不同时期成立的行业协会

不少学者对行业协会的生成模式问题已经进行了研究。陈宪、徐中振按照企业的需要和政府机构改革的需要，将行业协会大体分为体制内和体制外两种[①]；余晖认为，我国经济转型期的行业协会共有四种生成途径：体制内、体制外、体制内外结合与法律规定[②]；王名和胡文安按照生成机制的不同，把中国目前的行业协会分为两类：政府创办的行业协会和企业自发组建的行业协会[③]；沈恒超在调研中发现，除了这两种模式之外，还存在政府引导扶持和民间组建运作的中间模式[④]；贾西津等列举了中国行业协会产生的三种模式："自上而下"模式、市场内生模式和中间模式，

---

① 陈宪、徐中振：《体制转型与行业协会：上海培育和发展行业协会研究报告》，上海大学出版社，1999。
② 余晖：《行业协会及其在中国的发展：理论与案例》，经济管理出版社，2002。
③ 王名、胡文安：《中国历史上的民间组织》，社会科学文献出版社，2002。
④ 沈恒超：《行业协会管理体制研究：基于国家与社会关系的分析》，清华大学硕士学位论文，2003。

官办行业协会占据了中国行业协会的绝大多数。① 可见，行业协会与政府关系密切，而官办（体制内）行业协会更是如此，且它的发展与政府机构的变革密不可分。同时，行业协会作为社会经济组织，其自治过程体现在经济变革之中，"政治变革要求社会对国家的控制，而经济变革则要求减少国家对社会的控制"。②

一 1978年前成立的准行业协会

改革开放前的工商联、贸促会、科协等社会组织初步构建了具有中国特色的行业协会商会体系，但这些是准政府性质的社会组织。

1. 中华全国工商业联合会③

1953年11月，我国将新中国成立前的行会和商会改造成中华全国工商业联合会，简称工商联。成立之初的工商联主要由工商业主和个体工商业者参加，其性质是各类工商业者联合组成的人民团体。新中国成立之初的工商联通过同业公会，团结广大工商界人士参加新中国建设，推动工商业界的社会主义改造。1988年修改的《中国工商业联合会章程》表明，工商联是中国工商业界组织的人民团体，民间的对内对外商会。1991年，中央15号文件《中共中央批转中央统战部〈关于工商联若干问题的请示〉的通知》明确了工商联是党领导下的以统战为主、兼具经济性、民间性的人民团体；工作对象主要是民营企业、个体工商户、"三胞"投资企业（三资企业）和部分乡镇企业，不包含国有企业。工商联的工作目标转移到促进非公有制经济的健康发展。1993年10月，中华全国工商业联合会，又称为中国民间商会，明确了其统战组织和民间商会的双重属性。全国工商联联络省工商联和基层工商联，上下级之间属于业务指导关系。20世纪90年代以来，工商联牵头组建了许多商会，并自行设立了直属商会，数量由2000年的15家发展到2006年的28家。2009年6月，民政部78号文件

---

① 贾西津、沈恒超、胡文安：《转型时期的行业协会——角色、功能与管理体制》，社会科学文献出版社，2004。
② 〔美〕塞缪尔·亨廷顿：《经济改革与政治改革》，载《市场逻辑与国家观念》，三联书店，1995，第291页。
③ 黄建：《治理视阈下中国地方工商联合会之功能研究》，武汉大学博士学位论文，2010。

《关于国务院授权全国工商联作为全国性社会团体业务主管单位有关问题的通知》授权全国工商联作为其以前自行设立的行业商会（同业公会、协会）的业务主管单位；商会与全国工商联同为民政部备案的民间社团组织，在业务上存在指导关系。各级工商联一般都有直属商会，主要有三种类型：一是综合性商会，如广东私营企业商会；二是行业性商会，如广东家具商会；三是异地商会，如广东工商联闽南商会。随着政府的行政改革，政府经济管理部门成立的工业协会、个体劳动者协会和工商联都吸纳了一些个体与私营企业入会。因此，三者会员交错，业务交叉，但都不能涵盖全行业，因而很难承担行业管理职能。

2. 中国科学技术协会

中国科学技术协会是科学技术工作者的群众组织，由全国学会、协会、研究会和地方科协组成，其前身是1950年成立的"中华全国自然科学专门学会联合会"（简称全国科联）和"中华全国科学技术普及协会"（简称全国科普），是新中国成立前夕党中央为团结科技战线的工作者而成立的。1958年，全国科联和全国科普合并成立中国科学技术协会。

3. 中国国际贸易促进会

1952年成立的中国国际贸易促进会形成了"官民并举"的格局，对外是民间团体，对内是政府机构。1986年5月，中国贸促会召开了第一届会员代表大会，会员包括企业会员、团体会员和个人会员，各地设有分会和支会。工作范围也不断扩展，包括促进对外贸易、利用外资、引进外国先进技术和各种形式的中外经济技术合作，在省、自治区、直辖市及其他城市增设了分会和支会。1988年6月，中国贸促会组建了中国国际商会，并开始建立行业分会，以促进有关行业的进出口贸易，增进国内外同行业间的经济技术交流与合作。除此之外，1954年成立了中国渔业协会。

二 1978~1998年成立的跨部门行业协会

改革开放之后，为扭转计划经济的低效率，国家在社会领域和经济领域进行了一系列改革。这些变革一直贯穿在官办行业协会的成长与发展历程中，推动并影响着它的整个变化进程。1978~1988年有计划地成立了一批行业组织，行业协会作为一种组织形态应运而生。1984~1998年，国务院在机电工业、轻纺工业和重工业、商业、交通等领域、在裁减与合并经济管理部门的专业局（产业局）的基础上有计划地成立了一批全国性的行业协会。

（一）国家经委协调成立的跨部门行业协会

中国政府管理的实践经验表明，搞综合治理需要一个常设机构专管。为了搞好综合治理，经委与计委协调成立了一些跨部门的全国性行业协会，进行行业管理体制改革试点，由此产生了一些跨部门行业协会。

1979年，经委协调、跨部门成立了中国企业管理协会（1979年成立、1999年更名为中国企业联合会）、中国质量管理协会（1979年成立、2001年更名为中国质量协会）。20世纪80年代初，国家经委又在包装技术、印刷设备、食品、饲料四个领域成立跨部门的全国性行业协会，即中国包装技术协会（1980年成立、2004年更名为中国包装联合会）、中国食品工业协会（1981年）、中国饲料工业协会（1985年）、中国印刷及设备器材工业协会（简称中国印刷工业协会，1985年）。以下为最早成立的几大协会。

1. 中国企业管理协会[①]

为研究国内外企业管理理论和提高我国企业管理水平，1979年3月，有关工业部门、工矿企业、研究单位、学者和有实践经验的同志组成了中国企业管理协会（简称"中国企协"），成为隶属于原国家经委的一个外设性机构，由国家经委副主任袁宝华兼任协会会长。1984年3月，中国厂长（经理）工作研究会改组为中国企业家协会，与中国企业管理协会共设一个办事机构。1992年6月，中国企协注册登记为社会团体法人。1999年4月，由中国乡镇企业协会、中国外商投资企业协会、中国个体劳动者协会、中国女企业家协会、中国青年企业家协会、中国民营科技实业家协会等发起，中国企业管理协会更名为中国企业联合会，代管中国食品工业协会等八个协会。[②]

[①] 《中国企协20年大事记》编委会编《中国企协20年大事记：1979~1999》，企业管理出版社，1999，中企联合网，http://www.cec1979.org.cn/china/dsj.php，访问时间：2014-4-21。

[②] 代管中国企业家协会、中国女企业家协会、中国食品工业协会、中国医药企业管理协会、中国医药企业发展促进会、中国广告主协会、中国产学研合作促进会、中国企业管理科学基金会等八个协会。

2. 中国质量管理协会

1978年，国家经委技术局内设质量处，负责全国的质量管理工作。1979年，联合国工业发展组织以资助培养质量管理人才的方式协助中国工业发展。1979年8月，在中国科协下设成立专业性学会——中国质量管理协会（简称"中国质协"）。中国质协围绕引进、普及、推广全面质量管理活动展开，涉及冶金、轻工、纺织、石油、邮电工业、科学技术、软件等领域。第一任会长是国家经济委员会副主任兼国家标准总局局长岳志坚。随后，原第四机械工业部、化学机械工业等国务院各部委和各地方省市都争相成立质量管理协会。1988年，中国质量管理协会划归新成立的国家技术监督局主管。2001年，中国质量管理协会更名为中国质量协会，受资委领导和国家质检总局指导。

3. 中国包装技术协会

为了适应我国经济的发展形势，国家科委于1963年决定，分别在轻工部、外贸部和商业部设立包装研究所（室）。1977年，因包装破损严重引起了领导重视，又重新调配专人管理包装工作。改革开放前，我国包装工业发展落后，主要工作是旧包装的回收利用和节约包装用纸。改革开放后，包装破损严重导致许多残破商品，包装水平低下导致出口的好商品价格偏低，造成了巨大的经济损失。1979年，经委批示转交轻工部承办包装协会。南京会议宣布成立的"中国包装技术协会"挂靠在轻工学会下，但与会代表一致认为，由经委而不是轻工部负责此工作最为适宜。之后，中国包装技术协会（简称"中国包协"）重组，于1980年12月在重庆成立，挂靠原国家经委，由原国家经委副主任邱纯甫任会长。中国包装技术协会是中国包装科学技术工作者和包装企事业单位的群众性经济学术团体。2004年9月更名为中国包装联合会。

4. 中国食品工业协会

为改善食品工业管理分散、缺乏统一规划、加工技术落后、技术装备差、发展缓慢的状况，经国家经委牵头，协调农业、轻工、商业、粮食、农垦、外贸、供销、水产、医药、公安和总后勤部等部委于1981年10月26日成立了中国食品工业协会（简称"中国食协"），统筹、规划及协调发展全国的食品工业。1984年，中国食品工业协会加挂"国家经委食品工业办公室"和"中国食品工业技术开发总公司"的牌子,着重搞好食品卫生、质量检查和科学技术。协会先是挂靠国家经委,首届会长为农业部副部长杜子端。1987年后挂靠轻工业部。1991年8月2日,国务院批复"同意中国食品工业协会在原有职能的基础上,增加营养发展战略、规划和政策研究的职能"。2002年,《关于授予四个行业协会行业统计职能的通知》赋予中国食品工业协会行业统计职能。2003年后,中国食品工业协会由国资委主管,中国企业管理协会代管。

5. 中国医药企业管理协会

1985年7月,医药企协正式成立,由原国家医药管理局管理。[①] 第一、第二任会长分别为原国家医药管理局副局长李晓东和金同珍。2003年后,由国资委主管,中国企业管理协会代管。

6. 中国印刷工业协会

1982年,国家经委组成印刷技术装备协调小组,提出"照相排字、电子分色、高速胶印、装订联动"的技术发展方向。中国印刷及设备器材工业协会于1985年成立,涉及印刷、印刷设备和印刷器材三个方面。2003年后,由国资委主管,中国工业联合会代管。

7. 中国饲料工业协会

1983年,国家把饲料工业作为一个新兴产业纳入国民经济和社会发展序列。1985年7月,中国饲料工业协会成立,原国家经委副主任李瑞山为会长。1988年,设立在原国家经委的饲料工业办公室划归农业部,中国饲料工业协会随之挂靠农业部,中国饲料工业技术开发总公司挂靠中国饲料工业协会。[②] 2006年3月,以《国务院关于推进兽医管理体制改革的若干意见》为改革纲领,农业部系统形成了两个体系:一是动物疫病防控体系,包括部兽医局、中国动物疫病预防控制中心(新成立)、中国兽医药品监察所和中国动物卫生与流行病学中心;二是畜牧业发展技术支持体系,包括部畜牧业司、全国畜牧总站、中国饲料工业协会和农业部草原监理中心。由此,中国饲料工业协会办事机构与全国畜牧总站合署办公。

[①] 1978年,国家医药管理总局成立,由卫生部代管;1982年,国家医药管理总局被划归国家经委领导,更名国家医药管理局。

[②] 《回顾中国饲料工业协会历届理事会发展之路、辉煌之路》,《中国饲料》2008年第24期。

（二）国家计委成立的行业协会

20世纪80年代初，国家计委组建了涉及多个部门的中国交通运输协会（1982年）、中国设备管理协会（1982年12月9日成立）、中国施工企业管理协会（1984年2月）。80年代末90年代初，为促进企业发展，搞好国营大中型企业和推动中小企业的国际合作，计委又协调成立了中国工业经济协会（1988年）和中国中小企业国际合作协会（1990年）。

1. 中国交通运输协会[①]

为促进我国各种运输方式的协调发展，推动综合运输体系建设，1982年，原国家经委牵头，联合铁道部、交通部、邮电部、国家运输总局、总后勤部军事交通运输部和石油部管道局共同发起成立了中国交通运输协会。该协会横跨铁道、民航、公路、水运、管道、邮电及军事交通，郭洪涛为第一任会长。

2. 中国设备管理协会

20世纪80年代初，国家大力推进施工机械化，全国机械装备率不断增长，机器设备是企业生产的主要手段，设备维修工作直接关系到企业的经济效益。为实现对企业主要生产设备的制造、购置、使用、维修、改造、报废等全过程管理，中国设备管理协会于1982年12月9日成立，涉及国土资源、交通、信息产业、建筑、电力、铁道、机械、煤炭、化工、冶金、有色、石化、石油、医药、黄金、航空、航天、兵器、商检等领域。

3. 中国施工企业管理协会

中国施工企业管理协会成立于1984年2月，主要从事冶金、有色、煤炭、石油、石化、化工、电力、水利、核工业、林业、航空航天、建材、铁路、公路、市政、水运、通信和房屋建筑等行业（专业）的工程施工。

4. 中国工业经济协会

为研究中国特色的社会主义现代化工业建设及搞好国营大中型企业，

[①] 2003年政府机构改革，行业协会挂靠单位也略有变动。原"挂靠"国家计委的行业协会，全部"挂靠"国家发改委，其中包括中国交通运输协会、中国设备管理协会、中国施工企业管理协会和中国工程咨询协会。

增强企业的发展活力和后劲，1988年成立了中国工业经济协会，挂靠计委，由工业界的老同志、从事经济理论研究的学者、全国性工业行业协会、省（区）工业经济联合会、大型工业企业等组成。1998年10月更名为中国工业经济联合会（简称中国工经联），挂靠原国家经贸委。2003年后，协会挂靠国资委，代管17个行业协会。①

5. 中国中小企业国际合作协会

为加强对中小企业对外合作工作的宏观指导，1986年3月，国家经委内设"中国中小企业对外合作协调中心"。1988年，"中心"划归国家计委，年底召开第一次中小企业对外合作工作会议。1990年3月，在召开第二次中小企业对外合作工作会议时，又召开了中国中小企业国际合作协会（简称中小企协）成立大会。中小企协由全国各类中小企业、社团、专业服务机构、学者等组成。"协会"和"中心"作为直属事业单位，1994年底划归国家经贸委，2003年划转国资委。2008年，"中心"与"协会"分离，"中心"划转工信部，"协会"划归国资委，但由工信部指导业务。2010年，"中心"更名为"中国中小企业发展促进中心"。

（三）部委试点成立的行业协会

1984年，《中共中央关于经济体制改革的决定》明确提出，各级政府部门原则上不再直接经营企业，实行政企分开，发挥政府机构管理经济的职能，"专业经济管理部门要从具体管理直属企业的生产经营转向搞好全行业管理，制定行业发展规划，研究行业内重大经济技术政策，组织信息交流、技术开发和人才培训工作"。因而，1984~1987年，改革的取向主要是经济管理部门的简政放权；1988~1992年，改革的取向主要是从中央到地方各级政府撤销或合并专业经济管理部门，削弱其投资和物资分配权，弱化企业的行政约束，同时成立一批官办行业协会。1993~1997年，

---

① 代管中国展览馆协会、中国企业改革与发展研究会、中国化学制药工业协会、中国医疗器械行业协会、中国医药包装协会、中国医药商业协会、中国医药工程设计协会、全国医药技术市场协会、中国医药创新促进会、中国非处方药物协会、中国淀粉工业协会、中国制药装备行业协会、中国医药设备工程协会、中国医药教育协会、中国医药会计学会、中国医药新闻信息协会、中国药文化研究会等。

突出强调减少具体审批事项和对企业的直接管理，将专业经济管理部门的改革分为三类：一类改为经济实体，不承担政府行政管理职能；一类改为行业总会，作为国务院直属事业单位；一类保留或新设的机构负责规划、协调、监督和服务。从 1984 年开始，国务院依次在机械工业、轻工业和商业领域、在裁剪与合并经济管理部门的专业局（产业局）的原有机构和人员的基础上，在各部委内部有计划地成立了一批全国性的行业协会，进行行业管理体制改革试点。

1. 机电工业

1984 年 8 月，国务院首先在机械工业部和电子工业部进行行业管理体制改革试点。"随着企业下放和政企分开，第一步，专业局不再直接管理企业，只作为一个职能局；第二步，通过建立必要的行业协会作为政府的助手把一些行业工作抓起来。在这种情况下，可以考虑合并或撤销专业局。"[1]

民用机械工业是国民经济发展的重要组成部分，可以细分为 13 个行业，包括农业机械行业、工程机械行业、仪器仪表行业、石化通用行业、重型矿山行业、机床工具行业、电工电器行业、机械基础件行业、食品包装行业、汽车工业行业、内燃机行业、文化办公设备行业和其他民用行业（如化纤机械、针织机械）。主管民用机电的政府部门可以回溯到 1958 年 2 月成立的第一机械工业部。[2] 1982 年 5 月，第一机械工业部与农业机械部、国家仪器仪表工业总局、国家机械设备成套总局合并为机械工业部，几乎涉及所有小行业产品的生产制造和民用行业。1986 年，机械部与兵器部（原五机部）重组为国家机械工业委员会。机械工业部从 1984 年成立中国模具工业协会（1984 年）[3] 开始进行试点，到 1986 年就有计划、有组织

---

[1] 中国机械工业年鉴编辑委员会编《中国机械电子工业年鉴（1985）》，机械工业出版社，1986。

[2] 1952 年 8 月成立第一机械工业部，主管民用机械、电信、船舶等。1958 年 2 月，第一机械工业部、第二机械工业部和电机制造工业部合并为新的第一机械工业部，主管民用机电。

[3] 中国模具工业协会于 1984 年 10 月 25 日在四川省成都市召开成立大会，受国家经委领导，挂靠机械工业部，筹委会秘书处挂靠机械部机械研究院。

地推动行业协会的组建工作，成立了中国机床工具工业协会（1987年）[①]、中国汽车工业协会（1987年）[②]、中国电器工业协会（1988年）[③]、中国通用机械阀门行业协会（1988年6月）、机电工业设备管理协会（1990年3月）等一系列行业组织。到1998年时，"形成了一个由27个全国性行业协会组成的，几乎覆盖了原机械部归口管理的所有小行业的协会工作体系"。[④]

2. 轻纺工业

1988年，轻工业部也开始进行行业管理体制改革，使轻工业成为中国较早走向市场经济的行业。轻工业包括有40多个行业门类，22个大类行业，涉及几十万种产品的生产制造，涵盖吃穿用住等诸多方面，均与国计民生密切相关，在经济和社会发展中起着举足轻重的作用。改革中，轻工业管理部门与其所属企业脱钩，其所属企业由国有为主变为民营、合资企业为主。1983~1988年，轻工业部组建了15个行业协会；1988年，轻工业部主持改建了中国自行车、搪瓷、制笔、眼镜、牙膏、洗涤用品、香精香料化妆品、钟表、衡器、缝纫10个行业协会，新组建了中国皮革工业、室内装饰、文房四宝、家具、原电池、盐业、工艺美

---

① 1986年11月30日至12月3日召开筹备组会议，机床工具工业局梁训瑄局长任筹委会主任委员。1987年4成立中国特种加工机床专业协会和木工机械专业协会，6月成立中国机床电器专业协会，7月成立中国工具专业协会，9月成立磨床协会。1988年，中国机床工具工业协会成立，机床电器专业协会等并入中国机床工具工业协会，成为其中的一个分会。

② 1982年5月7日，在原一机部汽车工业局的基础上组建了中国汽车工业公司。1987年5月29日，中国汽车工业公司改为中国汽车工业联合会（简称"中汽联"），由机电部归口管理，是中国境内从事汽车、摩托车、零部件及汽车相关行业生产经营活动的企事业单位和团体组成的全国性工业行业协会。由于中汽联改革没有取得预期效果，1990年2月23日，国务院批准组建"中国汽车工业总公司"（中汽总公司），机电部授予其全行业管理职能。1993年，原授权给"中国汽车工业总公司"的汽车行业管理职能收归新组建的机械工业部，中汽总公司成为具有控股公司性质的经济实体，中国汽车工业协会和中国汽车工程学会挂靠机械工业部，同时，机械工业部组建汽车工业司，行使汽车行业的管理职能。1998年，原机械工业部被撤销，重新组建了国家机械工业局，行使全国行业的宏观管理职能。2001年2月，机械工业局被撤销，汽车行业的宏观管理职能并入国家经贸委有关司局。

③ 从1988年开始，电工行业先后成立了中国发电设备、中国输变电设备、中国电器、中国电机、中国电工器材和中国工业锅炉6个全国性行业协会组织。为形成整体优势，促进电工行业的健康持续发展，1997年4月，原有的6个协会合并组建为全电工行业统一的中国电器工业协会。

④ 姚明伟:《适应机械工业管理体制改革　发挥行业协会作用》，载民政部民间组织管理局编《有关民间组织管理最新法规政策摘编》。

术、日用玻璃、五金制品9个行业协会。1989年组建了轻工业行业协会联合会，隶属轻工业部（与中华全国手工业合作社合署办公），负责行业协会的人事、党务管理工作以及相关的后勤服务工作。[①] 1988~1993年，轻工业部又组建了16个行业协会。90年代初，我国轻纺产品绝大部分已经实行了市场调节，价格也已放开，又无大型直属企业。到1993年时，轻工业部已经组建了31个行业协会。1993~1998年，轻工领域又组建了12个行业协会。

纺织工业部于1977年12月从轻工业部分出。1988年，原纺织工业部直属的20多个纺织机械厂整合重组为中国纺织机械集团公司[②]，上海原部管纺织机械器材企业重组成立太平洋机电集团公司。1981年，中国纺织工业企业管理协会成立。1990年，纺织机械器材协会成立。

3. 贸易商业

1982年，外贸领域开展机构改革，进出口管理委员会、对外贸易部、对外经济联络部和外国投资管理委员会合并组建对外经济贸易部。1988年8~11月成立了七大进出口行业商会，隶属于对外经济贸易部，分别为：中国纺织品进出口商会、中国轻工艺进出口商会、中国食品土畜进出口商会、中国五矿化工进出口商会、中国机电产品进出口商会、中国医药保健品进出口商会和中国对外承包工程商会。[③] 2003年后，原"挂靠"外经贸部的行业协会全部转为"挂靠"商务部。除七大出口商会外，还包括中国亚太经济贸易合作促进会、中国外商投资企业协会、中国对外贸易经济合作企业协会（1989年）、中国国际工程咨询协会、中国国际货运代理协会和中国欧洲经济技术合作协会。

1982年，内贸领域进行机构改革，将原有的商业部、粮食部和全国供销合作总社重组为商业部，并设立国家物资总局。1988年，机构改革削弱了大部分专业经济管理部门的投资和物资分配权，国家物资总局重组为物资部，并组建专业投资公司。1993年，物资部与商业部重组为国内贸易

---

① 国务院发展研究中心社会发展研究部课题组：《社会组织建设：现实、挑战与前景》，中国发展出版社，2011，第120页。
② 1996年，中国纺织机械集团公司改组为中国纺织机械集团有限公司。
③ 徐家良：《互益性组织：中国行业协会研究》，北京师范大学出版社，2010，第59页。

部。之后，国内贸易部又成立了中国商业联合会（1994年）、中国物资流通协会（1995年）、中国粮食工业协会（1996年）① 等行业组织。中国商业联合会与中国物资流通协会都在国内贸易部指导下工作。

4. 石化工业

化学工业包括化肥、酸碱、有机原料、合成材料等大宗化工产品以及精细化工等多种产品，与国民经济各行业及人民生活有着很强的联系。新中国成立初期，涉及化学工业的政府部门有重工业部的化学工业局、轻工业部的橡胶工业管理局和医药工业管理局。1956年5月，这三个局合并为化学工业部。1964年，中国医药工业公司和中国橡胶工业公司成立，但两公司于1968年受"文革"影响被撤销。1979年，国家医药管理总局成立，化工部医药局改制为中国医药工业公司，并划转国家医药总局。此后，医药领域与化工领域分离。

改革开放后的化学领域一方面成立化工公司。1982年，在原化学工业部外事局和成套设备进出口公司的基础上成立了中国化工建设总公司。② 1984年，在原化学工业部机械制造局的基础上组建了中国化工装备总公司。在原重工业部重工业设计院和建设公司的基础上组建了中国化学工程总公司，2005年更名为中国化学工程集团公司。1988年，在原化工部二局（军工）的基础上组建成立了中国化工新材料总公司，归原化学工业部直接管理。2004年5月，国务院批准组建中国化工集团公司，管理十大化工专业公司。另一方面，成立行业协会。最早在20世纪80年代便成立了中国氯碱工业协会（1981年）③、中国农药工业协会

---

① 1952年，政务院成立粮食部。之后，粮食部和商业部经历多次分合，1970年合并，1979年分离，1982年再次合并。1990年组建国家粮食储备局，隶属商业部。1993年3月，商业部被撤销并入国内贸易部后，国家粮食储备局划归国内贸易部。同时，将国家粮食储备局的经营职能分离出来，组建了中国粮油集团公司、中国粮食仓储集团公司和中国粮油进出口联营公司。1998年3月，国内贸易部并入国家经贸委后，国家粮食储备局改为隶属国家发展计划委员会。2000年4月，国家粮食储备局被拆分为国家粮食局和中国储备粮管理总公司（原国家粮食储备局几乎全部转入中储粮）。

② 2003年后隶属于国务院国有资产监督管理委员会管理。2006年10月，中化建整体并入中国海油，成为其全资子公司。

③ 中国氯碱工业协会在1981年8月13日创立于沈阳，隶属国家经委，会员包括氯碱企业、相关的科研、设计、机械制造和省级协会等企事业单位。

(1982年)①、中国橡胶工业协会（1985年）②、中国化工施工企业协会（1985年1月）、中国化工企业管理协会（1986年12月）等行业组织。1991年8月，化工部成立了化工行业协会联合办公室，挂靠在政策法规司。

石油领域内成立了中国海洋石油总公司、中国石油化工集团公司和中国石油天然气集团公司三大石油公司。1982年，石油部成立中国海洋石油总公司。1983年，国务院成立中国石油化工总公司，管理原隶属石油部、化工部和纺织部管理的39个石油化工企业。中海油和中石化两大企业同时具有行政职能。1988年，石油、煤炭、核工业部的全部和水利电力部的电力职能合并为能源部，国务院在原石油部的基础上成立中国石油天然气总公司；同时，中国海洋石油总公司分立，归国务院领导。20世纪80年代便成立了中国石油工程建设协会（1984年2月）③、中国石油企业管理协会（1984年12月）等行业组织。

5. 材料工业

在建筑工程领域，建设部指导成立了中国建筑机械设备管理协会（1984年）④、中国模板工程协会（1984年5月）、中国建筑砌块工业协会（1984年5月）、中国建筑机械化协会（1984年8月）、中国建设机械协会（1984年）⑤、中国建筑业协会（1986年）⑥等行业组织。

---

① 农药是典型的精细化学品之一。中国农药工业协会成立于1982年4月，在原化学工业部、国家石油和化学工业局的领导和中国工业经济联合会的指导下工作。现业务主管单位是国务院国有资产监督管理委员会。
② 1985年成立了力车胎协会、炭黑协会、胶鞋协会、再生胶协会、轮胎协会乳胶协会、胶管胶带协会、橡胶制品协会等八个专业协会。同年4月12日，在八个专业协会成立的基础上又成立了中国橡胶工业协会，秘书处设在化工部橡胶司。
③ 1984年2月成立，业务主管部门是国资委，挂靠在中国石油天然气集团公司，秘书处挂靠在中国石油天然气集团公司规划计划部。
④ 1984年5月成立了"中国建筑机械设备管理协会"，1994年整顿社团组织时，协会并入中国建筑业协会，成为其分会。2005年，该分会更名为"中国建筑业协会机械管理与租赁分会"。
⑤ 中国建设机械协会于1984年在建设部的指导下成立。建设（筑）工程机械和其他的专业化工程机械构成了中国特色的"工程机械"的"两个制造体系"。建设（筑）工程机械由建设部负责管理，筑路工程机械、线路工程机械、水利工程机械、矿山工程机械等的专业化工程机械由原第一机械工业部设立的工程机械局（1960年设立）统一规划管理。2002年，中国建设机械协会和中国工程机械工业协会合并重组为中国工程机械协会。参见刘雪梅《"工程机械"是具有中国特色的名称》，《中国机电日报》2002年1月8日，第4版。
⑥ 1986年10月29日成立了中国建筑业联合会，在1993年的第二届理事会上，建设部决定在中国建筑业联合会的基础上新成立中国建筑业协会。

在建筑材料领域，1979年设立了建筑材料工业部，1982年改为国家建筑材料工业局，为国务院直属机构，但由国家经济委员会代管。1985年成立的中国建筑材料工业协会挂靠在国家建材局内，并接受其业务指导。1993年，国务院机构改革原计划将国家建材局改组为中国建材工业协会联合会，但实际改为国家经贸委管理的国家局。

在金属材料领域，相对应的政府部门主要为冶金工业部。1981年5月，国务院批准成立国家有色金属工业管理总局，由冶金工业部代管，1982年至1983年4月改建为中国有色金属工业总公司，主要经营铜、铅、锌、铝、稀土等有色金属。1984年成立了中国有色金属协会。

冶金工业部也设立了中国冶金建设协会（1984年7月）、中国冶金企业管理协会（1989年1月）等行业组织。1998年，冶金工业部重组为国家冶金工业局。1989年1月成立的中国冶金企业管理协会受冶金部的直接领导和中国企协的指导。

三　1998年至今成立的行业协会

（一）传统工业：部-局-会

1. 轻工领域

1998年政府机构改革，中国轻工总会改制为国家轻工局，中国纺织总会改组成国家纺织工业局，均由国家经济贸易委员会管理。2001年，国家轻工局又改组为中国轻工业联合会[①]，国家纺织工业局改组为中国纺织工业协会，属于民间社会组织，但中国轻工业联合会的机关保留国家公务员编制。同时，中国轻工业联合会与中华全国手工业合作总社合署办公。2011年11月，中国纺织工业协会更名为中国纺织工业联合会。[②]

2. 机电领域

机械工业部于1985年成立了中国机械工业企业管理协会。1988年，

[①] 代管中国工业合作协会、中国家用电器协会、中国轻工业企业管理协会、中国轻工机械协会（1989年）、中国轻工业工程建设协会等协会。

[②] 代管中国纺织工业企业管理协会（1981年）、中国针织工业协会、中国纺织机械协会（原名中国纺织机械器材工业协会，成立于1990年）、中国毛纺织行业协会、中国纺织勘察设计协会等协会。

机械部和电子部合并,隶属于机械电子工业部。1993年,两部又分设隶属于机械部。1998年政府机构改革,机械工业部改组为国家机械工业局,2001年1月,国家机械工业局和机械工业企业管理协会改组为中国机械工业协会。2001年3月8日,中国机械工业协会变更为中国机械工业联合会[1],代管机械工业的大部分行业协会。[2]

3. 商业

1998年,国内贸易部改组为国内贸易局。2001年2月,国内贸易局被撤销,与中商联和中国物资流通协会重组,接收安置了分流的部分公务员,重组了中国商业联合会[3]和中国物流与采购联合会(2001年4月)。[4]

4. 材料工业

(1)建筑材料工业。2001年,国家建筑材料工业局与原中国建筑材料工业协会重组为中国建筑材料工业协会。2007年5月22日,中国建筑材料工业协会更名为中国建筑材料联合会。[5]

(2)金属材料工业。1998年,国家撤销了中国有色金属工业总公司,成立了中国铜铅锌集团公司、中国铝集团公司和中国稀有稀土集团公司三大集团公司以及国家有色金属工业局。2000年7月,国务院决定撤消三大集团公司,将原中央管理的企业全部下放到地方管理。2001年,国家有色金属工业局被撤销,重组为中国有色金属工业协会。[6] 1999年1月,中国冶金企业管理协会更名为中国钢铁工业协会。2001年,冶金局与原中国钢

---

[1] 中国机械工业联合会分别于2001年、2004年和2009年召开了成立后的第一届、第二届和第三届会员代表大会。

[2] 代管中国机床工具工业协会、中国仪器仪表行业协会、中国模具工业协会、中国通用机械工业协会、中国食品和包装机械工业协会、中国石油和石油化工设备工业协会、中国塑料机械工业协会(1993年)、中国印刷及设备器材工业协会(1985年)、中国重型机械工业协会(1989年)、中国电器工业协会、中国农业机械工业协会(1991年)、中国内燃机工业协会、中国工程机械工业协会(1993年)、中国汽车工业协会(1987年)、中国机械工业企业管理协会(1985年)等协会。

[3] 直接管理13个事业单位,主管31家国内外公开发行的报刊,代管中国商业企业管理协会的39个全国性专业协会。

[4] 代管中国农业机械、汽车、木材与木制品、燃料、建筑材料流通等协会。

[5] 代管中国建材工程建设协会、中国建材机械工业协会、中国建筑材料企业管理协会(1986年12月)等23个协会。

[6] 代管中国钨业协会、中国有色金属建设协会、中国有色金属加工工业协会、中国工程爆破协会、中国游艺机游乐园协会等5个协会。

铁工业协会重组为中国钢铁工业协会。①

5. 石化工业

1998年，化学工业部与中海油、中石油、中石化的行政职能合并，在原化学工业部的基础上组建了国家石油和化学工业局，三大石油公司（中国石油天然气集团公司、中国石油化工集团公司和中国海洋石油总公司）②正式挂牌，实现政企分开。2001年，国家石油和化学工业局转制为中国石油和化学工业协会。2009年11月8日，中国石油和化学工业协会更名为中国石油和化学工业联合会。③（见表1-1）

表1-1 十大行业协会的变更

	部委	局	局内会	重组/改制	更名
1	机械工业部	国家机械工业局	中国机械工业企业管理协会（1985年）	中国机械工业协会	中国机械工业联合会（2001年3月）
2	轻工业部	国家轻工局	轻工业行业协会联合会（1989年）	中国轻工业联合会	
3	纺织工业部	国家纺织工业局	—	中国纺织工业协会	中国纺织工业联合会（2011年2月）
4	国内贸易部	国内贸易局	中国商业联合会（1994年）	中国商业联合会	
5	物资部（1988年）	国内贸易部（1993年）	中国物资流通协会（1995年）	中国物资流通协会	中国物流与采购联合会（2001年4月）
6	建筑材料工业部	国家建筑材料工业局（1982年）	中国建筑材料工业协会（1985年）	中国建筑材料工业协会	中国建筑材料联合会（2007年5月）

---

① 原冶金部副部长吴溪淳被选为中国钢铁工业协会会长，代管中国冶金建设协会（1984年7月）、中国炼焦行业协会、中国钢结构协会、中国铁合金工业协会、中国冶金矿山企业协会等10个协会。
② 三大石油公司拥有垄断的勘探开发权，中石油和中石化垄断着来自国外的原油进口，中石油侧重上游勘探开发，中石化侧重中下游炼化和销售。
③ 代管中国化工企业管理协会（1986年12月）、中国膜工业协会、中国腐植酸工业协会、中国化学矿业协会、中国化工装备协会、中国纯碱工业协会、中国氯碱工业协会、中国氮肥工业协会、中国农药工业协会、中国橡胶工业协会、中国化工施工企业协会（1985年1月）、中国石油工程建设协会（1984年2月成立）、中国石油企业协会等40个协会。

续表

	部委	局	局内会	重组/改制	更名
7	化学工业部	国家石油和化学工业局	—	中国石油和化学工业协会	中国石油和化学工业联合会（2009年11月）
8	冶金工业部	国家冶金工业局	中国冶金企业管理协会（1989年）	中国钢铁工业协会	—
9	中国有色金属工业总公司（1983年）	国家有色金属工业局	中国有色金属协会（1984年）	中国有色金属工业协会	—
10	煤炭工业部	煤炭工业局	中国煤炭工业企业管理协会（1988年）	中国煤炭工业协会（1998年）	—

（二）垄断工业

1. 电子通信工业

电子通信工业是重要的现代科技工业，对应的政府部门有电子工业部和邮电部。1988年，电子工业部和机械工业部合并为机械电子工业部，电子工业部改组为中国电子工业总公司（1991年正式组建），由机械电子工业部归口管理。1993年，机械电子工业部改组为机械工业部、中国电子工业总公司又改组为电子工业部。1998年，邮电部改组为国家邮政局，其电信职能与电子工业部重组为信息产业部。

1994年7月，电子部联合铁道部、电力部以及广电部，成立了中国联合通信有限公司（联通），经营寻呼业务，邮电部主要经营固定电话业务与移动业务。2000年，原中国电信移动通信资产分立为中国移动通信集团公司和中国电信集团公司。之后，又成立了铁道通信信息有限责任公司（2000年12月）和中国卫星通信集团公司（2002年12月）。2002年，国务院《关于印发电信体制改革方案的通知》对固定电信企业重组，分别成立了中国电信集团公司和中国网络通信集团公司。2008年，联通与网通合并，铁通并入移动，卫通的基础电信业务并入电信，使中国电信业形成了三足鼎立的格局。2014年，为避免重复建设，国家把建设、维护信号塔的职责从中剥离出来，由三家运营商出资成立中国铁塔公司。

早在 1979 年，中国电子质量管理协会就已经成立。之后，电子工业部陆续组建了中国电子企业协会（1984 年）、中国电子材料行业协会（1991 年）和中国通信工业协会（1991 年）。[①] 邮电部也于 1990 年底成立了中国邮电企业管理协会（后更名为中国通信企业协会）。2014 年 6 月 28 日，信息行业成立中国电子信息行业联合会。

2. 国防工业

海、陆、空、天、核、电子六大国防科技工业组成了国家战略性高技术产业。1982~1993 年，机械行业各部按其主管领域进行改革，除电子行业的国防科工行业，相继建立了五大军工总公司：二机部（核工业部）改组为中国核工业总公司（1988 年）、三机部（航空工业）改组为航空工业总公司（1993 年）、五机部（兵器工业）改组为中国北方工业（集团）总公司（1986 年）[②]、六机部（船舶工业）改制为中国船舶工业总公司（1982 年）、七机部（航天工业）航天工业总公司（1993 年）。[③] 1999 年，根据国家确定的"分工协作、发挥优势、各有侧重、有序竞争"的原则，"一分为二"地对五大军工总公司进行调整与重组，形成了十一大军工企业（见表 1-2）。在"军民融合"发展战略下，军工央企也从事民品生产。

表 1-2　十一大军工企业

国防工业领域	军工企业名称
航天工业	航天科技，航天科工
船舶工业	中船重工（北船），中船工业（南船）
兵器工业	兵器工业（北兵），兵器装备（南兵）
航空工业	中航工业，中国航发[④]

---

① 中国通信工业协会是 1991 年在国家民政部和原机械电子部的支持下诞生的。
② 1986 年，兵器工业部改组为中国北方工业（集团）总公司，隶属于机械电子工业部，负责兵器工业的管理工作。1990 年，在中国北方工业（集团）总公司的基础上成立了中国兵器工业总公司，负责行使兵器工业的行业管理职能，对内称为中国兵器工业总公司。
③ 1988 年，航空工业部和航天工业部合并为航空航天工业部；1993 年，改组为国家航天局。
④ 2008 年，中国航空工业第一、第二集团公司整合为中国航空工业集团公司。2016 年成立了中国航空发动机集团。

续表

国防工业领域	军工企业名称
核工业	中国核建（建设）[1]，中核集团（运营）
电子工业	中国电科[2]

2003年，国家行政体制和科技体制改革进一步深化，国防科技工业等专业经济领域内的政府管理部门进一步被撤销，相继组建了一批中央直属大型国有企业集团，部分科研单位也整建制转为企业，新成立了一批行业协会。1998年，机构改革重新组建了国防科学技术工作委员会，将原国防科工委管理的国防工业职能、国家计委国防司的职能及各军工总公司承担的政府职能合并。2008年，国家发改委的工业行业管理有关职责、国防科工委核电管理以外的职责和国务院信息化办公室的职责被整合到信息产业部，并重组为工业和信息化部。同时，国防科技工业委员会改组为国家国防科技工业局，成为工信部管理的国家局。国防科技工业的行业组织有中国兵器工业企业管理协会、中国国防科技工业企业管理协会（2003年）[3]、中国核能行业协会（2007年4月）等。

3. 交通领域

交通领域对应的政府部门主要是交通和铁路部门，中国铁道企业管理协会（1984年）、中国交通企业管理协会（1985年）、中国地理信息产业协会（1994年成立，测绘地信局主管）、中国铁道工程建设协会、中国地方铁路协会、中国城市轨道交通协会（2011年）[4] 等行业组织相继成立。1990年8月，中国铁道建筑总公司成立，归铁道部管理；2000年9月，中

---

[1] 中国核工业集团公司主要负责中国核武器的研制、核燃料的开采提取以及屡次核试验。中国核工业建设集团公司主要负责我国全部核能利用开发应用事业，如广州大亚湾和嘉兴秦山核电站的建设与运营。

[2] 2002年，以原信息产业部直属的电子研究院所和高科技企业为基础，组建了中国电子科技集团公司（军工集团公司）。

[3] 中国国防科技工业企业管理协会于2003年3月成立，业务主管部门原为国防科学技术工业委员会（2008年，国防科学技术工业委员会变为国家国防科技工业局）。2014年11月更名为中国国防工业企业协会。

[4] 2011年10月14日成立，国家发改委是其业务主管单位，同时接受住房和城乡建设部、交通运输部的行业指导，选举原机械工业部部长、原国家计委副主任包叙定为第一任会长。

国铁建交由中央企业工委管理；2003年，交由国资委领导和管理。2013年，铁道部改组为中国铁路总公司。

4. 能源工业：煤、电

新中国成立初期设有燃料工业部和重工业部，燃料工业部主管全国煤炭、石油和电力工业，重工业部主管化学工业。1955年，对能源的需求迅速膨胀，燃料工业部被分拆成煤炭工业部、石油工业部和电力工业部。1970年，煤炭、石油和化工三个部合并成燃料化学工业部。1975年，燃化部分为煤炭工业部和石油化学工业部。1978年，石油化学工业部分立为石油工业部和化学工业部。（见图1-1）

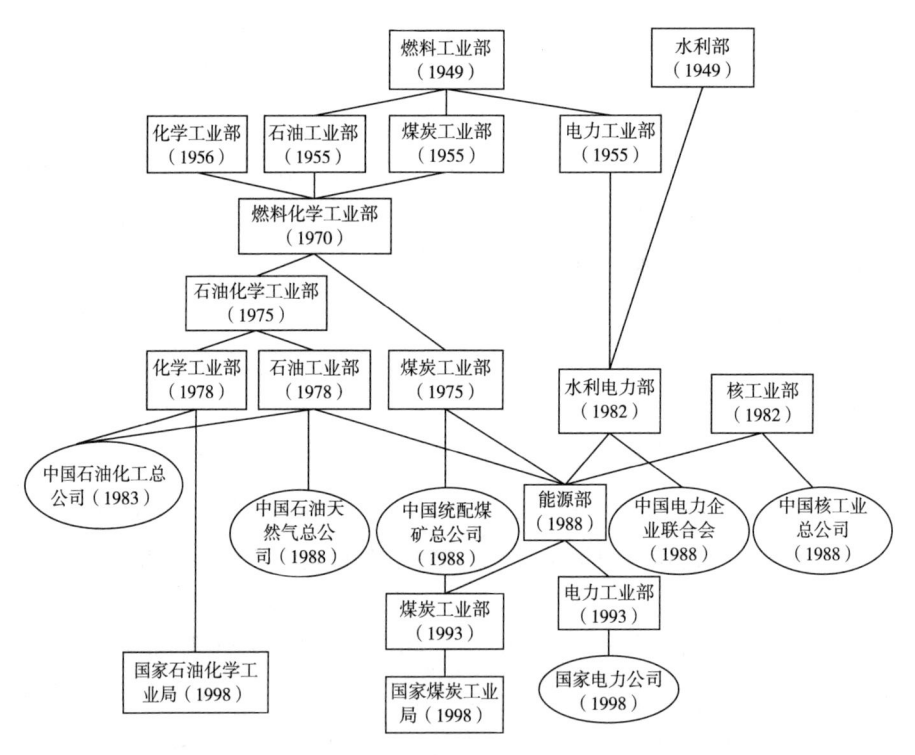

图 1-1 能源部门的演变

在煤炭领域，1975年成立煤炭工业部时，将以前下放给地方管理的煤炭企事业单位陆续收归煤炭工业部管理。1988年组建能源部时，煤炭工业部改制为中国统配煤矿总公司；1993年，中国统配煤矿总公司改制为煤炭工业部；1998年，煤炭工业部改组为国家煤炭工业局，归口原国家经贸委。1999年底，在国家煤炭工业局的基础上挂牌成立了国家煤矿安全监察局；2000年，国家煤矿安全监察局独立设置，国家煤炭工业局改组为中国煤炭工业协会。① 煤炭行业成立的协会有中国煤炭加工利用协会（1982年）②、中国煤炭建设协会（1986年）③、中国煤炭机械工业协会（1989年）④、中国煤炭运销协会（1998年）⑤ 等。

电力工业部自1955年成立后，曾多次与水利部分合。1988年机构改革，电力职能转入新成立的能源部，同时组建中国电力企业联合会（中电联）。⑥ 之后，中国电力建设企业协会（1989年）等行业组织成立。1993年，能源部改组电力工业部。1998年初，电力工业部改制为国家电力公司⑦，电管职能归国家经贸委。2000年6月，电力行业开始了体制改革：拆分国家电力公司，中国电力系统新组建（改组）11家公司，即两大电网公司、五大发电集团公司和四大辅业集团公司；建立电力监管体系，充实中国电力企业联合会；建立区域电力市场，建立健全电价形成机制。⑧ 2002年，国

---

① 1988年，中国煤炭工业企业管理协会成立。1998年10月，中国煤炭工业企业管理协会更名为中国煤炭工业协会，代管中国煤炭加工利用协会（1982年）、中国煤炭建设协会（1986年）、中国煤炭机械工业协会（1989）、中国煤炭运销协会（1998年）、中国煤炭经济研究会（1982年）、中国煤矿文化宣传基金会（1982年）、中国煤矿文化艺术联合会（1995年）、中国煤矿体育协会、中国煤矿教育协会、中国煤炭职工思想政治工作研究会等协会。
② 1982年，国家计委、国家环保总局、煤炭、电力、冶金、化工等13个部委联合组建了中国煤炭加工利用协会，由煤炭部代管，办公室设在中国矿业学院北京研究生部。
③ 1986年5月25日，经原煤炭工业部批准，成立了煤炭基本建设管理协会，1991年11月更名为中国煤炭建设协会。煤炭建设工程质量监督总站挂靠在该协会。
④ 1989年7月，经能源部和中国煤矿机械装备总公司批准，协会成立。
⑤ 中国煤炭运销协会成立于1998年8月，协会团体会员涵盖了各地煤炭行业管理部门和煤炭生产、经营、流通、销售、电商、证券以及煤炭行业相关的企业事单位。
⑥ 1988年由国务院批准成立。但第一、二届理事会期间（1998年之前），中国电力企业联合会为事业单位，先后由能源部和电力部归口管理。1998年电力部被撤销后，中国电力企业联合会转为社会团体法人，挂靠国家电力公司，接受经贸委的业务指导。2002年后，由新成立的中国国家电力监督管理委员会（电监会）作为业务主管单位。中国电力企业联合会代管中国电力建设企业协会（1989年）、中国电力技术市场协会（1992年）、中国电力规划设计协会、中国电力发展促进会、中国电力职工思想政治工作研究会等协会。
⑦ 1997年，在电力工业部的基础上挂牌成立了国家电力公司；1998年3月正式撤销电力工业部，电管职能归经贸委，国家电力公司独立运作。
⑧ 上网电价和销售电价依然实行政府管制。

家电力监管委员会（国家电监会）成立，履行电力市场的监管职责。2011年，电力行业四大辅业集团和网省公司整合为中国电建和中国能建两大电力建设集团，开始了专业的建电厂之路。电力行业形成了电建、发电、电网的"2+5+2"的格局。（见表1-3）

表1-3 国有电力集团

公司类型	包括的电力集团
电建公司①	中国电建、中国能建
发电公司②	华能集团、大唐集团、华电集团、国电集团、国家电投
电网公司③	国家电网、南方电网

2003年，经贸委被撤销，能源管理职能集中到国家发改委。2005年5月，能源供给紧缺，国务院设立最高层议事协调机构——国家能源领导小组及其办事机构——国家能源领导小组办公室（简称"能源办"），代表国家意志对煤炭等能源进行统一协调管理，研究国家能源发展战略和能源政策。2008年，发改委能源局、能源领导小组和原国防科工委的核电管理职能合并，成立了副部级的国家能源局，实施能源管理。2010

---

① 四大辅业集团公司为：中国电力工程顾问集团公司、中国水电工程顾问集团公司、中国水利水电建设集团公司和中国葛洲坝集团公司。电网辅业单位主要包括省公司层面的电力设计、水火施工和电力修造企业。中电建的主要组成是电网在河北、吉林、上海、福建、江西、山东、河南、湖北、海南、重庆、四川、贵州、青海和宁夏等14个省区市公司所属的辅业单位和水电建设集团、水电顾问集团；中能建的组成是电网在北京、天津、山西、辽宁、黑龙江、江苏、浙江、安徽、广东、广西、云南、陕西、甘肃和新疆等15个省区市公司所属的辅业单位和葛洲坝集团、电力顾问集团。

② 五大发电集团为：中国华能集团、中国大唐集团、中国华电集团、国家电力投资集团和国家能源集团。中国华能集团公司早在1988年便经能源部和国务院办公厅批准成立。国家电力投资集团公司是2015年与国家核电重组成立的，横跨火电、水电、核电、新能源等多个领域，拥有核电开发建设"牌照"是其区别于其他四大电力集团的最大特点（全国核电开发建设运营商只有中核集团、中广核集团和国家电投三家）。2018年1月，国电集团改组为国家能源集团。此外，发电领域还有"四小龙"，即国投电力、国华电力、华润电力和中广核，还有各省自己的能源公司。

③ 两家电网公司为国家电网公司和中国南方电网公司。国家电网运营北方26个省区市，南方电网运营广东、广西、云南、贵州和海南5个省区。电网公司的垄断表现为：一是电网设施的自然垄断运营，二是电力市场交易的行政垄断。发电企业发出的电要卖给电网公司，而电力用户则必须向电网公司购买电，发电企业与最终用户并不发生直接的交易关系。

年，国务院成立了国家能源委员会（国家能源委），负责研究能源发展战略、审议能源问题、统筹协调发展等。2013年机构改革，原国家能源局与国家电力监管委员会整合重组为国家能源局，由国家发改委管理。（见表1-4）

表1-4　部分工业部门的演变（1982~2008年）

1982~1983年	1988年	1993年	1998~1999年	2000~2008年
电子部/四机部	中国电子工业总公司	电子工业部	信息产业部	工业和信息化部 中国电子科技集团公司
机械部[①]/一机部	机械电子工业部	机械工业部	国家机械工业局	中国机械工业协会
兵器部/五机部	中国北方工业（集团）总公司	中国兵器工业总公司	中国兵器工业集团公司；中国兵器装备集团公司	
航空部/三机部	航空航天部	国家航天局 中国航空工业总公司 中国航天工业总公司	国家航天局 中国航空工业第一、第二集团公司	中国航空工业集团公司
航天部/七机部			中国航天科技集团；中国航天科工集团	—
中国船舶工业总公司/六机部	—	—	中国船舶北方重工集团；中国船舶南方重工集团	—
核工业部/二机部	中国核工业总公司	不变	中国核工业集团公司；中国核工业建设集团公司	
石油工业部 中国石油化工总公司	中国石油天然气总公司；中国石油化工总公司	中国石油天然气总公司；中国石油化工总公司	中国石油天然气集团公司 中国石油化工集团公司	—
化学工业部	不变	不变	国家石油和化学工业局	中国石油和化学工业协会

① 1986年，机械部与兵器部合并为国家机械工业委员会。

续表

1982~1983 年	1988 年	1993 年	1998~1999 年	2000~2008 年
冶金工业部	不变	不变	国家冶金工业局	中国钢铁工业协会
中国有色金属工业总公司	不变	不变	国家有色金属工业局；中国铜铅锌、铝、稀土三大集团公司	中国有色金属工业协会
煤炭工业部	中国统配煤矿总公司	煤炭工业部	国家煤炭工业局	中国煤炭工业协会 国家煤矿安全监察局
水利电力部	能源部	电力工业部	国家电力公司	国家电网；南方电网；电监会→国家能源局

四 中国行业协会建立的策略

改革开放以来，我国社会从"总体性社会"向"多样化社会"转变，"在国家与社会的新型关系建构中，国家始终发挥着主导作用。一方面，国家给予社会以自主性的空间，允许新兴社团的产生和发展；另一方面，在人、财、物等方方面面仍依附于所从属的政府机构，组织中的领导人大多是由现职所在部门领导担任"[①]。

（一）部局改制的组织变革策略

我国官办行业协会的前身多数为各部委的专业司局、国务院各部或国家局，可以说，20 世纪 80 年代主要是各专业司局改制为行业协会，到了 21 世纪初，国家部局也改制为行业协会。

（1）专业司局合并成立行业协会。1986 年，中国行业协会发展呈现出新的特点，主要表现在两方面：一是中央政府的二级行政性公司相继被撤销，大批行业协会取而代之；二是部分工业部委的专业司局机构进行合并，成立了相应的行业协会。最早成立的行业协会的产生路径主要有两

---

① 崔月琴、沙艳：《社会组织的发育路径及其治理结构转型》，《福建论坛》（人文社会科学版）2015 年第 10 期。

种：一是专业司局直接转制为行业协会，如机械工业部的中国模具工业协会（1984年）、中国饲料工业协会（1985年）和中国橡胶工业协会（1985年）；二是专业司局先转制为行政性公司，再转为行业协会。改革开放后，为适应市场经济的发展，实现政企分开，政府职能部委的一些主管业务的司局先被改制成行政性公司，但仍然行使着行政管理职能。1986年的政府机构精简使大批中央和省级行政性公司相继转制成行业协会，如1982年以原一机部汽车工业局为基础成立的中国汽车工业公司（简称中汽公司）。1987年，国务院将其转制为"中国汽车工业联合会"，由机电部归口管理。1990年2月，国务院又重新组建了"中国汽车工业总公司"，拥有行业管理职能。1993年，中汽总公司成为具有控股公司性质的经济实体，汽车行业管理职能收归新组建的机械工业部。

（2）国家部（局）蜕变为行业协会。1993年，政府机构改革将一部分专业经济管理部门改组为全国性行业总会，并作为国务院的直属事业单位，如在原轻工业部的基础上组建的中国轻工总会，在原纺织工业部的基础上组建的中国纺织总会。1998年，国务院机构改革进一步直接推动了我国政府强制组建行业协会的发展。中国纺织总会、轻工业总会、机械工业部、冶金工业部、煤炭工业部、化学工业部和国内贸易部分别改制为国家纺织局、轻工局、有色局、机械局、冶金局、石化局、煤炭局和内贸局，归国家经贸委管理。2001年，改制的8个国家局和国家经贸委原先所属的建材局被宣布撤销，分别组建了中国纺织工业协会、中国轻工业联合会、中国有色金属工业协会、中国机械工业联合会、中国钢铁工业协会、中国建筑材料工业协会、中国石油和化学工业协会、中国煤炭工业协会、中国物流与采购联合会和中国商业联合会10个全国性的行业协会。探究这些协会的产生，可以发现"借壳上市"战略在其中的运作。"借壳上市"是机构改革中常用的办法，即将原有机构进行重组，但其规模、职能等各方面都与原机构有很大的不同，这样既可以减少政府机构的数量，又可以接收安置分流的部分公务员。如2001年，国家机械工业局和中国机械工业企业管理协会（1985年）改组为新的中国机械工业协会，国家冶金局和中国冶金企业管理协会（1989年）改组为新的中国钢铁工业协会，国家煤炭工业局与中国煤炭工业企业管理协会重组为新的中国煤炭工业协会。

(二) 分级分类的组织架构策略

国民经济发展的各行业基本都有相应的行业协会，从最开始的各行业企业管理协会、质量管理协会逐渐发展成分级分类的行业治理体系，体现了从分散到集中、从碎片到整体的组织架构策略。

(1) 协会"描点"，即在各部门内部的分散地成立行业协会。我国各行业在20世纪80年代初成立最早的协会多为企业管理协会和质量管理协会，受各政府部门直接领导和中国企业管理协会或质量管理协会的指导。如中国纺织工业企业管理协会（1981年）、中国石油企业管理协会（1984年）、中国铁道企业管理协会（1984年）、中国医药企业管理协会（1985年）、中国建筑材料企业管理协会（1986年）、中国化工企业管理协会（1986年）、中国冶金企业管理协会（1989年）等。同样，成立中国质量管理协会后，原第四机械工业部、化学机械工业等国务院各部委和各地方省市也相继成立了本行业的质量管理协会，如中国医药质量管理协会、中国航天工业质量协会、中国水利电力质量管理协会[1]等。在成立了中国企业管理协会和中国企业家协会后，由国家经委领导下的各个行业按系统分别建立了相对应的企管协会和企业家协会。（见表1-5）

表 1-5 有关企业管理的协会

协会	成立时间（年）	备注
中国纺织工业企业管理协会	1981	—
中国水利电力企业管理协会	1983	1995年分立为中国电力企业管理协会和中国水利企业协会
中国电子企业协会	1984	—
中国石油企业管理协会	1984	2004年10月更名为中国石油企业协会
中国铁道企业管理协会	1984	—
中国交通企业管理协会	1985	—

---

[1] 中国水利电力质量管理协会（简称中国水电质协）是水利与电力跨行业的协会，成立于1983年6月，业务主管部门是国家质量监督检验检疫总局，挂靠单位是中华人民共和国水利部和中国电力企业联合会。

续表

协会	成立时间（年）	备注
中国机械工业企业管理协会	1985	从1998年起，该协会经3次更名，最终演化为中国机械工业联合会。同时，原国家机械工业局恢复重设了中国机械工业企业管理协会
中国医药企业管理协会	1985	—
中国建筑材料企业管理协会	1986	—
中国化工企业管理协会	1986	—
中国商业企业管理协会	1987	—
中国煤炭工业企业管理协会	1988	—
中国冶金企业管理协会	1989	—
中国邮电企业管理协会	1990	2001年5月更名为中国通信企业协会
中国轻工业企业管理协会	1991	—

（2）协会"聚类"，即同类或相近的行业协会合并重组，成立新的行业协会，其体系调整应该是按照行业的分类进行。1985年，在车胎协会、炭黑协会、胶鞋协会、再生胶协会、轮胎协会、乳胶协会、胶管胶带协会、橡胶制品协会等八个专业协会的基础上，化工部橡胶司成立了中国橡胶工业协会；1991年8月，化工部成立了化工行业协会联合办公室，挂靠在政策法规司；1997年4月，中国发电设备、中国输变电设备、中国电器、中国电机、中国电工器材和中国工业锅炉6个全国性行业协会合并成立中国电器工业协会。

（3）协会"升级"，即部分行业协会变迁为行业联合会，代管其他行业协会，形成同一行业内"联合治理的多元化格局"。从协会的命名来看，目前国资委主管的16个协会中，有11家为"联合会"[①]，电力行业成立的

[①] 1998年重组的国资委直接管理的15个协会中，除中国中小企业国际合作协会、中国质量协会、中国钢铁工业协会、中国有色金属工业协会、中国煤炭工业协会之外，其余10家行业协会都陆续更名为联合会，如中国工业经济联合会、中国企业联合会、中国包装联合会、中国轻工业联合会、中国商业联合会（1994年成立）、中国机械工业联合会、中国物流与采购联合会、中国建筑材料联合会、中国石油和化学工业联合会、中国纺织工业联合会。2014年6月28日，中国电子信息行业联合会成立。

中国电力企业联合会在 1988 年产生时便以联合会冠名。从协会的管理来看，升级的协会又从两方面体现着联合会属性。一方面是直管协会与代管协会的分级。直管协会的称谓最早来自《关于印发国家经贸委主管的行业协会管理意见的通知》（2001 年），将最早成立的中国工业经济联合会、中国中小企业国际合作协会、中国企业联合会、中国质量协会、中国包装技术协会以及国家局蜕变的 10 大行业协会等 15 个行业协会定为"直管协会"，经贸委托这几个协会代管经贸委管理的其他 256 个行业协会、学会、基金会等。2001 年，《关于委托中国电力企业联合会代管中国电力规划设计协会等五个协会的函》规定国经贸委托中国电力企业联合会代管中国电力规划设计协会等五个协会。虽然直管协会和代管协会具有平等的法人地位，各自独立承担民事责任，但国家分级监管的治理体系可见一斑。国家对直管协会进行直接管理，再委托直管协会管理代管协会，加强对整个协会系统的有效监管。另一方面是直管协会管理其附属单位。"附属单位分两大类，一类是事业单位，包括各类中心、研究院、报社、出版社；一类是企业。这两类外围的组织构成了协会的支撑性组织。"[1] 2001 年机构改革，原属 9 个国家局管理的信息中心、规划院和其他一些事业单位一次性转型并划归相应新成立的行业协会，委托有关综合性行业协会管理，成为这些协会信息、咨询方面的骨干力量。因而，现有的综合性行业协会集行政管理、行业协调和学术研究等职能于一体，既要满足发展行业协会的需要，又要构筑学术研究交流的平台，形成同一行业内"联合治理的多元化格局"。

通过多种形式使所有的行业协会都置于政府的直接管控之下。随着行业协会治理体系的完善，多数官办行业协会的业务主管部门为国资委，还有一部分行业协会的业务主管部门为国家发改委、工信部、商务部、住建部等部门。到 2001 年，全国性工业行业协会有 206 个（经贸委系统有 147 个，其他部委有 59 个），基本覆盖了工业领域。[2] 2003 年之后，原"挂靠"在国家经贸委的 15 大行业协会全部"挂靠"国资委，这 15 大行业协

---

[1] 国务院发展研究中心社会发展研究部课题组：《社会组织建设：现实、挑战与前景》，中国发展出版社，2011，第 129 页。
[2] 姚晓霞：《工业行业协会：转型定位与成熟路径》，《江海学刊》2003 年第 6 期。

会涵盖了我国的主要产业门类。

（三）路径依赖的渐进式变革

行业协会的不断发展是一个与经济发展和政府变革相适应的渐进过程，逐步实现由部门管理向行业管理的转变。"制度作为一个体系是具有历史的路径依赖性而进化来的。"[1] 路径依赖（path dependence）即"人们过去做出的选择决定了他们现在可能的选择"[2]，强调了初始条件和历史因素对制度变迁的影响。因而，将历史性因素与规范性要求相结合的渐进式变革备受青睐。综观我国官办行业协会的发展过程可以发现，在渐进式的变革过程中综合应用了"诱致性制度变迁"和"强制性制度变迁"两种路径。

1. 政府主导的强制性制度变迁：机构变革与政策变迁

强制性制度变迁是一种供给主导式的变迁。"纵观我国社会组织的发展过程，实质上是政府主导的一个制度变迁和制度创新的过程，是政府为了配合改革的需要而做出的有意识的选择。"[3]

（1）组织保障——机构变革。1982年政府机构改革，新设立的国家经济体制改革委员会（简称体改委）和国家经济委员会（简称经委）作为高层次的宏观管理机构推进市场化改革，与国家计划委员会成为国务院管理国民经济和社会发展的三大综合部门。

体改委由1980年5月成立的"国务院体制改革办公室"更名而来，是研究、协调和指导经济体制改革的综合性专门机构，职能包括理论创新、设计总体方案、协调各方利益、组织试点，以"半个国务院"的权力配置来管理各类经济领域的新政策，是经济体制改革的决策指导部门。1998年的机构改革将其改称为"体改办"，不再是国务院的组成部门。

经委是在1982年国务院机构改革时、在撤销国家农业委员会、国家

---

[1] 〔日〕青木昌彦：《市场的作用 国家的作用》，林家彬译，中国发展出版社，2002，第80～81页。

[2] 卢现祥：《西方新制度经济学》，中国发展出版社，1996，第83页。

[3] 康宗基：《从政府选择到社会选择：民间组织发展的必由之路》，《西北农林科技大学学报》（社会科学版）2011年第11期。

机械工业委员会、国家能源委员会和国务院财贸小组的基础上新组建的。经委是经济体制改革的组织协调部门，包括组织实施经济体制改革工作、协调各部门的经济技术活动，改变了国家日常经济活动多头管理的状况，但其工作的重点主要是行业管理体制改革。如在对日本行业管理考察的基础上，提交了《日本行业管理的考察报告》，提出了行业协会试点的建议。1988 年政府机构改革，国家经委与原国家计委组建成新的国家计委。1993 年，两者又进行了分设，分设后的国家经济贸易委员会以深化改革、加强宏观调控为重点，加强各类市场的培育和建设，引导企业的改革和发展。事实上，1991 年，负责工交企业生产协调和指导的原国务院生产委员会先是改称为国务院生产办公室，后又改称为国务院经济贸易办公室，最终于 1993 年改称国家经济贸易委员会①，成为国务院的组成部门。1998 年政府机构改革后，专业经济类部委改制的国家局归其管理，经贸委变成了一个超级大委，负责组织制定行业规划和行业法规，实施行业管理。

总之，在改革开放的背景下，国家体改委、经委、国家计划委员会同处政府组成机构序列的最高一层，是高层次的宏观管理机构，是国务院管理国民经济和社会发展的综合部门。这期间，虽然体改委和经委几经变化，如 1988 年撤销经委，1993 年恢复成立经贸委，1998 年撤销体改委，2003 年体改办、经贸委撤销，与计委合并成立发改委，但纵观经委和体委存在时期的职能，其工作的重点主要是行业管理体制改革。2008 年政府机构改革，发改委的工业行业管理和信息化有关职责划入新成立的工业和信息化部（工信部），主要是管规划、管政策、管标准，指导行业发展。

（2）体制保障——政策变迁。1982 年，针对我国长期以来条块分割的行业管理情况，国务院提出了"工业的调整，要从行业搞起，按行业组织、按行业管理、按行业规划"的改革原则。1984 年，《中共中央关于经济体制改革的决定》明确提出，各级政府部门原则上不再直接经营管理企业，实行政企分开，正确发挥政府管理经济的作用。在 1984 年 10 月召开

---

① 国家经贸委是适应建立社会主义市场经济体制的需要而成立的，以深化改革、加强宏观调控为重点。

的十二届三中全会上，党中央明确提出："专业经济管理部门要从具体管理直属企业的生产经营转向搞好全行业管理，制定行业发展规划，研究行业内重大经济技术政策，组织信息交流、技术开发和人才培训工作。"同时，各行各业都提倡负责工业生产的副局长在企业管理协会兼职。就改革的基本原则来看，主要是政企分开。就改革的取向来看，1984~1987年主要是经济管理部门的简政放权；1988~1992年主要是裁并专业经济管理部门，削弱它们的投资和物资分配权力，弱化企业所受的行政约束；1993~1997年则突出强调减少具体审批事项和对企业的直接管理，中央针对不同情况，将专业经济管理部门改为经济实体、行业总会和监督协调机构三类。1996年国家经贸委在上海、广州、厦门、温州四个城市进行行业协会试点工作，推动我国行业协会发展。1998年国务院机构改革，对经济管理部门继续进行裁减与合并，明确指出宏观调控部门和专业经济管理部门的职能是负责组织制定行业规划和行业法规，实施行业管理。至此，行业管理作为我国经济管理体制改革的目标模式的地位得以最终确立。[1]

2. 适应市场需求的诱致性制度变迁：观念更新与环境优化

诱致性制度变迁是一种需求诱导式的变迁。为适应市场的需求与培育行业协会的成长，政府从观念更新和环境优化两个方面，营造了行业协会发展的氛围。

（1）观念更新。中国所有领域的改革基本都遵循双轨制的治理策略，即保留原有体制，并引入新体制进行体制外制度创新，通过增量改革策略和制度绩效的提升，渐进式地推进改革。长期研究政府改革的学者余晖在其发表的《关于我国行业组织管理体制改革的报告》中称，中国行业协会改革正处于一个"存量转型和增量突破的双向互动过程"。国家经委和国家计委协调成立一些行业协会后，行业协会的地位和作用才引起人们的注意。1979~1980年，经委先后主导成立了中国企业管理协会、中国质量管理协会和中国包装技术协会并挂靠其下。三大协会都是由有实践经验的工作者、学者等组成的群众性经济学术团体，但都由原国家经委的副主任担任会长。如中国企业管理协会会长由国家经委副主任袁宝华兼任，中国质

---

[1] 李恒光：《市场与政府之中介——聚焦当代社会组织》，江西人民出版社，2003，第88页。

量管理协会会长由国家经济委员会副主任兼国家标准总局局长岳志坚兼任，中国包装技术协会会长由原国家经委副主任邱纯甫兼任。以中国包装技术协会的成立为例，改革开放前，我国包装工业主要集中于旧包装的回收利用和节约包装用纸，发展十分落后；改革开放后，包装水平低下导致出口的好商品价格偏低，包装破损严重导致许多残破商品，造成了巨大的经济损失。1979年经邓小平同志批示和经委批示，转交轻工部承办包装协会。南京会议宣布成立的"中国包装技术协会"挂靠在轻工学会下，但与会代表一致认为，由经委而不是轻工部负责此工作最为适宜。之后，中国包装技术协会重组，于1980年12月在重庆成立，由原国家经委副主任邱纯甫任会长。

（2）环境优化。为了扭转计划经济的低效率、维护政府绩效合法性，中国政府直接推动、打造和干预了现代市场的形成。同时，社会主义市场经济的良性运行不仅需要公平竞争的市场体系、有效的政府监管，还需要积极的各类中介组织。

一方面，政企分开，壮大微观经济实体，实现资源的市场配置。政府机关与所办经济实体脱钩或政府部门转制为经济实体，成为国家授权经营国有资产的单位。政府减少对市场竞争的行政干预，国有企业改变了以往政府机关附属物的地位，自主权逐渐扩大，形成了多种经济形式并存的局面。"关于撤部建公司，具体说有两种情况：一种是政企分开后，企业不宜下放给地方管理的，先组建总公司。如中国石油天然气总公司以及已有的中国海洋石油总公司。以后，视情况的变化，再考虑调整。另一种是为促进建立若干企业集团而组建的过渡性公司。如中国统配煤矿总公司，负责筹建跨地区的煤炭企业集团，待上述工作完成后，这个公司即可转为行业管理组织。组建的这些公司不承担政府职能，其性质还是自主经营、自负盈亏的经济实体。"[①] 到1988年，中央成立的国有大型企业有：中国船舶工业总公司（1982年）、中国石油化工总公司和中国有色金属工业总公司（1983年）、中国统配煤矿总公司和中国电子工业总公司（1988年成

[①] 国务委员宋平于1988年3月28日在第七届全国人民代表大会第一次会议上关于《国务院机构改革方案》的说明。

立，1993年撤销）、中国北方工业（兵器）总公司和中国核工业总公司（1988年）。此后，又成立了中国航天工业总公司和中国航空工业总公司（1993年）、中国石油天然气总公司（1993年由石油工业部改组）、国家电力公司（1997年）①。1998年，除国家电力公司外，其他总公司都更名为集团公司。2011年，国家电力公司分立为九家集团公司。

另一方面，政企联系，发展行业组织，实现资源的社会配置。"改革开放以后，随着市场化改革的推进，我国社会经历了前所未有的权力分化和转移的过程，社会结构日趋多元、利益主体日趋多样。"② "自愿性社团在那些结构已经变得规模宏大、因素众多、异质性强的社会中，似乎成为社会共同体整合的适当形式。"③ 官办行业协会的生成是基于"政企分开"的需求而设立。一方面，政企分开后，政府与企业间的直接纽带被切断，政府不再具备对行业运行和发展直接干预的渠道，政府作用于市场的行业政策需要有效的中介载体。另一方面，为促进建立若干企业集团而组建的行政性公司也需要变革。因而，政府部门或已改制的行政性公司转制为行业协会，行业协会介于政府与企业之间，为政府与企业重建再联系的纽带。

第二节　行业协会的发展及文本分析

政策为行业协会的发展和建设提供了行动指南。新中国成立以后，政务院于1950年发布了《社会团体登记管理暂行办法》、内务部于1951年发布了《社会团体登记管理暂行办法实施细则》，对社会团体进行了第一次整顿。1950年10月颁布的《社会团体登记暂行办法》规定，内务部和地方各级政府是社团的登记管理机关，即集审批权和管理权于一身。1969年，内务部被撤销，社团工作由政府各部门管理。改革开放后，《社会团体登记管理条例》的制定为我国行业协会今后的发展奠定了基本的政策性基调。

---

① 国家电力公司，1997年挂牌，1998年独立运作。
② 康晓光：《权力的转移——转型时期中国权力格局的变迁》，浙江人民出版社，1999。
③ 〔美〕尼尔·斯梅尔瑟：《经济社会学》，方明、折晓叶译，华夏出版社，1989，第178页。

一 建立发展期（1990~1998年）

（一）管理体制：第一次整顿与八九《条例》

改革开放后，社会团体蓬勃发展。1988年确认民政部是国务院负责社会行政管理的职能部门，增设"社团管理司"，把社团登记管理和相应的处罚权集中于民政部。为完善社团管理体制，国务院于1989年10月颁布了《社会团体登记管理条例》。该条例确定了"双重负责，分级管理"的管理体制，对社会团体的成立条件、登记程序、活动原则和监督管理内容等做了明确规定，并确定民政部门是登记管理机关，相关政府部门作为业务主管部门。1990~1993年对社会团体进行了第一次整顿，取缔了违反条例开展活动的社团，撤销了不符合条件的社团。到1993年初，全国性社团由1600多个缩减为1200个，地方性社团的数量由20万个减少为18万个。[①]

（二）管理职能与行动

1988年，轻工业部制定了《关于建立健全行业协会的若干暂行规定》，将行业协会界定为"由同行业的企业自愿组成的社会经济团体，其主要的宗旨是为企业服务、促进行业发展，维护企业的合法权益"。[②]

（三）组织资源与结构

人员编制的管理。根据法人活动的性质，我国《民法通则》（1986年颁布）将法人分为企业法人、机关法人、事业单位法人和社会团体法人四类。1991年，民政部颁发了《中央组织部、民政部、人事部、财政部关于全国性的社会团体编制及有关问题的暂行规定》，要求设立社会团体编制，并且不再对社会团体核定行政和事业编制，原使用行政和事业编制的社会团体限期转为社团编制，行政和事业经费开支的社会团体限期实现经费自

---

① 吴忠泽、陈金罗：《社团管理工作》，中国社会出版社，1996。
② 中国轻工业年鉴编辑委员会编《中国轻工业年鉴（1989）》，轻工业出版社，1990，第295页。

理。该规定颁布后,全国性社会团体的编制和经费清理工作取得一定进展。

社团领导人的管理。1994年,国务院办公厅发布了《国务院办公厅关于部门领导同志不兼任社会团体领导职务问题的通知》。随后,民政部在该通知的解释中明确规定,国务院各部委、各办事机构和各直属机构的现任正副部长(主任、行长、署长)不得兼任社会团体的正副理事长(会长)或秘书长,特殊情况确需兼任的,需经国务院批准。这一时期行业协会改革的目标是加快政府职能的转变,发挥社会团体的独立作用,尚未与社会团体的自治权相关联。

关于收费与财税支持的政策。1992年,《民政部、财政部关于社会团体收取会费的通知》规定,全国性社团对个人会员和企业会员的会费收取标准及要求会费收取标准应由社团理事会或常务理事会通过。1995年,民政部发布了《民政部、国家工商行政管理局关于社会团体开展经营活动的通知》,加强了对社会团体从事经营活动的管理,该通知指出,社会团体可以投资设立企业法人或非法人的经营机构,但社会团体从事经营活动必须到工商行政管理部门登记注册。

二 培育发展期(1998~2007年)

(一)管理体制:第二次整顿与九八《条例》

1998年新修订颁布的《社会团体登记管理条例》增加了"分级设立、双重管理"的体制、对会员人数的要求及资金的下限等条件。2000年4月,民政部发布了《取缔非法民间组织暂行办法》,对社会团体进行了进一步的整顿,对不合法的社会团体进行了取缔。到2001年底,全国性社团从1849个减至1500多个,地方性社团数量从20万个降为13.6万个。行业协会是国家大力推动的社会组织,在两次清理整顿中均未受打击,反而获得了发展。[①]

第一,调整登记管理机构。1998年新修订颁布的《社会团体登记管理

---

① 贾西津、沈恒超、胡文安:《转型时期的行业协会——角色、功能与管理体制》,社会科学文献出版社,2004,第148页。

条例》指出，各级人民政府的民政部门依旧是社会团体的登记管理机关。1997年5月，将原民政部下设的社团管理司更名为社会团体和民办非企业单位管理司；1998年，社团和民办非企业单位管理司更名为民间组织管理局。

第二，1998年的《社会团体登记管理条例》同时明确了社会团体业务主管单位的范围，即国务院有关部门和县级以上地方各级人民政府的有关部门、国务院或县级以上地方各级人民政府授权的组织。2000年2月，民政部下发了41号文件《民政部关于重新确认社会团体业务主管单位的通知》，规定了社会团体业务主管单位6个方面的管理职责，授权22个单位作为全国性的社团业务主管单位①，但其中并不包括全国工商联，工商联直到2009年才具有资格。政府部门具有干预行业协会从注册到注销各个环节的权力，特别是业务主管单位的自由裁量权较大，各协会的日常管理基本由其业务主管单位负责，具体表现在对协会领导人、经费收入及使用、职能转交等的影响上。对业务主管单位职权的明确也从一定程度上改变了无所不包的状况。

（二）组织职能与行动

1998~2007年，国家经贸委印发了以下三个主要文件：《国家经贸委关于选择若干城市进行行业协会试点的方案》（以下简称1997年《试点的方案》）、《国家经贸委关于加快培育和发展工商领域协会的若干意见（试行）》（以下简称1999年《若干意见》）和《关于加强行业协会规范管理和培育发展工作的通知》（以下简称2002年《通知》）。

组织特性。1997年《试点的方案》认为"行业协会是社会中介和自律性行业管理组织"，1999年《若干意见》提出"工商领域的行业协会是……自愿组成的自律性的、非营利性的经济类社会团体法人"，强调了

---

① 授权的社团业务主管单位包括中国社会科学院、国务院发展研究中心、中国地震局、中国气象局、中国证券监督管理委员会、中国保险监督管理委员会、中央党校、中央文献研究室、中央党史研究室、中央编译局、外文局、中华全国总工会、中国共产主义青年团、中华全国妇女联合会、中国文学艺术界联合会、中国作家协会、中国科学技术协会、中华全国归国华侨联合会、中华全国新闻工作者协会、中国人民对外友好协会、中国残疾人联合会、中国职工思想政治工作研究会。

政社分开和限制竞争的原则。2002年《通知》提出，尊重行业协会的独立社团法人的地位。

组织职能。1997年《试点的方案》认为，"行业协会是政府的参谋和助手，发挥服务、自律、协调、监督作用，行业协会具有六大职能。"1999年《若干意见》规定了行业协会3大类17小类的职能，但此时的行业协会职能以准公共行政职能居多，且多项职能需要政府部门"同意、授权、委托"，如"参与行业生产、经营许可证发放的有关工作，参与资质审查""参与质量管理和监督工作""发展行业和社会公益事业"等，同时还强调了行业协会辅助政府的功能。1999年《若干意见》中规定的行业协会中的17项具体职能中，有9项是属于辅助政府的工作。[①] 因此，政府在实践中把行业协会当作了自己的延伸，行业协会自治性减弱，越来越依赖政府。2002年《通知》提出，推动行业协会逐步履行自律、服务和协调的职责。

组织党建。为加强行业协会的政治思想和党建工作，将协会纳入党的领导，建立党委或支部。1998年，《中共中央组织部、民政部关于在社会团体中建立党组织有关问题的通知》对社会团体建立党组织和发挥作用做出进一步规定。社会团体可以建立党组织，也可以将专职人员中的组织关系转入业务主管部门或挂靠单位的党组织。如中国建材工业协会在国家经贸委的要求下，将下属的23个代管协会连同进入协会的8个事业单位共同组建了一个党委。上海市工业经济联合会将经委系统内的68家协会党员组织起来成立了党委，并要求每个协会成立支部，有力地促进了党建工作。[②]社团党组织监督社团负责人开展活动，并定期向业务主管单位汇报。

（三）组织资源与结构

人员编制的管理。2001年，《民政部人事部关于全国性社会团体专职工作人员人事管理问题的通知》指出，与社会团体编制有关的人事管理工作可参照国家对事业单位的有关规定执行，如档案管理、档案工资、社会

---

① 郁建兴等：《全面深化改革时代的行业协会商会发展》，高等教育出版社，2014，第28页。
② 李恒光：《市场与政府之中介——聚焦当代社会组织》，江西人民出版社，2003，第117页。

保险、职称评定、住房公积金等。

社团领导人的管理。1998 年，中办和国办的 17 号文件《中共中央办公厅、国务院办公厅关于党政机关领导干部不得兼任社会团体领导职务的通知》和 1999 年中组部的《中共中央组织部关于审批中央管理的干部兼任社会团体领导职务的有关问题的通知》对社团领导人的管理做出了进一步规定，包括：（1）扩大了不得兼任社会团体领导职务的范围，即不得担任社团的正副会长（理事长、主席）、秘书长、正副分会会长（主任委员），但不包括名誉职务、常务理事、理事。（2）扩大了不得兼职的领导干部范围。县及县以上各级党的机关、人大机关、行政机关、政办机关、政协机关、审判机关、检察机关及所属部门的在职县（处）级以上领导干部原则上不得在社团兼职，已兼职的应辞去公职或辞去社团职务。（3）在职领导干部确因工作需要需要兼职的，提出兼职的具体要求，如按干部管理权限进行审批的程序[①]、不得领取任何报酬。（4）退（离）休领导干部兼任社团秘书长以上职务时，任期一般不超过两届，年龄一般不超过 70 周岁，且最多只能兼任 1 个社会团体的法定代表人。1998 年的通知及其解释非常明确地在政府与社会团体的人事关系上划清了界限，但也留下了特殊情况下可兼职的空间，公职人员在行业协会兼职任职的现象非常普遍。

经费管理。2002 年《通知》指示，各地经贸委在办公用房、经费以及专职人员、社会保险等实际问题上提供帮助。

内部结构。2003 年政府机构改革，国家经贸委和中央企业工委重组为国资委。2004 年 9 月，以《国家经贸委主管的行业协会管理意见》为蓝本，国资委出台了《国务院国有资产监督管理委员会行业协会工作暂行办法》，规范了国资委联系行业协会的工作。

[①] （1）确因工作需要，领导干部本人又无其他兼职，且所兼任的领导职务与本职业务工作相关，经批准可兼任一个社会团体的领导职务。（2）中央管理的干部兼任社会团体领导职务，应由社会团体的业务主管单位事先征求干部所在单位党组（党委）的意见，经该干部所在单位的干部（人事）部门审核，党组（党委）研究同意后，以该干部所在单位的党组（党委）名义报中央组织部审批。其中，中央和国家机关正部级以上领导干部的兼职，还需由干部所在单位事先征求中央或国务院分管领导同志意见后，再报中央组织部。另规定基金会的领导成员不得由现职的政府工作人员兼任。

三 改革发展期（2007年至今）

2007年5月，国务院办公厅下发了《国务院办公厅关于加快推进行业协会商会改革和发展的若干意见》（以下简称"2007年《意见》"）；2014年，中共中央办公厅和国务院办公厅出台了《行业协会商会与行政机关脱钩总体方案》（以下简称"《脱钩总体方案》"）[①]；2016年8月，中共中央办公厅和国务院办公厅印发了《关于改革社会组织管理制度促进社会组织健康有序发展的意见》（以下简称"2016年《意见》"）。各地掀起了新一轮推动行业协会民间化发展的潮流，标志着行业协会改革发展进入了快速民间化和对行业协会发展的严格规范阶段。

（一）管理体制："后双重管理"

2016年2月6日，根据《国务院关于修改部分行政法规的决定》对1998年的《社会团体登记管理条例》进行了修正。2016年8月，民政部民间组织管理局（民间组织执法监察局）正式更名为社会组织管理局（社会组织执法监察局），对外可称国家社会组织管理局。

第一，社会组织登记制度改革。早在2013年，《国务院机构改革和职能转变方案》便提出行业协会商会类、科技类、公益慈善类和城乡社区服务类组织直接向民政部门依法申请登记，业务主管单位不再审查同意。2016年《意见》又进一步提出积极稳妥推进社会组织登记制度改革，依法做好社会组织前置审查、登记审查和退出机制，加强对社会组织负责人及其离任审计、资金、活动的监管，规范社会组织的涉外活动，加强社会组织的党建工作。

第二，社会组织监管制度改革。2007年《意见》提出了实现依法监管。民政部制定或发布了《民政部关于协助开展行业协会商会评估工作的通知》（2008年）、《社会团体年度检查办法》（1996年）、《民间组织行政处罚实施办法》、《社会组织评估管理办法》（2011年3月1日起施行）、

[①] 2014年行业协会与行政机关脱钩开始试点工作时，便出台了《行业协会商会与行政机关脱钩总体方案》，但于2015年7月8日才对外发布。

《社会组织登记管理机关行政处罚程序规定》（2012年10月1日起施行）等规范性文件，逐步健全行业协会的法律法规和政策。2016年《意见》提出了建立健全"统一登记、各司其职、协调配合、分级负责、依法监管的中国特色社会组织管理体制"。① 2016年12月19日，国家发改委联合民政部等10部委联合印发了《行业协会商会综合监管办法（试行）》，各行业管理部门要对协会商会进行政策和业务指导，并履行相关监管责任。该办法第一次在国家层面建立健全了新型综合监管制度，标志着社会组织由原来行政化准入为主的管理方式转变为政府部门强化事中事后监管和行业协会商会内部自治自律相结合的新型综合监管模式。

第三，脱钩改革。早在2003年，党的十六届三中全会就曾指出"按市场化原则规范和发展各类行业协会、商会等自律性组织"。2007年《意见》提出，坚持市场化方向和依法监管的总体要求，从职能、机构、人员、财务等方面"四脱钩"。② 2014年《脱钩总体方案》明确了实现社会化、市场化方向，提出从机构、职能、资产财务、人员、党建外事等方面"五分离五规范"③。

（二）组织职能与行动

组织职能。党的十六届六中全会（2006年）强调，发挥各类社会组织提供服务、反映诉求、规范行为的作用。2007年《意见》阐述了行业协会的三个方面职能：（1）政府与企业的桥梁和纽带作用。弱化了行业协会的公共性较强的职能，暗示了行业协会在发挥其职能时的独立主体地位。但在2007年《意见》中，行业协会商会通常被赋予了参与产业政策、行业标准和行业发展规划制定、规范公平竞争的市场秩序和建设行业公共服务

---

① 2013年3月，《国务院机构改革和职能转变方案》提出了"建立健全统一登记、各司其职、协调配合、分级负责、依法监管的社会组织管理体制等措施"。
② 2005年3月，国家发改委产业政策司会同各部委研究起草的《关于促进行业协会商会改革与发展的若干意见》（征求意见稿）已经提出，要从职能、机构、人员、财务四个方面与政府及其部门、企事业单位脱钩。
③ 机构分离，规范综合监管关系；职能分离，规范行政委托和职责分工关系；资产财务分离，规范财产关系；人员管理分离，规范用人关系；党建、外事等事项分离，规范管理关系。

平台等准公共职能。① (2) 加强行业自律。(3) 服务和帮助企业开拓国际市场。随着中国在国际经济中地位的上升及加入世界贸易组织后反倾销、反补贴等诉讼的增加，适时强化了行业协会商会在开拓国际市场和应对国际贸易纠纷上的职能。2014 年的《脱钩总体方案》强调："发挥对会员的行为引导、规划约束和权益维护作用。"2015 年 9 月的《中共中央、国务院关于构建开放型经济新体制的若干意见》强调："充分发挥行业协会商会在制定技术标准、规范行业秩序、开拓国际市场、应对贸易摩擦等方面的积极作用。"

党建事务。2015 年，中共中央组织部印发了《关于全国性行业协会商会与行政机关脱钩后党建工作管理体制调整的办法（试行）》，使脱钩后的党建工作按照原业务主管单位党的关系归口，分别由中央直属机关工委、中央国家机关工委和国务院国资委党委领导，切实加强党对行业协会党建工作的领导。国务院国资委党委领导行业联合会（协会）党委，行业联合会（协会）党委负责其代管协会的党建工作。文化部主管的行业协会商会的党建工作划入中央直属机关工委管理。2016 年《意见》强调了充分发挥党组织的作用。2016 年，中共中央办公厅《关于加强社会组织党的建设工作的意见（试行）》要求，社会组织党的组织和党的工作"两个全覆盖"。2016 年 9 月，民政部下发的《民政部关于社会组织成立登记时同步开展党建工作有关问题的通知》要求，申请新成立社会组织应提交《社会组织党建工作承诺书》和《社会组织党员情况调查表》。

外交事务。外交部提出相关外事管理工作的政策措施。2007 年《意见》提出了加强对外交流管理。行业协会商会脱钩后，外事工作由所驻地的省（区、市）人民政府按中央有关外事管理规定执行，不再经原主办、主管、联系单位审批。脱钩后，全国性行业协会商会参加国际组织或在华举办国际会议，由所驻地的省（区、市）人民政府审核报批或审批；举办国际展览仍按商务主管部门的相关规定办理。

信用建设。2005 年，《商会协会行业信用建设工作指导意见》的发布

---

① 郁建兴等：《全面深化改革时代的行业协会商会发展》，高等教育出版社，2014，第 28~30 页。

标志着国家对全国行业信用体系的建设工作正式开始，对行业信用进行宣传培训、制度建设和信用评价，并利用信用信息开展服务。为推进和规范行业信用评价工作的开展，又陆续发布了《行业信用评价试点工作实施办法》（2006年）、《关于规范行业信用评价试点工作的通知》（2008年）以及《关于行业信用评价工作有关事项的通知》（2009年），对行业信用评价进一步细化。

《关于推进行业协会商会诚信自律建设工作的意见》（2014年民政部牵头联合八部门出台）、《全国性行业协会商会行业公共信息平台建设指导意见（试行）》（2015年）以及2016年《意见》都强调了加强社会组织诚信自律的建设，表现在：（1）制定行业协会商会信息公开办法和信息资源共享机制，进行行业信息资源整合与特色信息增值挖掘。（2）建立行业协会信用档案和信用承诺制度，建立"异常名录"和"黑名单"管理制度。（3）探索建立第三方评估机制。（4）在重要的行业协会试行委派监事制度。

（三）组织资源与结构

2007年《意见》完善了促进行业协会发展的政策措施，其中包括落实社会保障制度、完善税收政策、建立健全法律法规体系、健全法人治理结构、深化劳动人事制度改革、加强财务管理。在国务院下发了2007年《意见》后，国资委又于2007年11月出台了《国务院国有资产监督管理委员会规范行业协会运作暂行办法》。2016年《意见》补充了一系列财政税收、人才支持政策，健全了社会组织法人的治理结构，以扶持社会组织发展。

机构及人员编制管理。2015年，中央编办制定的《关于贯彻落实行业协会商会与行政机关脱钩总体方案涉及事业单位机构编制调整的意见（试行）》规定，取消行业协会使用的事业编制，并入行业协会商会的事业单位，注销事业单位法人资格，核销人员事业编制。

社团领导人的管理。2007年《意见》提出，"现职公务员不得在行业协会商会兼任领导职务，确需兼任的要严格按有关规定审批"。2014年中组部11号文件《中共中央组织部关于规范退（离）休领导干部在社会团体兼职问题的通知》和 2015 年民政部印发的《全国性行业协会商会负责人任职管理办法（试行）》做出了具体规定，包括：（1）已退（离）休领导干部在社会团体兼任职务的规定。领导干部退（离）休后的 3 年内，一般不得到行业协会商会兼职，个别需要兼职的按照干部管理权限审批；退（离）休 3 年后到行业协会商会兼职，须按干部管理权限审批或备案后方可兼职。（2）在职人员的规定。现职和不担任现职但未办理退（离）休手续的公务员不得兼任全国性行业协会商会的负责人。在行业协会商会任职或兼职的公务员，按相关规定在政府机关和协会之间自愿选择，继续留在行业协会商会工作的人员不再保留公务员身份。（3）社团名誉职务、常务理事、理事等的规定。不得利用个人影响要求党政机关、企事业单位提供办公用房、车辆、资金等，不得以社会团体名义违规从事营利性活动；不得强行要求入会或违规收费、摊派、强制服务、干预会员单位生产经营活动等。兼职不得领取社会团体的薪酬、奖金、津贴等报酬和获取其他额外利益，也不得领取各种名目的补贴等。（4）行业协会商会依法依规建立规范用人制度，依章程逐步实现人事自主权。理事长（会长）或秘书长不得兼任其他社会团体的理事长（会长）或秘书长；理事长（会长）和秘书长不得由同一人兼任，并不得来自同一会员单位。全国性行业协会商会的负责人不设置行政级别，每届任期最长不得超过 5 年，连任不超过 2 届。

关于收费与财税支持的政策。（1）规范协会收费行为，从协会向服务会员收费转为向政府服务收费。2007 年，民政部、财政部等六部委发布《关于规范社会团体收费行为有关问题的通知》明确指出，社会团体的收费包括社会团体会费、行政事业性收费[①]、经营服务性收费、捐赠收入等。社团会费的收取标准须上报业务主管单位和登记管理机关备案。2008 年，民政部、财政部等九部门联合发布了《关于规范行业协会、市场中介组织服务和收费行为专项整顿工作的实施意见》，对在民政部门登记的行业协会商会和工商等部门注册的经济鉴证类社会中介机构等开展服务与收费专

---

① 社会团体依据法律、行政法规规定，履行或代行政府职能时收取的费用应作为行政事业性收费管理。

项治理。2007年《意见》明确"建立政府购买行业协会服务的制度"。《国务院办公厅关于政府向社会力量购买服务的指导意见》鼓励各有关部门向社会力量购买服务。财政部逐步取消对原全国性行业协会商会进行财政拨款的具体操作办法，转向以政府购买服务的方式支持。[①]（2）规范协会的财务和纳税管理。除规定不征税外，经营服务性收费应按规定依法纳税。《社会团体票据管理办法》、《国务院国有资产监督管理委员会规范行业协会运作暂行办法》（2007年）要求财务必须编制预算，每年要向会员大会报告预算使用情况，协会收入严格纳入预算，不能出现资金体外循环。2016年12月，《财政部、民政部关于通过政府购买服务支持社会组织培育发展的指导意见》指出，行业协会商会应执行民间非营利组织会计制度，实行独立财务管理，并提出一系列社会组织财税支持政策。协会资产和办公场所实现独立。国管局、中直管理局等部门制定了协会资产清查登记和国有资产管理使用、清退协会占用行政办公用房的具体办法。协会占用的行政办公用房，超出规定面积标准的部分限期清理腾退，符合规定面积标准的部分暂由行业协会商会使用。

健全组织内部治理结构。《国务院国有资产监督管理委员会规范行业协会运作暂行办法》（2007年）对行业协会的章程执行、业务管理、分支机构管理和内部管理都进行了明确。例如，必须定期召开会员大会并定期换届，民主表决程序必须得到遵守，重要事项必须进行报告，协会内部刊物不能刊登广告。2009年，工信部出台的《工业和信息化部关于充分发挥行业协会作用的指导意见》指出，工业、通信业及信息化主管部门要加强与协会的联系，健全工作机构，明确职能和工作任务，为协会发展创造良好的政策环境和工作条件。民政部有针对性地制定了《行业协会章程示范文本》。2016年《意见》提出了建立"政社分开、权责明确、依法自治的社会组织制度"，形成"结构合理、功能完善、竞争有序、诚信自律、充满活力的社会组织发展格局"。（见表1-6）

[①] 自2018年起，取消全国性行业协会商会的财政直接拨款。过渡期内根据脱钩年份，财政直接拨款额度逐年递减，具体的过渡办法由各地自行确定，但过渡期不得超过2017年底。用于安置历次政府机构改革分流人员的财政资金仍按原规定执行。

表1-6 行业协会商会政策文本层次分布

政策层次	时间	发布主体	政策名称
根政策	1989	国务院	《外国商会管理暂行规定》
	1990	国务院办公厅	《关于清理整顿社会团体请示的通知》
	1998	国务院	《社会团体登记管理条例》
	2013	国务院	《外国商会管理暂行规定（2013年修订）》
	2015	中办、国办	《行业协会商会与行政机关脱钩总体方案》
干政策	1992	民政部	《关于申请社会团体编制有关事项的通知》
	1996	民政部	《社会团体年度检查暂行办法》
	2002	国家经贸委	《关于加强行业协会商会规范管理和培育发展工作的通知》
	2007	国办	《关于加快推进行业协会商会改革和发展的若干意见》
	2009	国家发改委	《关于开展全国性行业协会商会收费专项检查的通知》
	……	……	……
	2015	民政部、国家发改委	《关于做好全国性行业协会商会与行政机关脱钩试点工作的通知》
	2016	国家发改委等十部委	《行业协会商会综合监管办法》
具体政策	1995	化工部	《关于加强化工行业协会商会建设的暂行规定》
	1997	化工部	《关于加强化工行业协会商会对外工作的管理办法》
	1998	国家计委	《关于中国拍卖行业协会商会拍卖师培训等收费标准的通知》
	2000	民政部、人事部	《关于全国性社会团体专职工作人员人事管理问题的通知》
	……	……	……
	2012	国务院法制办	《关于起草涉及民间投资的法律文件草案听取行业协会商会和民营企业意见的通知》
	2015	财政部	《关于行业协会商会脱钩有关经费支持方式改革的通知》
	2017	行业脱钩工作组	《关于做好地方行业协会商会与行政机关脱钩第二批试点工作的通知》

资料来源：张慧峰：《政会关系变迁中行业协会商会的发展——基于政策文本分析》，《中南财经政法大学研究生学报》2018年第1期。

四　组织变革的政策逻辑

1. 从防护监管转向分类治理

双重管理体制体现了政府对行业协会管理的"防护"逻辑。一方面，"防"即对行业协会的发展进行控制。"较长时期以来，国家对社会组织采用准政府控制模式、事业单位控制模式、双重管理控制模式、归口管理控制模式等控制模式，对社会组织注册登记、业务规范、人事任命、资源获取、组织决策等方面进行直接控制。"[1] 行业协会的发展也不例外。另一方面，"护"即保护协会的发展。政府创办行业协会的动力是"重新建立国家对经济的宏观调控能力，尤其是对非国有经济部分的控制力"。[2] 早期的行业协会缺乏社会公信力，自律性也不高，双重管理体制不但赢得了权威政体的稳定，也赢得了社会经济的发展。

随着社会主义市场经济体系的完善，双重管理体制下行业协会的自主属性和政府的管制属性的矛盾日益凸显，政府加快转变职能，行业协会加强自身建设。中央层面为促进行业协会的独立发展，带头探索了行业协会的改革路径，出台政策强调政社分开，强调对行业协会依法管理。政府对行业协会的相关政策也从防护型监管转变为分类治理，构建政府与社会组织的合作伙伴关系。一方面，中央的政策文件将社会组织参与社会治理的重要性提高到前所未有的高度，而行业协会作为一种政府欢迎的社会组织更是受到了重视。在中央政策的号召下，不少地方政府开始探索政府与行业协会的合作，广州、浙江、上海等地区都取得了不错的效果。另一方面，随着行业协会的发展，政府采取了对行业协会有甄别性的发展策略。早期发布的有关行业协会发展的文件都是关于整个社会组织的附属部分，如《社会团体登记管理条例》没有区分行业协会和其他社团，在某种程度上把行业协会看成一个与其他社会组织没有任何区别的整体，把千差万别

---

[1] 康晓光、卢宪英、韩恒：《改革时代的国家与社会关系——行政吸纳社会》，载王名主编《中国民间组织30年：走向公民社会（1978—2008）》，社会科学文献出版社，2008，第312~315页。

[2] 贾西津、沈恒超、胡文安：《转型时期的行业协会——角色、功能与管理体制》，社会科学文献出版社，2004，第173页。

的社会团体视为同样的组织。党的十八大以来，党中央提出了重点培育和优先发展行业协会商会类、科技类、公益慈善类、城乡社区服务类社会组织，对行业协会的政策也逐渐凸显出针对性，特别是《行业协会商会与行政机关脱钩总体方案》的发布，使行业协会迎来了自身改革发展的新时期。

2. 从关注组织资源转向组织行动

中国政府不遗余力地创办"自上而下"模式的行业协会，使其由弱到强，形成了庞大的行业协会体系。以政府改革为契机，行业协会成为"政府的蓄水池"，安置了机构改革中分流的政府人员。同时，在社会组织人事任命、资源获取、业务运作等方面给予了资助并施加了影响。行业协会在数量和规模上都有所发展，但国家也通过对行业协会一些方面的控制来限制行业协会的"过度"发展，使行业协会整体上的良性发展能在政府的可控范围内。1998年修订的《社会团体登记管理条例》规定，国家对社会组织采取分级管理原则和非竞争性原则，从空间上抑制了社会组织的规模扩张和联合的可能性，行业协会形成了"一地一会""一业一会"的发展局面，它的运转在很大程度上依赖于政府及挂靠单位的支持。行业协会多承担的是"政府助手"的角色，强调在政府的引导下组织职能的发展。在后双重管理时期，行业协会放开"一地一会""一业一会"的限制，引导各协会独立发展。

然而，政府部门并没有能力突破行业资源依附困境而需要行业协会自下而上发展的配合。此后，各地政府掀起了行业协会与行政权力脱钩的政策创新与实践，并取得了一定的成效，脱钩的力度从"二分"到"四分"不断提高。各地方政府的成功实践敦促着中央政府尽早出台相关政策进行制度确认，2007年5月，国务院办公厅发布了《关于加快推进行业协会商会改革和发展的若干意见》，第一次彻底提出了政会分开，鼓励了未进行改革的地方政府的创新。此后，中央出台的关于行业协会与行政权力脱钩的文件日益增多。至2015年7月，《脱钩总体方案》强调了行政机关要在职能、机构、人员、财务及党建五个方面与行业协会进行脱钩。行业协会与政府部门脱钩，采取市场化竞争的方式获得相应的发展资金，从而取代行政拨款；越来越多的自下而上成立的行业协会摆脱了政府在人事任命和组织决策方面的直接干预等。这些都说明国家由组织资源扶持转向组织行动的资助，项目制成为政府资助的主要方式。《脱钩总体方案》的出台更多涉及行业协会的"质"的维度，表现为政府追求行业协会独立发展的努力，政府政策开始注重协会在自律、信用、信息等方面的实际行动能力。

3. 从关注组织职能转向治理结构

行业协会不断成熟，逐渐开始发挥其经济性服务功能，在国家治理方面的独特作用也日益凸显。然而，以往的政策在现阶段既会阻碍行业协会的发展，也会引起行业协会的反感甚至抵制，且妨碍了政府职能的转移，不利于行业协会参与到社会治理中来，行业协会可能长时间处于政府助手与"蓄水池"的地位。因此，必须从组织职能到治理结构进行改革。国家对行业协会的政策由以前的强调组织职能的变革向引导行业协会治理结构的构建发展，强调行业协会更高要求的独立性，配合国家治理体系的改革发展，逐步引导行业协会走向自组织治理。

2004年国务院发布的《全面推进依法行政实施纲要》中指出，"市场竞争机制能够调节的，行业组织或者中介机构通过自律能够解决的事项，除法律另有规定的外，行政机关不要通过行政管理去解决"。2006年10月，党的十六届六中全会提出了"健全社会组织，增强服务社会功能"。2007年10月，党的十七大进一步提出要健全社会管理格局和基层社会管理体制，"最大限度激发社会创造活力，最大限度增加和谐因素，最大限度减少不和谐因素"。

总之，这些政策是应对我国行业协会发展的不同阶段的一种理性的策略性选择，反映的是行业协会在我国不同发展时期面临的真实困境。因此，我们要反思的不仅是这种政策选择本身，更重要的是反思行业协会的总体发展理念，并在制度层面清除限制行业协会自立发展的障碍，从而为修正行业协会发展的相关政策创造条件。

第三节 行业协会发展的动力和挑战

行业协会的不断发展是一个与经济发展、政府变革、社会变革相适应的渐进过程。2013年《国务院机构改革和职能转变方案》中针对行业协会

"政社不分，管办一体"的弊端，明确了改革方向是与行政化机关脱钩，实现社会化和市场化。

一 行政化与精英化

（一）行政化

中国的社会组织是在计划经济向市场经济转轨的过程中应时而生的社会力量集合体，是应社会和市场自主化要求从政府机构中剥离出来的职能集合，享有一部分政府下放的权力。行业协会作为社会组织中的重要组成部分，应对社会治理，特别是行业自治发挥作用。我国行政改革的实质是将政府一大部分的资源控制和配置权、决策权转移和分散给其他社会组织和市场主体，其中对行业管理的绝大部分权限则是转移给行业协会，使行业协会的发展在一定程度上决定了政府的机构改革和职能转变能否顺利进行，并进而在一定程度上决定了我国体制改革是否能够得以顺利完成。

但同时不可否认"行政化"在行业协会发展中的重要意义。于晓虹等认为，"官民二重性赋予中国社团组织以极大的活力，并有助于在政府、社团以及社团成员三方之间达致一种可欲的正和博弈状态"[1]。尹梅洁等对哈尔滨市的400余家社会组织进行了研究，发现适度的行政化在一定程度上有利于社会组织的建设和发展。[2] 孔凡义等认为，"政府重点扶持的社会组织（比如一些地方经济支柱性产业的行业协会）资金雄厚，组织体系完善，专业设备齐全，服务能力比较强大。同样地，这些社会组织的行政化和官僚化水平较高，它们的快速发展根植于其高强度的行政化"[3]。

1. 行政化促进行业协会"有机构"

改革开放后，出于国家与政府转变的初衷需求，政府需要将自己的部分职权从权力中心下放，交由社会和市场进行自控与自管，因此行业协

---

[1] 于晓虹、李姿姿：《当代中国社团官民二重性的制度分析——以北京市海淀区个私协会为个案》，《开放时代》2001年第9期。
[2] 尹海洁、游伟婧：《非政府组织的政府化及对作者绩效的影响》，《公共管理学报》2008年第3期。
[3] 孔凡义等：《社会组织去行政化：起源、内容和困境》，《武汉科技大学学报》（社会科学版）2014年第5期。

的雏形——社会组织——因政府职能的转变而出现。与此同时，由于这类社会组织的前期发展毫无组织经验可循，在"一无所有"的情势下，从政府组织中剥离出来而自带的行政化色彩和组织架构成为行业协会这类社会组织的依托，行政化让它们有迹可循，将它们"扶上马"。政府通过行政手段建立行业协会，主要源于两种目的：部门管理体制向行业管理体制的改变；政府机构改革和转变职能。①"组建行业协会，转移政府部分管理职能和分流政府官员，并通过行业协会协调各种利益主体，重建行业内部以及政府与企业间的信息交流系统成为一种可行的制度选择。"② 社会中介组织在我国几乎是一种全新的社会组织形式，通过政府相关部门建立，对全社会有一个示范导向作用。

2. 行政化促进行业协会"有人"

一部分行业协会是对政府精简机构后的富余人员的一个出路或安置，换言之，就是安置政府机构改革过程中的"退休和转制人员"，其工作人员可以在政府和行业协会之间平级调整和调动。在原国家经贸委下属的206个工业协会中，70%~80%的工作人员来自相应的政府机关；在领导队伍中，完全由政府机关人员组成的约占60%；由原政府人员、企业家、专家学者等综合组成的占20%。③

政府对行业协会的人事安排有巨大的影响力，具体而言，业务主管部门可以决定或选择行业协会的领导人。行业协会的人事任命一般遵循"社团秘书长以上领导人选要经过业务主管单位考核推荐，然后由会员大会或理事会民主选举。对社团领导人的调整、撤换，业务主管单位有权提出意见，最后由社团民主程序决定"。④ 实际上，行业协会的工作人员多由业务主管单位的工作人员任职或兼职，详细划分为以下两种情况。一是由业务主管部门的领导兼职。一般情况下，厅局长兼任会长，处长兼任秘书长，

---

① 贾西津、沈恒超、胡文安：《转型时期的行业协会——角色、功能与管理体制》，社会科学文献出版社，2004，第125页。
② 李恒光：《市场与政府之中介——聚焦当代社会组织》，江西人民出版社，2003，第98页。
③ 《行业协会现行的双重管理体制必须改革》，http://www.texindex.com.cn/Articles/2004-11-5/14155.html，访问时间：2021-4-21。
④ 徐瑞新：《关于民间组织管理工作几个主要问题的说明》，《有关民间组织管理最新法规政策摘编》，民政部民间组织管理局，1998，第90~91页。

多为行业协会中的重要职位，因此决策等重要权力被主管部门掌握，行业协会"名存实亡"。"在北京市，政府人员在行业协会中兼职较多。仅从会长、秘书长两个职务统计，就有27名副处级以上的政府人员在协会中兼职。有些部门负责人还一人身兼数个协会的领导职务。"① 二是由拥有行政级别的退休领导任职。在我国现行的体制中，在国家机关、国有企事业单位工作的、隶属于干部系列的所有雇员都有行政级别。因而，拥有行政级别的干部在职期间或退休后可能在行业协会、行政部门和国有企业中任职和流动。"通过拥有相应级别待遇的行业协会，一个人可以在行业主管官员，行业协会领导，企业家三个身份，或其中任意两个身份之间相互转换，并享受转换身份带来的相应利益。"②

总的来说，自治的行业协会应根据组织发展和岗位要求自主决定人事安排。然而，由政府部门发起成立的行业协会中，政府公职人员，尤其是党政领导干部担任或兼任协会实职或名誉领导职位的情况普遍存在。尽管国家先后多次出台一系列限制性规定，明确党政人员和政府公务人员不可在行业协会等社会组织中任职或兼职，但仍然收效甚微，行政公职人员任职或兼职行业协会的现象并未得到根除，甚至一些行政人员退休后依然会去行业协会任职。

3. 行政化促进行业协会"有财"

在我国从计划经济向市场经济转轨的初期，国家的经济发展并不十分景气，行业协会的自我汲取能力极弱，行业自治几乎没有活力。正是由于国家力量和行政色彩的介入，政府起着管制者的角色，行政权力和行政行为依旧作为社会管理的中心，行业协会的基本生存得以保障，同时伴随着政府的财政支持和局势把控，行政化就使包括行业协会在内的社会组织与国家政府及其政治力量进行了绑定，为其能在社会中良好运行和生存有了"毫无后顾之忧"的发展路径。事实上，筹集资金的能力是行业协会所必需的特质之一，是协会独立自主的影响因素之一。然而，大多数的行业协会普遍资金不足，日常支出依赖于政府的财政拨款。据统计，仅政府提供

---

① 翟鸿祥：《行业协会发展理论与实践》，经济科学技术出版社，2003，第222页。
② 赵昂：《行业协会去行政化难在哪儿？》，《工人日报》2014年7月30日，第5版。

的财政拨款、补贴和会费收入就占社会组织收入来源的70%以上，而营业性收入仅占总收入的6%左右。① 行业协会挂靠在主管部门之下，意味着有了财源。

第一，部分主管部门可能会有财政拨款。它们在财政上与政府存在千丝万缕的联系，政府通过授权、提供资金、项目委托、提供办公用地和基础设施等来影响行业协会。同时，部分行政属性较强的行业协会商会直接依靠政府资金维持日常运转。通过对34家江苏省省属行业协会和50家南京市经委所属行业协会进行调查，有将近一半的行业协会是从业务主管单位借房办公。②

第二，靠行政性收费。依靠行政性的权力，行业协会变成了谋取利益的工具。利用行业协会"一业一地一会"的垄断角色来垄断某些中介服务，以获得收入，为了增加这一部分的业务量，政府部门对某些系统内的业务如验资、查账、评估、审计等要求必须由其所属的中介组织办理。部分与政府有着密切联系的行业协会商会依靠排他性的职能转移，凭借政府部门授予的权力，依靠培训、资质认证、会费维持等方式生存，成为喝令、指使、强行收费和执行业务主管单位任务的"二政府"，扭曲了行业协会的功能。

第三，"狐假虎威"，借主管部门的权力来增强自己的权威，通过各种理由来获得政府和企业的赞助。有些行业协会通过组织内部的政府官员来获得政府的项目经费以维持生存，或以其个人魅力和社会关系，面向市场和社会进行资源筹集。一些已经具备官方背景的协会不断加强其行政属性。如，中国消费者协会于2007年转变为享受全额财政拨款的事业单位，中国音像协会与文化部合作开展卡拉OK的版权收费工作。③

行业协会商会的资源筹集具有非常显著的行政化倾向，而且容易导致权力寻租。行业协会之所以具有现代性的进步意义，与其说是因为组织本身的结构与形式，不如说是由于其显著的社会功能。④ 由于体制内产生的

---

① 何靖华：《非营利组织绩效评价初探》，《中国外资》2010年第12期。
② 江静：《转型国家行业协会功能发挥的制约因素——基于政府视角的分析》，《财经问题研究》2006年第11期。
③ 李强：《社会组织去行政化的挑战与应对》，《中共乐山市委党校学报》2014年第4期。
④ 〔德〕尤尔根·哈贝马斯：《公共领域的结构转型》，曹卫东等译，学林出版社，1999。

行业协会大都延伸了部分政府的管理职能，而且政府以控制核心职位任免、财务资源配置等组织资源的方式实现了对行业协会的嵌入，导致行业协会在功能上成为国家机器的延伸，使绝大多数行业协会难以形成一个面向全行业所有企业的组织结构，阻碍了行业协会成为一个面向全行业的有效治理机制。

4. 行政化促使行业协会"有事"

职能承载行政化，脱胎于行政部门，延伸了部分政府管理职能，与行政机关之间存在业务往来，成为行政系统的附庸。计划经济时代的行业协会与商会的数量不多，当计划经济向市场经济进行转型时，政府部门需要剥离一部分职能下放给新成立的行业协会，所以这些行业协会的职能产生于行政部门。例如，在1998年行政机构改革时被撤销的多个行业主管部委，先是被降格成"国家局"，而后剥离了下属企业，又变成了数个行业协会，接管了原部委办公大楼、直属单位和工作人员，相应地承接了原部委的部分行业管理职能和权力，原来的行业主管领导带着级别变成了协会领导。目前，我国按照政策规定在民政部门登记、具有合法地位的行业协会有超过半数以上是官方发起的，例如广东省112个省级行业协会中有103个是政府倡议成立的。官办行业协会自成立之初起，就因其官方背景和政府支持而得以长期发展下来，同时也就不可避免地保留了一定的官僚色彩。此外，根据民政局的相关规定，国内还存在着一类免于登记的、从属于中国文联的11个文艺家协会，如中国戏曲家协会。这类行业协会具有很强的政治色彩和行政风貌，遵循着行政化的管理模式，并拥有相应的行政级别和行政编制，且在全国各地设有分支机构，整体数量庞大。

然而，大多数学者在已有的研究中都对社会组织行政化持全盘否定态度，认为社会组织行政化产生了巨大危害，导致"政社不分"，不利于政府职能转变；妨碍社会组织自身能力的提升，不利于社会发展；政府的资助通常是对合作组织的"死亡之吻"，因为它使组织丧失了独立性。我国的行业协会却是"过度行政化"，即"行业协会在一定程度上被置于政府体系之内的现象，其主要就表现在两个方面，一个方面是行业协会本身是会受到政府的严格控制，而另一个方面就是行业协会又会对政府产生强烈依赖"①。由此,过度行政化发展下的行业协会主要可以归纳为以下三个特性。

(1) 高依附,被动行政化

"在以政府逻辑为主导的多层次制度逻辑共同作用下,中国社会组织表现出'依附式自主'的特征。"② 高依附是指行业协会对政府具有强烈依赖,即行业协会的行为和政府的初衷或期望保持着较高的吻合度,最终成为行政系统的附庸、政府的"参谋和助手",从而"被动行政化"。第一,以自主换取"合法"。由于传统的一元化政府主导体制影响,我国改革开放后成立的行业协会大多源于政府的职能转移,即"把全能政府对企业的管理和控制以一种'有限让步'的方式转嫁于一个相对自治的社会组织"③。行业协会要想成立,必须有业务主管单位,而主管单位必须是政府机构及其授权的组织,所以,行业协会无法独立"站立",永远与政府保持着千丝万缕的联系。有些行业协会是由企业自发成立的,并没有业务主管单位,所以它们不得不有所妥协,通过让一些政府部门的官员担任协会要职来获得官方认可,达到申请成功。然而,行业协会在获得政府合法性的过程中也丢失了更多的自主性。第二,以自主换取"资源"。行业协会发展的过程中受到了政府过多的影响,行政化也使相当一部分行业党政机构通过提供行业协会合法性的形式、政治思想保证甚至是人员编制和行政级别等有形无形的社会资源,把组织牢牢地控制在手中。④ 在具体管理中,行业协会存在资源上的"政府财政拨款依赖",运营上的"泛行政化趋势",服务和人员上的"行政指派",成效评价上的"指标形式化"等问题。同时,大量行业协会出于获得资源、声誉等的考虑,不惜弱化或放弃自己的自主性来获取政府的支持以及与资源权力等挂钩的机会,完全把政府的扶持当作自身组织发展和存在的基础,并把其要求当作自己的组织宗旨。第三,政府因组织的惯性将社会组织纳入行政层级管理的轨道,行业

---

① 李强:《社会组织去行政化的挑战与应对》,《中共乐山市委党校学报》2014年第4期。
② 纪莺莺:《转型国家与行业协会多元关系研究——一种组织分析的视角》,《社会学研究》2006年第2期。
③ 贾西津、沈恒超、胡文安:《转型时期的行业协会——角色、功能与管理体制》,社会科学文献出版社,2002,第102~120页。
④ 王名:《社会组织论纲》,社会科学文献出版社,2013,第62页。

协会不可避免地经常需要应对各种行政指令，从行业协会的日常工作流程而言，向其主管机关上报或备案工作内容已然成为行业协会的常态化要求。同时，政府对行业协会实行登记、管理的双重体制，通过分级设立、限制竞争等方式，对同业企业的生产经营进行了控制和干预，从而保持了国家对企业的管控型指导。

（2）强官僚，主动行政化

强官僚是指行业协会内外部治理，特别是内部治理具有浓厚的行政官僚特点，仍是行政化的管理和工作方式。主动行政化主要是指行业协会为了获取更多的体制内资源以及存在的合法性要求，迎合其业务主管单位的管理喜好，主动向政府靠拢，甚至"努力"去获得政府的干预、领导和管理。第一，行业协会在发展过程中建立起科层化的运作机制，不论是人事任免、职级划分还是运行方式，都严重体现着等级和身份的关系，以权力为核心的利益关系明显，组织运行习惯于自上而下的行政控制，上领导下，下服从上。体现较为明显的是日常决策的权力都集中在会长和副会长手里，但他们其实对基层事务不甚了解，就造成了协会对社会需求不能及时反应。第二，建立了"业务主管部门—行业协会—会员企业"的官僚体系。一方面，行业协会习惯于执行和实施业务主管部门等政府机构的行政命令，甚至乐衷于将处理好与包括业务主管部门在内的政府机构的关系作为首要任务。许多行业协会积极挂靠政府机构或将办公机构设在其中，争取联合办公或成为事业编制；各类行业协会为了获得财政拨款，也会将它们的资产和财务与主管单位进行混杂管理。另一方面，主动行政化使行业协会依靠政府的行政命令去组织和管理其会员，收取各种费用。大量在职官员的参与使一些社团规格高、权力大，"强制入会、摊派会费、强行服务"等问题层出不穷，变换明目向企业摊派，不利于行业协会的长远发展。政府为了让协会把服务做得更到位而下放一部分职能，结果却成为某些协会向企业"抖威风"的小权力，甚至还出现了一些"自选表演"，如办展、行业论坛、小报小刊编辑发行，都是其"拿手好戏"。各种花样翻新的市场评奖、赞助活动以及随意授发牌匾行为，举服务之旗、行收费之实；还有一些行业内相似的协会组织为争夺企业会员资源而互相明里暗里"斗法"，把企业搞得无所适从。

(3) 低效率，嵌入行政化

国家主导论者认为，行业协会是处在强势政府控制下的法团主义结构组织，甚至也可能只是嵌入官僚体系中的政府工具，并非真正意义上的利益中介组织。① 我国行业协会的管理体制以限制性举措为主，多头管理甚至过多的行政干预会使行业协会失去活力，疲于应对。第一，行政机关的相关代表逐渐控制了行业协会的日常运营，而应具备这项权利的协会成员在不自觉中就失去了管理权限，类似于公司所有权与经营权分离的情景。协会多是兼职人员，其奖励和处罚都在原单位进行，使协会无法控制对人员的激励。第二，行业协会在运作过程中，"其展开逻辑则呈现出了较强的变动性和过渡性特征，往往是政府的行政权力通过市场的中介组织——行业协会，实现了对经济领域中的市场行动主体——企业的控制"②。一些与行政机关关系密切的协会要求企业所参加的活动更多是一种形式主义，浪费企业的费用和精力，却对企业发展没有任何帮助，也没有使企业得到有效的服务。第三，经常出现"搭车"收费、拉赞助、设立小金库乱收乱支等问题。一些协会"戴着半官方的'帽子'，甚至沦为权力延伸的'缓冲区'、不当利益的'输送带'、失去监管的'灰色圈'"，导致形式主义泛滥、办公效率低下。

（二）精英化

相当一部分行业协会的决策及管理过程都是由行业精英所主导，被称为"精英治理"，成为多数社会组织早期发展的特征。然而，行业精英既能激活行业协会，也能导致其衰落，被称为"精英悖论"，原因就在于精英治理的异变。如何走出这种困境？多数研究认为，以政会脱钩的路径改变行业协会精英治理的格局，以政府监管等外部方式限制行业协会精英治理异化。任何一个现代社会组织的成立都必须由组织权威、组织成员、组织目标以及规章制度和一些运行所需要的物质基础构成。组织权威影响组

---

① 纪莺莺：《转型国家与行业协会多元关系研究——一种组织分析的视角》，《社会学研究》2006 年第 2 期。
② 余晖：《行业协会及其在中国的发展：理论与案例》，经济管理出版社，2002，第 1~18 页。

织的领导力和执行力，组织成员关系影响组织群体内部的稳定性，组织效能影响组织目标的实现以及组织的可持续发展。

1. 组织权威的卡里斯玛型

韦伯认为，任何一种组织权力的获得都必须以某种形式的权威为基础，而这种权威一般可以分为传统型、卡里斯玛型和法理型三种类型。协会在实际运作过程中，权力主要掌握在几个或多个精英手中，这些行业精英权威的形成一般源自他们丰富的组织网络关系、所在领域的专长才能以及早期筹建协会的积极性等。行业协会成立初期，为办事方便和快捷，常用非正式的社会关系来维持组织间日常运作。行业协会的权力之所以全部掌握在行业精英手中，主要是因为行业精英们往往处于协会内部关系网络的中心，可以快速地做到上传下达，很好地协调了各会员的关系；精英治理体现了权威主义，可以带动协会内部令行禁止，表现出很强的纪律性；行业协会的精英们在初期构建起同一组织愿景，利用自身的权威可以集中会员力量办大事，快速推动行业协会发展。精英们按照会员的意愿行事，不仅能保障会员的合法利益，还能使精英权威发挥出积极的作用。精英治理的基础是精英权威，一旦精英权威稳定，精英治理即可平稳运行。精英权威对于稳定协会秩序、获得内部治理良好效能起到了十分积极的作用，而且具有便捷高效的优点。

然而，权威过度集中必然带来权威异化，形成强权主义。孟德斯鸠认为："一切有权力的人都容易滥用权力。有权力的人们使用权力一直到遇有界限的地方才休止。"① 当行使权力的行业精英们不再是公共利益的天然维护者，而是有着自身需求和欲望的人，就会由原本的权威主义转变为强权主义，协会的公共利益和会员的私人利益将受到损害。一方面是职位性权威过于集中，他人无法参与。当权者利用自身在协会中的地位，拒绝由精英治理向民主治理转变，对协会内的成员进行压迫，让普通会员彻底沦为无政治权力的阶层。行业精英们利用自身优势占据关键位置，人员相互配合，形成利益共同体，使得行业精英"一手拿权，一手拿鞭"，在行会内部独霸专权。一旦行业精英们打开谋取私利的缺口且未被其他部门制约

---

① 〔法〕孟德斯鸠：《论法的精神》，张雁深译，商务印书馆，1978，第154页。

惩罚，权力异化的谋私行为将会持续升级，呈现出"破窗效应"。另一方面是专长型权力过度神化，他人无法监督。在无法有效地制约行业精英们的权力时，权威主义极易转变为强权主义——独断专行、假公济私，拒绝实行民主制度。当协会精英们的目标出现转变，不再代表会员的利益时，各种监督机构和制约机构就会形同虚设，精英们便不再心生畏惧，越位行使权力的状况就会出现。霍尔对第三部门的研究表明，"自愿组织有寡头政治的倾向，当权者总想坐稳自己的位子，并努力设法使自己在组织中的职位能长久保持下去"①。此外，魅力型权威的最大局限在于不稳定性，一旦有魅力的人不在了，这个群体就会遇到组织领袖的继承危机，而理性法制基础上的组织有稳定一贯的结构，不为人员的变动而变化。

2. 组织群体的分化

群体分化是一种社会现象。韦伯从政治、经济和社会三个维度提出了划分社会层次结构的权力、财富和威望三重标准。行业协会内部各会员企业之间分工和自身发展历程的差距使各会员之间的财富、威望和权力存在天然差异。行业协会在转型发展过程中会出现内部行业精英和普通会员之间的阶层分化，除名誉会长、名誉副会长和顾问外，协会的领导层分化为会长、副会长、秘书长等不同等级，会员根据会费缴纳的标准分化为常务理事、一般理事、一般会员等级别。"行业协会中的领导层一般要比普通会员缴纳更多的会费，领导层高额的会费让中小企业会员望而却步，而大企业因缴纳的会费多导致了其在协会中拥有了更多的话语权，也使行业协会往往沦为行业内部大企业的工具。"② 但适度的群体分化对行业协会的发展是有好处的。从社会学角度看，组织的群体分化将原来同质性很高的群体中的"异质分子"划入另一层级，有利于保持组织和谐；从经济学角度看，组织的群体分化会引起各小群体之间的竞争，促使等级制度下的晋升成为对人们行为的激励；从组织学角度看，群体分化后，各小群体会员之间的接触更为频繁，可以增加会员对协会

---

① 石碧涛、张捷：《行业协会的精英治理利弊问题分析》，《西南农业大学学报》（社会科学版）2011年第3期。
② 张冠：《转型期我国行业协会治理能力缺失与改善路径》，《辽宁工业大学学报》（社会科学版）2014年第5期。

的归属感和安全感。

在行业协会发展的过程中，组织被上层精英们所垄断，精英们和大众会员的想法是不同的，当协会精英们开始谋求自身利益的增值而把协会内部的公共权力当作工具来行使，群体分化就会演变为群体隔阂，协会则演变为控制型组织。一方面是"目标替代"，即正式目标都被替代。虽然韦伯认为科层组织的设计有利于组织目标的实现，米歇尔斯却认为很多集体行动的组织在发展过程中常常演化为"寡头统治"。协会在发展的过程中，组织的愿景可能会被领导的愿景所替代。组织的愿景即组织成员对组织发展的共同愿望，建立在成员认可的基础之上。依照组织冲突论的观点，组织并不存在一致且所有成员愿意为之奋斗的所谓"愿景"，但精英们可以基于其魅力，将领导的愿景转化为员工认可的愿景。另一方面，组织在发展的过程中会出现"贵族化"倾向。组织内在机制在产生坚固结构的同时，也会导致组织成员内部的深刻变化，结果就是少数领导层和多数被领导层之间的两极分化。阶层分化会继而升级为心理层面的隔阂，再加上行业精英们与普通会员在资源、威望和政治地位上的差距，形成了精英阶层与普通会员阶层的全面隔阂，进而形成一道难以弥合的鸿沟。这些行业精英们在帮助协会快速发展的过程中没有处理好会员结构的调整、组织目标转型的关系，忽视了协会内部成员的关系调整，不注意在经济增长的同时控制或缩小不同会员群体之间的地位差距，导致群体隔阂，普通企业会员群体极为庞大，中等规模的会员成长缓慢，协会内部出现了严重的阶层对立。这些不平等的社会因素成为阻碍这些行业协会持续发展，以致无法走出"精英控制"局面的重要原因。

3. 组织效能的短期

组织效能关系到一个组织是否能够继续生存与发展。巴纳德认为，衡量一个组织效能的唯一尺度就是它的生存能力。科尔曼认为，一个群体之所以能够发展起来，是因为他有与众不同的特点，具有某些特定的机构，可以利用某一种资源。从这个角度讲，精英群体利用自身拥有的专业知识、潜能和关系资本等，将自身资源带入了行业协会。"一方面，精英利用自身的优势进行内部动员，吸纳会员，不断壮大行业协会；另一方面，精英通过充分的关系游说和资源争取，协调和吸收各种外部资源，为行业协会的发展创造优厚的条件。"① 此外，精英所拥有的个人资本帮助行业协会克服了发展初期的种种困难，如筹集协会经费、协调协会办公场所等，开辟了发展空间。在精英卡里斯玛权威的支配下，组织体现出强大的组织能力和动员能力，高效地完成了自上而下的任务。中国社会目前仍受儒家文化的影响，且组织内部仍是一个熟人社会，对人际关系的依赖远远高于对制度的依赖。在这种情况下，协会能够保持稳定，维持一个良好的秩序，会员对各种公共服务的需求也能得到基本满足。

行业协会的关系网络是在行业协会与政府、会员的互动过程中逐步构建起来的。在政府与行业协会互守自身边界的同时又互相嵌入，政府通过对行业协会的制度、组织、利益的嵌入，与行业协会建立起了共生关系。第一，行业精英们容易受"惯习"的影响，将原有的管理方式运用到新的场域中。"惯习具有某种程度的封闭性：一个人的惯习随着时间的延长后变得越来越死板，对外界的要求和诱惑的反应越来越迟钝。"② 长期的精英治理模式使行业协会运作带有行政化倾向，与协会自治的组织特性不符。第二，行业精英们易受自身"近邻效应"的影响，总是愿意在自己熟悉的社会网络中寻找协会发展的突破路径，使组织的活动范围受限，不利于组织规模的扩大。第三，精英治理的相对高效可能会制造出一种自信心陷阱，使行业精英们对自己的行为更为固执，从而拒绝改变，导致组织改革的代价更大。在短期集权下，不惜代价盲目追求高速发展的短期利益为以后的协会改革制造了重重困难。

二 市场化与社会化

（一）市场化：行业协会发展的根本动力

"市场化"是一个不断实现以市场作为社会资源配置方式的过程。③ 行业协会的市场化体现在资源筹集和以需求为导向的行业服务。市场化发展

---

① 李利利：《超越精英治理模式：行业协会治理模式再思考》，《领导科学》2018年第2期。
② 〔法〕布迪厄·华康德：《实践与反思》，李猛、李康译，中央编译出版社，1998，第309页。
③ 麻宝斌、任晓春：《从社会管理到社会治理：挑战与变革》，《学习与探索》2011年第3期。

的行业协会可以实现行业协会真正独立于政府行政体系之外，通过管理制度改革，在社会管理创新中与现代社会生产方式相协调，实现自组织管理。计划经济体制中完全不存在行业协会这类社会中间结构，国家全面渗入社会，社会完全被行政架构所整合。当计划经济向市场经济开始转型，市场的发育使个人空间和社会空间不断扩大，社会自我组织、整合的力量、结构和机制也随之出现。因而，行业协会是与商品经济相伴而生的产物，市场化为行业协会的发展提供了持续动力。

1. 企业组织的发展为行业协会的建立提供了会员基础

行业协会的市场化是指市场活动发挥作用且来自市场的力量将作为主导，对行业协会进行规范和管理。"一个地区的市场化进程是行业协会发展的重要前提，同时行业协会的发展水平反映着地区市场化水平和经济规模，大量自由企业的存在正是行业组织生存和发展的组织基础。"① 行业协会是经济属性和生产力特征明显的组织，其发展与商品经济的繁荣程度和市场厚度成正比。②

为了扭转计划经济的低效率、维护政府绩效的合法性，市场机制引入了社会领域，中国政府壮大微观经济实体，政企分开。在工商业领域，大多数国家专业经济部门改组为国家授权经营的国有资产单位，建立了众多国有大型企业。政府机关与所办经济实体脱钩或政府部门转制为经济实体，实现资源的市场配置。一方面，轻工业管理部门与其所属企业脱钩，由国有企业为主变为民营或合资企业为主。另一方面，一些重工业管理部门改制成立专业总公司。1982年，第六机械工业部改制为中国船舶工业总公司；1983年，从冶金工业部分划出中国有色金属工业总公司，同时成立中国石油化工总公司；1988年，原石油工业部改制为中国石油天然气总公司；核工业部转制为中国核工业总公司；在电子部和国家机械工业委员会的基础上组建了机械电子工业部、中国电子工业总公司、中国北方工业总公司（负责兵器工业）。国有企业的自主权逐渐扩大，市场作用也得到扩大，形成了多种经济形式并存的局面。企业的自主经营机制正在形成，一

---

① 吴军民：《行业协会的组织运作：一种社会资本分析视角》，《管理世界》2005年第10期。
② 龙宁丽：《经济性社团治理现代化：现状、问题及变革》，载景朝阳主编《中国行业协会商会发展报告（2014）》，社会科学文献出版社，2015，第65页。

定程度上改变了企业是政府机关附属物的地位，政企实行分开。

"改革开放以后，随着市场化改革的推进，我国社会经历了前所未有的权力分化和转移的过程，社会结构日趋多元、利益主体日趋多样。"[①] 市场化改革使国有资产逐渐退出市场，政府将对市场的干预降到最低。大量国有企业退出竞争性的市场，意味着政府与市场连接的纽带将被中断，从各个行业来看，政府对行业进行调控的通道被阻塞，政府的行业政策制定和执行缺乏作用于市场的渠道。政府需要建立一种新的治理机制以适应微观经济的运行。在现代市场经济国家中，原先铁板一块的行政性体制不复存在，市场的发展使行政空间缩小，国家计划力量逐步退出，社会市场活动渗入发挥作用。同时，行业协会在市场经济体制下对维护同行业利益、促进同行业发展、避免同行业无序竞争等方面发挥着重要作用。

2. 市场交易的理性为行业协会的建立提供了逻辑基础

行业协会是市场经济中的博弈主体，其健康发展有利于市场制衡和繁荣。市场交易主体为减少谈判、合同等交易成本而加入行业协会，形成一系列的关系契约。社会市场化（social marketization）是指第三部门组织在生存、发展和政府的互动中日益使用企业化和市场化战略的趋势，包括两项重要指标：社会创业（社会企业家精神）和政府购买服务合同的实现。社会市场化与第三部门组织对政策的影响力之间呈正向相关。[②]

市场化发展下的行业协会能够让企业将增效提质定为主要目标，让企业在发展中进行区别于原有粗放不可持续的发展方式的转型。行业协会的市场化在行业发展层面上体现在升级发展对效益质量的追求，推动企业转型的同时，让行业协会乃至整个行业更新换代。在行业发展的效益质量观念上，行业协会的立足点有很大一部分是为企业转型做指导并为行业发展做出效益和质量的增长产出。

3. 市场观念的塑造为行业协会的发展提供了效率基础

在市场经济的精神价值观念上，市场是资源配置中以效率为主导、以

---

① 黄建：《试论中国工商业联合会的形成历史与角色特征》，《商业时代》2011年第18期。
② Han Jun, "Social Marketision and Policy Influence of Third Sector Organisations: Evidence from the UK," *VOLUNTAS: International Journal of Voluntary and Nonprofit Organizations* 3 (2017): 1209-1225.

多元为形式、组织运行协调化、统一化的一种自然机制。行业协会是配置行业组织资源，通过自律服务，促进行业健康发展的社会主体。

管理的效率性包括两层意思："一是管理机构设置合理、管理程序科学、管理活动灵活；二是最大限度地降低管理成本。"① 即人们从实际过程和效果来判断社会组织的有效性。首先，管理过程有效，即程序科学、管理活动灵活。精英治理模式的启动和发展需要一些"卡里斯玛"人物表现出超凡的魄力、魅力和献身精神，不仅要求理事长、秘书长等的组织能力，也需要其更大的献身精神。这种精英治理体现出中国自古以来"简约治理"的特征："政府与社会的关键性交汇点的实际运作，寓于半正式行政的治理方法、准官员的使用以及政府机构仅在纠纷发生时才介入。"② 其次，管理结果有效，即以最少的成本投入获得最大的收益产出。社会组织在组织运行过程中实行精英治理，也就是我国社会组织实际运作中秘书处总揽事务、发挥作用。

我国市场资源配置当前的主要特点就是展现高效率、体现大效益。首先，市场化发展下的行业协会可以通过效率为先实现行业内部的供需有效对接和运行自然平衡；其次，市场化以主体多元化为前提，保障了主体多元化的市场运行格局，一定条件下为行业协会的发展营造了良好的整体环境；最后，市场化对市场体系提出了统一、协调和开放的客观要求，行业协会作为协调经营者、组织联合者和执行者三方相关主体的组织，正需要开放统一的市场体系，市场化也就间接地提供了体系保障。但是，行业协会是一个类似于社会企业的组织，想要达到预期运行效果，就要求协会不仅追求商业利润，更要在商业利润之外获得社会效益，同时不放弃对经济利润的要求。行业协会与社会企业的区别在于行业协会更强调服务性质，有时会牺牲利润，追求服务至上。

（1）竞争机制缺乏

计划体制的遗产和市场经济的弊端显现出局限性，行业协会职能未落实，竞争机制相对缺乏。从1978年开始市场化改革以来，整个社会发生了

---

① 俞可平：《治理和善治引论》，《马克思主义与现实》1999年第5期。
② 黄宗智：《集权的简约治理——中国以准官员和纠纷解决为主的半正式基层行政》，《开放时代》2008年第2期。

剧烈转变，但体制转轨和制度变迁的过程中，新的社会和经济体制尚未从根本上建立，特别是现代市场经济的社会组织架构尚未真正形成。与此同时，在计划经济向市场经济转轨的过程中，国家虽然逐步退出，社会却并不能自动地获得结构和秩序。事实上，伴随着经济和社会呈现开放态势，社会经济生活的秩序也是空前的无序竞争，众多问题严重困扰着经济和社会，作为应对的中间力量，行业协会等社会组织也因此受到了经济体制和无序竞争等环境背景的影响，难以发挥效用。虽然我国政府经过了几次机构改革，但政府职能转变依旧不彻底，没有全部"放弃"、"下放"或转移本应属于行业协会的管理职能，行业协会只能依附于政府被动地开展组织工作。另外，我国《社会团体登记管理条例》中"一地一业一会"的规定限制了竞争，如果一地已经有了官办的协会，即使企业有自主组建行业协会的需求，也不能组建。

（2）价格机制扭曲

行业协会的角色定位和组织构成难以在市场经济中实现有效平衡。行业协会是介于公共机构"公域"和营利性组织"私域"之间的社会中介组织，这就决定了行业协会职能的基本性质与范围，其所具有的非营利性服务色彩终究与市场经济中的等价交换等经济理念有所出入。行业协会虽由经济实体结合而成，但自身并非经济实体，经济实体以追求自身利益为目的，而行业协会却以追求行业的整体利益为目标，这就造成了行业协会在整体利益的追求过程中需要一定的经济投入作为保障。因此，行业协会在市场化发展下的角色定位和组织构成已出现分歧，未能达到平衡点。行业协会同时还附带一定程度的市场经济角色缺位、职能失灵、行为盲目等问题，行业协会内部的监督和管理成本常大于交易成本。协会在经济上依赖政府拨款，对工作不考虑成本—收益对组织的影响，是我国大多数行业协会停滞不前的重要原因。

（3）供求机制失灵

行业协会是伴随着经济和市场的发展而产生，市场化为行业协会的发展提供了初始动力，作为市场经济的一个组成部分，行业协会的发展也不可避免地受到一国经济情况的影响。"在市场化改革逐步摈弃经济领域之中的计划管理体制的同时，在中国的社会领域中却正在'从无到有'地建设社团的计划管理体制。"① 行业协会只能在政府权力的让渡空间中，在严格的限制下进行活动，国家仍然是主导者。

（二）社会化：行业协会发展的持续动力

社会变革使社会的中间力量不断壮大，随着行政改革，社会力量存在着施展能力的空间，也是行业协会必不可少的影响因素。行业协会作为一种社会中间结构，体现着民间社会的整合方式和自组织水平。"对个体来说，社会化是一个社会适应的过程；对社会而言，社会化是一个约束和控制的过程。"② 行业协会的社会化（socialization）要求行业协会在我国经济新常态的特定社会环境中不断提高以企业会员为基础的自治程度，摆脱政府等其他种种因素的干预，充分实现自我管理、掌握社会规范和社会价值观等社会行为方式，主动适应社会并积极作用于社会。因此，行业协会能否获得一定的自主性，完全嵌入社会的运行机制中去，是其发展过程中的持续动力。

1. 社会化提供了行业协会治理的制度安排

第一，强调了协会的民主化运作。社会化发展能为行业协会注入新的活力，这就要求行业协会建立起民主的内部制约机制、焕发组织内部热情、实现民主管理，真正让行业协会源于行业需求，又作用于行业自身，激活社会民间化力量的生机，实现自治自管。突出章程在行业协会自治中的基础地位，要求行业协会的选举、重大决策、内部纠纷调处应依照法律法规和协会章程自主决定，实现依法治会、依章程治会。

第二，巩固了协会的"关系契约"。行业协会具有明显的契约性。美国社会学家麦克尼尔（I. R. Macneil）在其1978年的《新社会契约论》一书中指出："关系契约理论从交易的社会关系嵌入性出发，认为交易各方在长期合作中可以不追求对契约的所有细节达成一致，而仅订立一个具有灵活性和适应性的契约。"③ 因为交易各方的行动发生在相对熟悉的场域

---

① 康晓光：《权力的转移——转型时期中国权力格局的变迁》，浙江人民出版社，1999，第105页。
② 俞国良：《社会心理学》，北京师范大学出版社，2006。
③ 孙元欣、于茂荐：《关系契约理论研究述评》，《学术交流》2010年第8期。

中，他们通常"以合作和威胁、交流与策略等特殊的平衡机制"[①]达成合理的行动。行业协会作为"私域"与"公域"之间的中间地带，立足于商品经济，并不以个人利益最大化为目的，一定程度上就难以保障市民社会在商品经济中良好有效地运转。市民社会与商品经济的建立和架构关系密切。市民社会是指社会成员按照契约化规则，以自愿为前提、以自治为基础进行经济活动和社会活动的"私域"以及进行参政议政的非官方公域，它包括个人在生产力发展的一定阶段上的一切物质交往，还包括该阶段上的整个商业生活和工业生活。人们在市民社会中交往的目的是私人利益，每个人都是以个人为中心、他人为手段，市民社会的使命就是保证和保护私人所有权和私人自由。

第三，协会治理的规则供给。"治理所要创造的社会结构或秩序不能由外部强加，它之所以发挥作用，是要依靠多种相互发生影响的行为者的互动。这种互动是由参与者的共同的目标支撑的。"[②] 行业协会发挥对行业调整和规范管理的相关职能，其未来发展目标是实现高度的自治管理和有序的职能发挥。因此，在行业协会内在治理结构层面上，包括行业协会在内的社会组织是在社会特定领域下"自组织"化的结果，行业协会就是按照行业内的共同愿景和期望而形成的，具有完善的内部治理结构，充分实现自我管理、自我服务和自我规范。社会化发展下，行业协会可以极大地发挥组织的内在治理能力，有效焕发自治活力的同时优化组织架构，让行业协会保持充分独立，拥有与政府和企业两方明显区别的目标发展趋向。

2. 社会化提供了行业协会发展的资本形式

第一，职能调适投入社会资本。对行业协会的职能定位一直都包括服务、代表和自律三个方面，即收集和发布行业信息、行业培训与咨询、发布行业规则和章程、提供政策建议与倡导以及行业自律。但行业协会在互益性基础上也要发挥"公益"职能，公益指公共利益和社会福利，协会承担对消费者、社区和环境的责任，能够健全整个社会的道德规范体系。究

---

① G. K. Hadfield, "Problematic Relations: Franchising and the Law of Incomplete Contracts," *Standford Law Review* 4 (1990): 927-992.

② J. Kooiman, *Modern Governance: Government-Society Interacetions*, London: Sage, 1993, p. 109.

其原因，一方面，建构行业协会的伦理规则并承担社会责任是贯穿协会发展过程中的重要表征和历史传承。另一方面，社会期待下的企业行动不只是狭隘的利益导向，"企业公民"有追求利益最大化的权利，也要在准自愿原则下承担社会责任，在公共领域维护社会公益。首先，行业协会通过标准和认证制度及行业信用体系来保护消费者权益。由于在专业性、及时性和技术性上的优势，行业协会是标准和认证的主要制定和实施者，通过分级认证便于消费者识别产品。其次，作为中国经济发展的支柱和重要组成部分，越来越多的民营企业在为国家提供就业岗位和贡献税收的同时，开始积极地承担社会责任，行业协会通过宣传、抵制、起诉等方式维护一些具有明显社会公益性质的事项。有些企业为此制定了全面的战略计划，以一种"高调"而"理性"的方式运作社会责任项目。[1] 这些项目的实施在社会化的过程中得到了社会公众的认同、增加了社会福利、满足了合法性机制的要求，提高了协会的外在影响力。行业协会发展社会化能让现代社会组织立足于扁平化管理结构的基础上，使行业协会拥有统一的权力，组织执行职业化与高效化，在现代社会发展最前沿的要求下赋予组织拥有富有时代特征的服务方式和职能功用，促进由内而外散发的组织执行影响力，在社会化发展伴随下，扩展自己非国家强制权力赋予的社会辐射范围。

第二，机制创新贡献民间智慧。行业协会在选择革新激励机制的时候充分发挥民间智慧，部分行业协会已经在探索通过众筹来提供会员服务的模式，提供了一种更加灵活、门槛更低的成本分摊方案，提高了行业协会的合法性和会员覆盖率。在影响行业协会内部组织力量的所有结构性要素中，选择性激励机制是最为重要的，也是提升会员密度、强化对会员利益协调能力等其他结构要素的基础。"选择性的激励"可以是针对会员的强制性措施或者是提供只有会员才有权享有的个人或非集体产品。[2] 行业协会在传统运营模式下向会员收取会费，支撑协会的日常运转、提供集体行

---

[1] 何方、孙亭亭、钟思悦、郭宏伟、田盟：《中国民营企业承担社会责任的做法分析——以蒙牛、海底捞、科大讯飞3家企业为例》，《北京工业职业技术学院学报》2018年第4期。
[2] 〔美〕曼瑟尔·奥尔森：《集体行动的逻辑》，陈郁、郭宇峰、李崇新译，上海人民出版社，1995，第28~30、166页。

动和会员俱乐部服务的成本。在这种模式下，选择性激励机制的实质是通过将集体物品和非集体物品"捆绑销售"给会员，以解决集体行动的成本分摊问题。[①] 众筹（crowd-funding）是一种大众通过互联网相互沟通联系并汇集资金支持，由其他组织和个人发起活动的集体行为。[②] 项目众筹指拆分与组合部分会员的服务业务进行项目化运作，然后向有服务需求的会员收取费用。行业协会通过项目重建，为不同偏好的企业提供多样化的服务与付费方案，有效地降低了行业协会进行项目管理的资金门槛，增加了对企业的吸引力，扩大了协会的会员基础和收入来源。认筹人和发起人在众筹机制下分摊管理创新的成本和风险，有助于降低行业协会开发新业务中的试错成本。2015 年成立的顺德民营企业发展商会的收入来源包括：理事成员缴纳不同的会费，普通会员不缴纳会费；向会员企业提供融资对接、企业项目申报、企业政策咨询等低价收费服务；通过项目众筹，建立产业链合作与项目对接平台，服务会员企业，然后再用众筹收入反哺商会。[③] 福建省内蒙古商会利用众筹资金购买车辆，组建越野车队，用于会员的出游活动，并成立会务服务公司，用于车队的经营性运作。[④]

"当前行业协会的法人治理存在组织机构不健全、章程虚置、民主化运行程度不高、治理规则供给不足等诸多问题。"[⑤] 社会化的行业协会发展面临的挑战主要体现在以下几个方面。

（1）社会合法性不足

正如余晖所言，社会合法性不足是我国目前大多数行业协会作为一种治理机制缺乏有效需求的根本原因所在。所谓"合法性"兼具两种含义：

[①] 宋晓清、沈永东：《技术赋能：互联网时代行业协会商会的组织强化与功能重构》，《中共浙江省委党校学报》2017 年第 2 期。

[②] A. Ordanini, L. Miceli, M. Pizzetti & A. Parasuraman, "Crowd Funding: Transforming Customers into Investors through Innovative Service Platforms," *Journal of Service Management* 4 (2011): 443-470.

[③] 欧阳少伟：《同班同学组商会不收会费玩众筹》，《南方都市报》2015 年 12 月 18 日第 A6 版。

[④] 林依文：《不再是"项目化缘"商会众筹服务会员》，《厦门晚报》2016 年 7 月 13 日第 B3 版。

[⑤] 黎军、李海平：《行业协会法人治理机制研究》，《中国非营利评论》2009 年第 1 辑。

第一种是"合法律性"(legality),指行为或事物是否符合法律规定;第二种是"合理性"(legitimacy),指行为或事物是否符合人们的价值准则,为人们所认可或赞同,进而自愿接受或服从。其一,行业覆盖面窄。据清华大学邓国胜博士估计,官方行业协会的成员以国有企业为主,缺少民营企业,代表性不明显。大多数官办行业协会的会员企业不超过全行业企业总数的40%,而会员单位大多局限在原部门系统内,且绝大多数是国有企业。有一项统计资料表明,全国性行业协会中少于50%的非国有企业会员占79%。即便在行业协会发展势头良好的上海,协会的会员企业在行业中的覆盖面平均也才50.7%,其中只有50%的行业协会的行业覆盖面达到80%。① 其二,社会公信力不足。行业协会的社会公信力不足由两个原因造成:第一,权威性不足。行业协会的社会化使过去来自政府的权威丧失,而依靠组织领导的精英权威具有不稳定性,这需要行业协会形成新的权威类型,才能有效规范行业的市场秩序。行业组织的专业化水平可以提升组织的权威性,而行业中的大企业不仅可以提升协会的技术代表性,还可以起到示范作用,吸引更多中小企业入会,提高协会行业会员的覆盖率,进而提升协会的权威。吸纳同行业中规模较大、技术先进、影响较好的企业单位作为其会员单位是短时间内树立行业权威的选择。第二,信息碎片化。一方面,协会所能掌握的企业和行业的信息不充分,难以发挥综合性的协调功能。另一方面,官办协会和民办协会的共存使本来就不多的行业信息出现碎片化,导致了单个协会很难提供充分的信息服务和开展集体性的协调活动,信息的碎片化又造成了行业协会公信力的碎片化。行业信息的碎片化是协会竞争的结果,但要想最大限度地利用行业信息,就需要将碎片信息进行筛选与整合,这就需要行业的专业人才或机构来完成。其三,协会影响社会不足。理想状态下,行业协会应当具有明确的使命和强烈的志愿精神介入行业服务供给,通过社会性的互惠机制影响行业和社会。行业协会累积的社会资本形成了自身的社会网络、规范、信任、权威、行动的共识以及社会道德等存在于社会结构之中,是无形的,需要通

---

① 李恒光:《市场与政府之中介——聚焦当代社会组织》,江西人民出版社,2003,第110页。

过人与人之间的合作来提高社会效率与社会整合度。

(2) 社会参与不足

行业协会在社会化过程中被要求参与到社会协作中来,但目前却体现出会员参与不足和社会参与不足两个问题。其一,会员参与不足。一方面是组织的领导产生不民主。行业协会目前不能通过协会自身的章程和社会规章实施自我管理,秘书长以上的协会领导并非由会员单位按一定程序民主选举产生。另一方面是组织的行为决策不民主。协会为企业服务的观念比较单薄,未能做到有效维护和代表会员单位或所属行业的权益,甚至连接受政府委托授权和职能转移的效用都不能实现。会员的诉求得不到表达,基本权利得不到保障。行业协会成员是协会社会化的参与者、监督者和反馈者,但是较少能参与行业协会的实际运作过程。其二,行业参与不足。社会公众长期以来形成了基本的思维定式,当行业企业遇到困难时,第一时间想到的仍是求助于政府机关,他们甚至都不太清楚行业协会的社会定位。根据新公共服务理论,行业成员既是行业协会社会化的服务对象之一,也是行业协会活动的重要参与者之一。依据我国的具体国情,绝大多数普通民众缺乏自我权利与责任的意识,参与社会治理活动的积极性不够高,参与公共治理方面缺少主动性。行业协会的社会化应该使协会与行业非会员企业的交流常态化,让日常交流渠道变得畅通、有效。以行业协会信息公开为例,尽管政府和一些社会组织最近几年自上而下要求进行信息公开,但是协会的官方网站和其他信息公开平台大多是突击性的政绩工程,很快就成为"僵尸"。

(3) 适应社会能力不足

行业协会在社会化过程中表现出了较弱的自身治理能力,缺乏在社会环境中的独立生存能力。其一,资源汲取能力不足。我国行业协会以往的生存资源主要来自政府部门的资助,主要靠行政资金支持而非有偿服务和收取会费达到自养,协会是作为政府的附属机构存在的。脱离政府机构以后,如何在社会环境中生存下来是大部分行业协会面临的主要问题。我国行业协会目前在行业内的各种资源都很稀缺,不能很好地为企业提供优质的服务,也不能很好地维护会员企业的利益,而企业也认为协会不能够代表它们的利益,有效性极低,这种相互矛盾无法促进本行业的发展。革新之后，行业协会会员不仅是协会资金的主要提供者，也是协会服务的消费者，以往的政府"娘家"也由上级领导变成了服务购买者。行业协会是否有能力提供会员、行业和政府所需要的服务尚存在疑问，是否会由过去的偏向政府转向会员和行业而偏离了自身的中立地位，都是行业协会社会化过程中在培养资源汲取能力需要面对的问题。其二，行业协助能力不足。行业协会社会化的主要任务是处理行业的公共问题、实现行业公共服务的有效供给、克服政府失灵和市场失灵并满足特定行业的差异化公共服务需求，这就需要建立协会间合理的协同工作机制，对行业有限的资源进行有效调动、配置与整合。行业协会的社会化要求其具有与其他同行业协会达成一致目标的能力、找到自己在行业协同系统中定位的能力、执行行业协同任务的能力。与此同时，也就需要行业协会要处理好以下两个问题。其一，行业之间的不同行业协会虽然法律地位平等，但实质发展规模不同，如何协调大小协会的平等合作；其二，我国目前尚未形成官方协会合作机制，协会之间的很多合作机制是非制度性的，并没有成为稳定的制度安排。同行业之间的协同合作既是行业协会社会化的内在要求，也是协会能否实现社会化和其功能目标的关键影响因子，这种同行业的协助能力是我国行业协会目前所欠缺的。

（4）社会化规制不足

"规则的存在，建立在道德社团或社会集团的成员们的行为或习惯中。"[①] 行业协会不能以社会化规制行事的主要原因在于：行业协会目前从形式上虽然已经完成了与政府的脱钩工作，但行业协会的行为方式是否实现了从行政化向社会化的转变仍待商榷。我国官方行业协会的雏形主要是由原来计划经济体制下各个生产行政管理机构撤销后的人员组成的所谓"行业协会"，基本上都是自上而下产生出来的，人员选用方面主要是政府部门的离退休人员，这使官办行业协会产生的那一刻就已经获得了政治合法性。然而，政府行为目标的多样性使其不能完全站在行业协会的角度考虑问题，且政府是协会资金的主要来源，这就造成了部

---

① 〔英〕尼尔·麦考密克、奥塔·魏因贝格尔：《制度法论》，周译谦译，中国政法大学出版社，2004，第222页。

分协会形成了依附政府的管理方法,而非"社会化"的管理办法。此外,我国官方行业协会的活动开展受政府主导,行政化倾向明显,主流社会组织的公认性差。组织干部来源可以间接反映中国非营利组织的智力结构和自治程度,吸纳行业精英人才进入协会的管理层,实现行业协会行为方式的社会化。

第二章　行业协会的功能、结构与现状

在计划经济体制下，国家用行政手段统一生产和分配，各企业和组织都没有自主权，也就是说真正的市场不存在，行业协会也是徒有其名。但是，社会转型伴随着一系列的社会变动使行业协会有了存在的必要。首先，各行业协会自行制定行业规范和标准并执行奖惩行为，以此来达到行业自律的目的，这样可以有序地规范市场主体的竞争行为、避免恶性竞争行为的发生，有利于经济良性运行。此外，行业协会代表行业企业的利益、维护企业正当利益、不断提升企业在国际市场上的竞争力和抗压力。其次，行业协会可以解决很多政府解决不了的专业领域问题和无法触及的地带性问题，充分承担起自己的社会责任，也为政府减轻了管理压力。

第一节　行业协会的治理功能

"商业利益组织"研究团队有研究结论：（1）国家的体制特征和政策风格是行业协会商会职能定位的主要决定因素；（2）职能定位与行业协会商会的行业治理能力之间存在对应关系。[①] 由此可知，行业协会的功能与政府是分不开的，其实现程度直接与行业协会的治理能力挂钩，为会员、为行业、为政府提供优质服务是协会工作的出发点和落脚点。行业协会的治理功能可以从它具体的实施细节来分类，也可以从它所起的作用和服务的对象来分类。前者是行业协会的微观功能，后者是宏观功能。

---

① 郁建兴等：《全面深化改革时代的行业协会商会发展》，高等教育出版社，2014，第18页。

一 行业协会的微观功能

2000年，国家轻工业局曾将行业协会的职能概括为17项。[①] 2006年2月，《中共广东省委、广东省人民政府关于发挥行业协会商会作用的决定》通过委托授权机制，明确界定了行业协会的职能。浙江省制定的《浙江省人民政府关于推进行业协会改革与发展的若干意见》将行业协会的职能界定为行业自律、行业代表、行业服务、行业协调等，并分项进行了详细列举。2015年，《行业协会商会与行政机关脱钩总体方案》强调了行业协会"发挥对会员的行为引导、规范约束和权益维护作用"。

关于行业协会的职能，陈宪和徐中振概括为服务、协调和沟通[②]；康晓光归结为代表职能、沟通职能、协调职能、监督职能、公证职能、统计职能、研究职能和狭义服务职能[③]；余晖认为有提供信息和协调行动[④]；贾西津等认为有协调行动和服务功能，协调包括政策游说活动、价格协调、制定行业规范并负责监督实施以提高行业信誉等，服务包括信息服务、组织展销会和国际交流会、技术培训和交流等[⑤]；郑江淮等将行业协会的功能分为降低交易成本及为惩罚合约执行中机会主义行为而实施的合约性功能，以及为增进同一方交易集体利益的非合约性的实施功能[⑥]；江静归结为利益代表、提供服务、提供社会契约、执行被授权[⑦]；赵向莉认为有信息功能、协调功能和管理功能[⑧]；张良等总结为行业服务、行业自律、行

[①] 2000年3月1日国家轻工业局《关于行业协会管理的暂行办法》之具体规定。
[②] 陈宪、徐中振：《体制转型与行业协会》，上海大学出版社，1999。
[③] 康晓光：《权力的转移——转型时期中国权力格局的变迁》，浙江人民出版社，1999，第102～103页。
[④] 余晖：《行业协会及其在中国的发展：理论与案例》，经济管理出版社，2002，第84～89页；余晖：《寻找自我：转型期自治性行业组织的生发机制》，http://www.unirule.org.cn.，最后访问时间：2021-4-21。
[⑤] 贾西津、沈恒超、胡文安：《转型时期的行业协会——角色、功能与管理体制》，社会科学文献出版社，2004，第22～32页，第68～72页。
[⑥] 郑江淮、江静：《理解行业协会》，《东南大学学报》（哲学社会科学版）2007年第6期。
[⑦] 江静：《转型国家行业协会功能发挥的制约因素——基于政府视角的分析》，《财经问题研究》2006年第11期。
[⑧] 赵向莉：《不同生产途径行业协会的功能差异分析》，《统计与决策》2011年第21期。

业代表和行业协调四个方面[1]；郁建兴等认为，全面深化改革时代我国行业协会商会的职能体系主要包括服务会员的信息提供和行动协调职能、推进市场体系建设的市场支持和市场补充、增强行业公共性的职能三个方面。[2] 通过整理上述研究者对行业协会功能的观点，可以发现对行业协会功能表述最高频次的词语——服务、信息提供、（利益）代表、（行动）协调、沟通、自律、监督/管理（见表2-1），笔者将主要围绕这几个方面来阐述行业协会的微观功能。这些功能行使的依据既包括国家授权委托给行业协会的管理权，又包括协会章程所规定的自律权。

表2-1 行业协会功能的表述

	陈宪	康晓光	余晖	贾西津	江静	赵向莉	郁建兴	张良
服务	√	√		√			√	√
统计		√						
信息提供			√			√	√	
（利益）代表		√			√			√
政策倡导						√		
（行动）协调	√	√	√	√		√		
沟通	√	√						
自律						√		√
社会契约					√			
监督/管理		√					√	
公证		√						
执行被授权					√			

（一）行业服务："集中资源"以信息引导行为

行业协会在客观运作过程中是衔接"企业—政府"的网络性"结构

---

[1] 张良等：《论我国行业协会的重组模式、治理结构和政策创新》，《华东理工大学学报》（社会科学版）2004年第1期。

[2] 郁建兴、周俊等：《全面深化改革时代的行业协会商会发展》，高等教育出版社，2014，第36页。

洞",具有将分散资源集中,然后进行资源循环与再分配的效应。

1. 信息服务

信息服务主要包括行业信息的收集与发布。信息功能是行业协会具备的最基础性功能,其他功能都是在此基础上建立的。行业协会调查行业市场信息、掌握国内外行业发展动态、创造国内外行业交流平台;行业协会充分收集并掌握行业内有价值的信息,对数据信息进行信息管理和信息共享,进而展开对未来行业发展和经济运行的预测。行业协会通过实地考察、调查分析、统计数据、总体预测等各方面综合活动,全方位地掌握与行业有关的数据化信息,并据此做出正确推断,展开规划,为企业和政府决策提供有力指导。[①]

行业协会是一个具有一定公共性的社会组织,引导企业和政府做出正确的行为决策,其信息服务包括三方面。

(1) 对全行业的调查研究。政府是公共管理的决策者,在行使决策权的时候,需要了解行业发展的基本情况,包括行业的发展前景、发展方向等信息资料。行业协会可以供政府所需,帮助政府做出正确抉择。为了服务行业,行业协会不仅要善于掌握行业现状的第一手资料,而且要善于发现、分析和探讨行业的问题,分析行业发展动态。

(2) 对行业的抽样调查。一个企业在其发展过程中总会遇到意想不到的情况,它需要根据国内外的行业大形势和国家近期出台的政策对自己的发展战略灵活地做出调整,这就都需要掌握大量全面的信息。行业协会正好具有信息优势,而且对信息的研究具有专业性,可以给企业提供经验和建议方面的指导,引导企业做出最正确的战略规划。为了服务会员,行业协会不仅要及时把握市场需求,而且要及时把握会员所期望的服务需求。

(3) 提供信息共享,即提供能够影响交易行为和效果的各类信息。行业协会可以提供的信息包括历史交易信息、行业发展动态及可获利的机会,这些信息是促使企业加入协会的重要动力。不同的披露制度对行业协会的影响不同:排他性的信息披露(只在协会内部成员之间进行交流)保

---

① 宋悦华、吴诗琪:《当前我国行业协会角色扮演失调现象及对策分析》,《学会》2006年第11期。

障了这种信息分享机制,使协会更加稳定、提高预期的总收益,而信息传播和交流有助于减少机会主义行为,同时在很大程度上降低行业协会成员在合约签订和履行中的交易成本。

2. 平台服务

行业信息服务需要借助于一定的平台,而行业协会可以为企业创造面对面接触认识的平台。平台服务即提供非集体性服务,指的是为会员参与及扩大市场和行业发展而创办会刊和网站、举办展会、经验交流(帮助企业改善经营成果)、职业培训、技术推广、市场建设(反倾销等),具体可分为两类:

(1)行业培训与咨询。行业协会举办各种人才、职业、技术、管理、法律、政策等的咨询与培训,帮助企业会员提高行业队伍素质、增强创新能力、改善经营管理。很多协会把人才培育作为自己的重要工作,开展针对性的培训,如职工基础技术培训、岗位(上岗)培训、专题业务培训、特殊要求培训以及厂长、经理研讨班、与高校合办的高级研究研修班等,帮助企业提高职工素质。

(2)行业交流与推广。行业协会一般通过出版物和互联网进行信息交流,通过参观考察和联谊进行即时信息交流,通过举办会议和展览会的形式进行行业推广。根据刊物、互联网等信息资源,行业协会可以为会员企业打造一个信息共享门户,成员企业可以获得自己所需要的信息,也可以发布自己的参考信息,所有企业可以在这里交换、获取和分享与行业相关的各种信息,可以为企业节约时间、精力和成本。通过举办会议、展览会等形式,可以推广相关新技术和新产品、开展行业品牌建设及国内外经济技术合作、协调行业转型升级。

(二)行业代表:"集中权利"以组织维护权益

在政治社会学的视野中,社会组织是连接、代表、协调和回应社会成员之利益诉求的基础[①],群体的需要经社会组织的发声可以成为一种"表

---

① 张静:《通道变迁:个体与公共组织的关联》,《学海》2015年第1期。

达的需要"。① 帕森斯（Parsons）指出，无论如何强调组织的意义都不过分，在高度分化的社会中，组织的产生和发展为实现那些仅凭个人力量根本不可能实现的目标提供了重要的机制和手段。② 行业协会的出现就是为了完成单个企业无法完成的事情、代表行业内的企业反映会员要求和建议、与政府和其他行业进行协商和谈判，维护本行业及行业内企业的利益是行业协会诞生之初就应承担起来的职责。

行业协会以行业代表的身份，根据会员要求组织集体谈判，根据行业之间的利益与其他协会组织订立集体性合约，力争实现行业的整体利益目标。当今社会各行各业都在飞速发展，利益最大化的追求目标使行业之间存在着不间断的冲突，尤其是当企业个人和整个行业利益受到损害时，行业协会应起到中间沟通的桥梁纽带作用，与各方积极沟通、努力协调，尽最大努力维护行业利益。行业协会在协调上下游行业关系、反垄断与反补贴等方面都可以发挥积极的作用。例如，全球化在当今世界已然势不可当，但在取得成果的背后又面临着国际上的反倾销案件，而行业协会在赢得这种案件中就发挥着巨大的作用，不论是反倾销调查前还是调查后，行业协会都可以组织企业有序地开展工作，使企业不会因为措手不及而无力应对，不会因为欠缺专业问题而在案件中处于劣势地位，也不会因为自身能力的问题而败诉。总之，行业协会在此类问题中的作用不可小觑。③

（三）行业自律："集中权力"以规范约束行为

"行业协会作为一种制度安排，能够使一定数量的企业形成一种结构性的对话机制，从而使企业相互间了解对方的地位、权力、在寻求各自利益中达成一定形式并相对稳定的和解。"④ 自律功能是指行业协会通过制定

---

① J. A. Bradshaw, "Taxonomy of Social Need," *New Society* 3 (1972).
② T. Parsons, "A Sociological Approach to the Theory of Organizations," Talcott Parsons, ed., *Structure and Process in Modern Societies*, Glencor, IL: Free Press, 1960, p. 41.
③ 田国杰、陈伟：《行业协会在反倾销应诉中组织作用的博弈分析》，《温州职业技术学院学报》2011年第2期。
④ W. Streeck, P. C. Schmitter, *Private Interest Government: Beyond Market and State—Sage Studies in Neo-corporatism*, SAGE Publications Ltd, 1985, p. 223.

行业技术标准、监督行业质量以及制定行业共同规则等实现行业内部的自我监管，维护行业内部竞争秩序的活动，确立"组织化的私序"。行业协会自律能力的强弱与政府的直接监管构成了一种对弈平衡的关系。行业协会的自律职能主要体现在三个方面：内部协调、行业规范和行业惩戒，目的在于协调会员与会员、会员与社会公众、会员与其他行业经营者之间的关系，维护行业有序的竞争秩序。

1. 行业纠纷协调，特别是价格协调

价格协调主要有两种形式：一是企业为了提高同行业的整体利益，限制产量以提高产品价格。二是为了避免出现企业采用低价格战略打入国际市场，竞相压价，从而遭到进口国的反倾销或反补贴诉讼，企业限制出口量及其价格。[①]

2. 制定行业规则并监督执行

规范主要是指行业协会制定行业内的规则及其规则标准，并展开实施；约束主要是指行业协会扮演一个监督者的角色去追求企业成员的行为合法合理的目标，通过协会内部规则、准入、评估等方式规范协会运行。行业规范包括行业技术标准、质量标准、行业准入条件、行业规划等，以此来规范业内成员的相关活动，提高行业信誉，有助于行业良性发展。一方面，行业协会可以参与制定和修订行业规则（特别是行业标准）和行业发展规划。例如，受委托审查企业资质和发放许可证，参与行业资质认证、新技术和新产品鉴定及推广、企业产品质量、安全生产监督及事故认定等相关工作。我国通常是由国家质量技术监督局来制定有关的行业标准，但它也会委托相关的行业协会来制定。我国行业协会在这方面的工作重点是建立和国际接轨的标准。另一方面，行业协会可以组织自查互评、评定行业服务质量、实施行业环境治理、营造行业文化。如开展一系列评先树优活动，评选行业名优产品、创建区域品牌、促进行业文化事业繁荣发展、激发行业正能量。

3. 行业惩戒，强制实施成员间的合作行为

一些企业在追求利益的时候可能不择手段，甚至钻法律和社会的漏

[①] 贾西津、沈恒超、胡文安：《转型时期的行业协会——角色、功能与管理体制》，社会科学文献出版社，2004，第24页。

洞，因而需要行业协会制定行业内的奖惩标准，督促其合法正当经营管理，交易上诚实守信。行业协会提供了企业在集体活动参与中检视（监督）他人预期、发展社会联系与集体认知和抑阻"搭便车"的有效机制，在长期合作中形成了有关成员历史交易的违规情况记录，更建立了企业的不良前科信息库。当企业进行新的交易时，协会就可以从信息库中查询并披露企业的违规信息。

二 行业协会的宏观功能

在企业和政府的"双重赋权"下，行业协会将为行业提供优质服务作为工作的出发点和落脚点，通过维护行业内部的正常竞争秩序、行业的集体行动、行业的权益保障和行业的持续发展，成为推动经济发展的重要力量。

1. 推动经济发展

（1）减少企业成本和扩大企业效益。行业协会服务的第一对象是企业，为会员企业提供服务是协会存在和发展的基础。美国管理大师彼得·杜拉克在《新现实》中对成本有一句非常精辟的话："在企业内部，只有成本。"作为行业协会主体的企业成员，在日益竞争激烈的市场经济活动中不仅会产生生产成本（如设备等），还会遇到许多无形的协调成本（如竞相压价引起的谈判成本、开展各种合作的缔约成本、监督履约成本等）。当这些成本达到企业无力承担的程度时，由协会代表本行业的利益进行协调，就能有效地避免协调成本。同时，行业协会主要是帮助会员企业申报与宣传名牌产品，在市场经济中建立信誉和市场份额。

（2）推进行业"四化"——工业化、信息化、市场化、国际化。行业协会是整个行业的代表，代表的是行业会员的共同利益，它要向社会反映该行业的利益诉求，来尽力完成行业的整体目标。行业应围绕制约行业健康发展的矛盾和问题，深入开展调查研究，反映行业诉求、不断推进市场体制机制创新、推动市场化交易平台建设、促进行业平稳运行；开展行业国际化战略研究、搭建国际交流合作平台和开拓国际市场、支持会员企业"走出去"。开展行业发展战略研究、培育行业企业集团、培养行业领军人才、指导行业健康发展；以推进科技进步为重点，研究科技需求、推进协同创新体系建设、推动行业科技水平提升、引领科技发展方向。

(3) 推动区域经济发展。协会在规范市场秩序、开展行业自律、制定团体标准、调解贸易纠纷等方面发挥着重要作用。行业协会通过建立产业集群助推区域经济发展,通过组建产业联盟提升产业核心竞争力,通过引导生产要素合理流动培育新的增长点。①

2. 推动社会发展

作为社会组织,行业协会承担着重要的社会角色和多方面的社会功能。② 行业协会的社会功能主要是指其在行业内部形成行业内群体认同,进而自生自发的秩序,并且积极协调社会关系、化解社会矛盾,对社会秩序的稳定,尤其是劳资双方关系的和谐起到重要作用。

(1) 维护行业秩序,推动社会自治

行业协会应像一个沟通者,协调解决各种棘手问题,维护整个行业秩序,促进行业内部稳定协调发展,在整治内部行业秩序的同时,保障社会秩序的正当化和有序化。第一,行业协会通过制定行业章程和行业标准、建立行业激励和惩罚机制以及反倾销的起诉与应诉等,将原子化的利益进行整合与规范,保障整个行业有序发展。行业协会内部结构的设置和民主决策机制的构建缓解了行业范围的不平等,比如龙头企业欺压中小企业(也包括非会员的中小企业)和价格卡特尔现象,这些规则的制定和执行实现了协会对经济秩序的自我调控,建立起行业内部秩序,也强化了法律建构的市场交易秩序。"行业协会作为一种制度安排,能够使一定数量的企业形成一种结构性的对话机制,从而使企业相互间了解对方的地位、权力、在寻求各自利益中达成一定形式并相对稳定的和解。"③ 企业之间,尤其是同类型的企业之间,难免会存在竞争,产生利益上的冲突,行业协会能够从中斡旋、分析利弊,宣扬公平合理竞争的理念,使整个行业的利益最大化。第二,行业协会能够在公共秩序紊乱的情形下提供秩序控制,起到补充和替代国家管制和保障市场调节的基础性作用的功能。当没有对某

---

① 高成运:《推进新常态下行业协会商会健康有序发展》,《社会治理》2016年第1期。
② 崔月琴:《新时期中国社会管理组织基础的变迁》,《福建论坛》(人文社会科学版) 2010年第11期。
③ W. Streeck, P. C. Schmitter, *Private Interest Government: Beyond Market and State—Sage Studies in Neo-corporatism*, SAGE Publications Ltd, 1985, p. 223.

种事物进行规范而又出现社会失序或者无法对争端提供标准时，特别是涉及商业或工业产品的有关技术性标准或信息时，行业协会便可通过其信息库为公共部门提供所需信息，使政府在一种更接近专业和掌握更充分信息的情况下进行决策，维护公共秩序。

（2）发展行业公益事业，促进社会和谐

行业协会作为社会的一员，其社会地位举足轻重，故应当承担起约束规范社会成员的责任。一方面，解决劳资冲突。劳资关系是市场经济发展和社会秩序稳定的关键性因素，行业协会可以在企业之间以及企业与劳动者间协调关系，通过科学引领规范企业管理行为和服务标准，监控其依法经营和关爱员工。行业协会为企业与劳动者之间提供沟通和协调机制，有效地规避了劳资双方直接对抗，起到减压和缓冲矛盾的作用。优化社会和企业之间的关系，最终实现企业和社会的和谐互动与共赢。另一方面，行业协会需要在市场与政府之间寻找发展平衡点，即学者提到的"互益创业"。简单来说就是用市场化的手段解决社会问题，并将创造的经济效益反作用于推进社会发展上。也就是说，行业协会如何兼顾好社会利益和市场利益，这个度一旦把握不好就极有可能将行业协会变为完全属于社会性质的"企业"，或回到原来政府下设的"事业单位"行列。

第二节　行业协会的治理结构

社会治理精细化是精细的制度设计和政策制定，摆脱"制度葡萄架"的真空地带。政会脱钩的进程体现着政府与社会的互动，一方面完善政府社会管理体制，另一方面也形塑行业协会的内部结构。就政府社会管理体制的完善来看，党的十八大以来提出了建立社会治理体制和社会组织管理体制的基本要求。在社会组织研究领域，组织的治理分为内部管理及对外的联结活动，包括决定组织的使命、从事目标规划、确保组织财务健全、内部冲突的协调以及募款、提升公共形象、与政府部门建立良好合作关系等。[1]

---

[1] 官有恒、萧新煌、陆宛苹：《非营利部门：组织与运作》（第二版），巨流图书公司，2009，第51页。

一 外部"五力"治理结构

任何一个制度化集团都无法超脱多元主体所建构的复杂环境网络。[1] 外部治理结构是以竞争为主线的外在制度安排,旨在构造一个客观的市场评价和公平的竞争环境,建立充分的信息公开机制和优胜劣汰机制,借助各种可供利用的制度和组织形态,实现行业协会外部的有效监督,最大限度地减少信息不对称的可能性,切实维护利益相关者的权益。[2] 外部治理结构是政府、企业、社会公众以及其他利益相关群体与行业协会的相互作用等方面的一系列制度安排。所有组织都必须界定(和重新界定)目标;引导参与者提供服务,并对其进行管理和协调;从环境中获得资源,对产品和服务进行分配;对参与者进行选择、培训和更换,以及协调周边关系等。[3] 施密特和斯特雷克认为,协会的行业治理能力是会员逻辑与影响逻辑互动及妥协的结果。构建行业协会的良好秩序、达到善治的标准,各个环节促使行业协会在制度的框架内健康运行和发展。行业协会是汇集多方力量,提供多主体竞争的场域,其中的构成力量并不单一,它包括来自政府、企业或社会的人员。

(一) 政府

从某种意义上看,政府是行业协会的"潜在竞争者",因为政府是行业协会的权能来源之一,且政府在行业协会外部治理结构中占据主导地位。官办的行业协会就是从政府中剥离出来的,所以政府与行业协会之间存在相互交叉、共同履行的权能。协会可以分担政府管理中的事务性职能等,政府作为行业协会的监督者,在我国现行经济体制改革的不断推进下,为了最大限度发挥行业协会的自主性和能动性,由直接的微观管理转变为间接的宏观管理。行业协会大部分都存在一些问题,如"组织规模偏

---

[1] 龙宁丽:《经济性社团治理现代化:现状、问题及变革》,景朝阳主编《中国行业协会商会发展报告(2014)》,社会科学文献出版社,2015,第84页。
[2] 李丹:《我国行业协会治理结构研究》,南京航空航天大学硕士学位论文,2006。
[3] 〔美〕理查德·W. 斯格特:《组织理论》,黄洋、李霞、申薇、席侃译,华夏出版社,2002,第10页。

小，资金筹措能力较低，社会公信度和影响力较差，尚处于一个相对弱势的创业时期，政会不分、经费不足、能力不强、法制缺陷等"[1]，而政府也都相应地给予了重要支持。政府密切关注着行业协会的进程与发展动态，不断支持的同时，也存在一定的行政干预，使行业协会有序健康地发展。如果部分行业协会不具有相应的能力而出现了各种社会问题，则会受到政府的行政干预，甚至有被收回的可能。

另外，行业协会在政府中有其主管部门，其行动范围和程度要受到主管部门的限制。要想逐步取消这种限制，"行业协会必须以某种方式组织起来向政府提供足够的激励，使其能准入政府部门并对之施加充分的影响，并从这种关系中汲取充分的资源，如政府的认可、让步和资助等"[2]，即施密特和斯特雷克所认为的影响逻辑。（见图2-1）

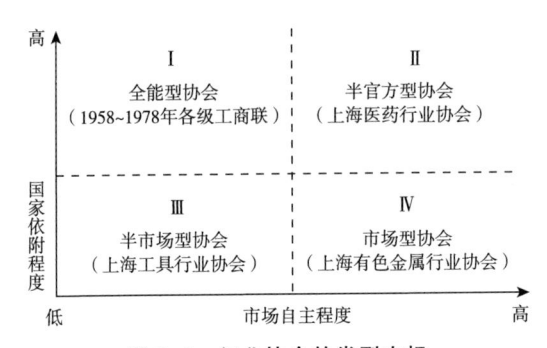

	市场自主程度 低 ———————————————— 高	
国家依附程度 高	Ⅰ 全能型协会 （1958~1978年各级工商联）	Ⅱ 半官方型协会 （上海医药行业协会）
国家依附程度 低	Ⅲ 半市场型协会 （上海工具行业协会）	Ⅳ 市场型协会 （上海有色金属行业协会）

图2-1 行业协会的类型坐标

资料来源：李学楠：《政社合作中资源依赖与权力平衡》，《社会科学》2015年第5期。

（二）会员企业

企业是协会竞争的另一类"潜在竞争者"。行业协会可以通过自律性规范来影响和约束会员企业，而行业内的非会员企业不认同行业协会对市场的管理。企业加入协会有两个重要原因：一是获得"特定服务"

---

[1] 才国伟、赵永亮、张捷：《政府支持、行政干预与行业协会的发展》，《经济管理》2010年第2期。

[2] 郁建兴、周俊等：《全面深化改革时代的行业协会商会发展》，高等教育出版社，2014，第20页。

(specific services)，即协会为会员提供的俱乐部物品或服务以及偶尔的私人定制服务，这种物品与集体物品外溢性不同，只有会员才能享受。二是借由协会代表利益和开展游说活动。企业是行业协会权能的另一个来源，这部分权能与其经营密切相关，但是单个企业无法独自承担，也是政府无法履行的权能。鉴于企业和政府都无力承担，行业内的企业就将其授权给了行业协会。

行业协会在拥有这部分权能的同时，也背负着一定的压力。因为这些权能的授予来自单个企业节约信息搜寻成本、缩短委托-代理链条以及获得及时有效的服务的需要，所以"行业协会要真正解决生存发展、职责范围、社会地位及工作经费等问题，关键是要向企业提供他从政府和其他社会部门所得不到的服务"[①] 和对会员企业具有一定吸引力的服务，使会员企业感觉到对协会的需求，这样它对会员企业才有价值，才能激励这些企业主动缴纳会费来维持行业协会的正常运转。提供这些服务是行业协会的职责和使命所在，也是它存在的前提和发展的基础，所以，在结社自由和"自愿入会体制下，行业协会通过向会员提供足够的激励以从会员汲取充分的资源来确保其生存和发展"[②]，而且其优胜劣汰的一部分权力掌握在这些用脚投票的会员企业手中，只有从它们手中获取足够的资源，行业协会才能继续生存下去。按照经济学"需求-供给"的分析，行业协会应满足社会多层次的需求，站在企业的立场，为自己的企业会员服务。对行业会员来说，行业协会应该像一位尽心尽职的"侍女"，将自己照顾得无微不至；在企业和政府之间，行业协会又应该像一个沟通者，能够协调解决各种棘手问题。[③]

（三）同类行业协会

同类行业协会是协会的"竞争对手"。我国一个行业内目前具有不同服务职能和服务方向的协会性组织数量很多，它们的职能大多是从政府部

[①] 徐家良：《双重赋权：中国行业协会的基本特征》，《天津行政学院学报》2003年第1期。
[②] 郁建兴、周俊等：《全面深化改革时代的行业协会商会发展》，高等教育出版社，2014，第20页。
[③] 常梦飞：《行业协会"去行政化"仅仅迈出一小步》，《中国改革报》2007年6月11日，第7版。

门承接下来的，且相对有限，随着行业协会数量的增多，难免会产生职能相互交叉重合的问题，但企业的数量是有限的，协会为了争夺有限的会员资源，竞争就在所难免。这场竞争中的决定权掌握在企业的手中，面对纷繁复杂、职能相似、同有政府后台的行业协会，企业也希望它们的数量能够少一些，选择上能够更容易一些。在这种情况下能够提供更好的服务种类和质量的协会性组织的存活概率就更大一点，其他的只能被淘汰。

竞争是把双刃剑，同类行业协会之间职能的交叉重合虽然造成了一定程度上的资源浪费，但从长远来看，不仅有利于发展行业的共同利益、维护成员的合法权益，也有利于整个行业协会的不断发展和再升级，进而更好地提供各项服务，形成优质的协会性组织。

（四）评估机构

评估机构相当于"买方"的代理人，通过对行业协会的具体运行情况进行评估、反馈，看其收费和支出是否合理等来对协会服务进行"议价"。评估机构可以是政府。政府监督行业协会的日常运作，如民政部门对行业协会的准入考察、登记、考评等职责；财政部门对行业协会收入、支出等财务运作情况的监督；税务部门对行业协会税务方面的审计等。《社会团体登记管理条例》的第30条规定，行业协会接受财政部门和审计机关的监督，在换届或者更换法定代表人之前，要接受财务审计。评估机构也可以是第三方评估机构。第三方评估机构通过建立独立的财务制度和审计制度，所得到的评估结果可以提高行业协会的"透明性保障"过程，企业及社会公众都会根据审计和评估的数据，对行业协会进行一定的监督、评价和选择，所以审计事务所、会计师事务所等第三方评估机构在其中发挥的是一个纽带作用。

（五）社会公众及其他主体

社会公众、媒体、消费者相当于"卖方"议价，是协会"信誉"的一种来源。社会公众监督评价是实现行业协会社会责任的重要保障机制。公众需要明确了解行业协会的信用要求，主动、积极地维护自己的合法权益，从而形成广泛参与的社会监督机制。行业协会有义务接受社会公众的检查，通过建构和完善信息披露制度，在规定的媒体上向公众公开资金管理、项目运作情况、年度工作报告等相关信息，接受公众的监督，强化媒体监督。因而，在多个主体的监督之下，行业协会肩负着协调行业纠纷、促进行业发展的重任，承担公共服务职责。

信息公开是指依照法律主动将信息向社会公众公示，进行信息披露。行业协会的信息公开是将该行业的各项信息按时、透明地公示给该行业内部人员，公开方式主要分为网站等新媒体发布方式、行业公报等传统文书发布方式和报告会等会议口头发布方式等。此前，由于信息公开平台建设的缺陷使行业信息无法传递给面向的人群，使他们对行业协会的可信度产生怀疑，因此，建立和完善信息公开制度能够增强行业协会的影响力，进一步促进其发展。

二 内部"三会"治理结构

内部治理结构是以产权为主线，为实行事前监督而设计的内在制度安排，主要研究协会会员大会、理事会、监事会和秘书长及相应机构的权力和责任及其相互制衡关系。社会组织应当建立健全以章程为核心的法人治理结构，成为"自我管理、自我服务、自我教育、自我发展"的独立法人主体。（见图2-2）

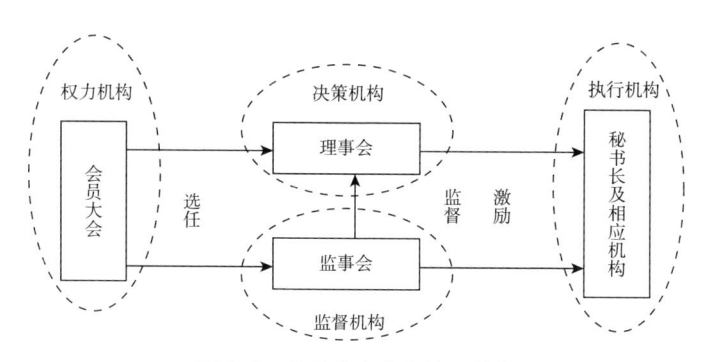

图2-2 行业协会内部治理结构

（一）决策机构：会员大会与会员代表大会

基于行业协会的组织特性，行业协会应强化类似于公司法人治理结构中的股东会的机构——行业协会会员大会的功能与作用。有些行业协会的规模很大,覆盖范围广,所涉及的企业很多,分支机构也不少。对于会员超过200个的行业协会,可以由会员选举代表组成会员代表大会,为了保障会员代表大会的公正性和代表性,代表的数量应占会员总数的一定比例。

1. 地位及职权

会员大会或会员代表大会是行业协会的最高权力机关,是协会民主管理的基础。行业协会是民间性的自治组织,其管理方式应更民主,才能获得会员的认同与支持,才会使应有的职能得以发挥。会员大会的召开,将行业内会员企业从幕后拉到了前台。

根据行业协会章程的规定,最高权力机构的职权一般有五个:(1)制定和修改章程。(2)选举和罢免理事。(3)审议理事会的工作报告和财务报告。(4)决定终止事宜。(5)决定其他重大事宜。有的行业协会在以上职权的基础上又附加了一些新的职权,体现出不同行业协会在职权方面的差异性。[1]

2. 会员组成

会员制是行业协会的制度基础,决定了其利益边界必然以会员利益为转移。[2] 中国目前的行业协会常被行业内为数不多的大企业所控制,多数行业协会的领导层位置都被行业内大企业的负责人占据。行业协会中不同级别的会员缴纳不同的会费,领导层一般要比普通会员缴纳更多的会费,而一年十几万甚至几十万的会费也让中小企业会员望而却步、力不从心。大企业缴纳的会费多,在协会中就拥有更多的话语权,难免使行业协会沦为行业内部大企业的工具。[3]

(1) 会员结构:单位会员与个人会员

会员结构提供了机构发展导向和渗透社会的重要信息。单位会员居多表明机构的组织密度高而个人密度低,机构通常按照更有利于增强单位会

---

[1] 徐家良:《互益性组织:中国行业协会研究》,北京师范大学出版社,2010,第122页。
[2] 王名、孙春苗:《行业协会论纲》,《中国非营利评论》2009年第1期。
[3] 张冠:《转型期我国行业协会治理能力缺失与改善路径》,《辽宁工业大学学报》(社会科学版)2014年第5期。

员利益的方式行事。相反，个人会员居多表明机构的个人密度高，也更能反映特定领域的被组织化程度低和个体的公民性意识高，并且能够更直接地满足其个体成员的需求。①（见表 2-2）

表 2-2 行业协会的会员结构与行业协会类型

会员数目	支配性的会员	
	存在	不存在
较少	小集团型行业协会	小集团型行业协会
较多	寡头型行业协会	大集团型行业协会

资料来源：贾西津、沈恒超、胡文安：《转型时期的行业协会——角色、功能与管理体制》，社会科学文献出版社，2004，第 23 页。

一个协会中必然会有发展超前的会员，也会有力量薄弱的会员，同时还有来自国企和私企的会员，它们之间也存在力量不均的问题，如何平衡这种力量不均的会员单位、以何种标准选择一个强有力的领导人，对如何平衡进行合理安排也是急需解决的问题。研究表明，我国行业协会商会的会员企业一般仅占行业企业数的 40% 左右，中小企业普遍没有被吸纳，但其实中小企业才是占大多数的，行业协会应该代表该行业大多数人的利益，如果将这些中小企业排除在外的话，那么行业协会的代表性就会大打折扣，对整个行业的发展影响也是有限的。

（2）会员密度与黏度

会员密度是指协会会员数量占本行业中所有企业数量的比重。一般而言，会员密度越大，协会的代表性越强，协会的影响力就越强。同时，协会之间的竞争是会员密度的一个重要影响因素。类似或相同的协会越多及竞争越大，会员则可能参加其中一个协会，进而导致会员密度变小，降低协会代表性和影响能力。在整个过程中，行业协会一直陷于代表性不足的困境，给人一种"二政府"的感觉。

会员黏度是指协会会员对协会的依赖程度。社会网络学派认为，在社

---

① Pei Minxin, "Chinese Civic Association: A Emprical Analysis," *Modern China* 3 (1998): 285-318. 转引自龙宁丽《经济性社团治理现代化：现状、问题及变革》，载景朝阳主编《中国行业协会商会发展报告（2014）》，社会科学文献出版社，2015，第 70 页。

会结构网络中，网中个体间关系的紧密程度依靠的是信任的强弱，高的信任程度意味着拥有的社会资本越多。一般而言，行业协会与会员之间不存在直接的利害关系，企业会员参加行业协会不能成为其生存的经济来源，但是行业协会却对企业会员具有强依赖关系，这种依赖不是经费上的绝对依赖，而是一种组织结构上的依赖。因此，行业协会的构成具有弱聚合性。

3. 入会条件

（1）自愿入会。会员大会是由自愿加入行业协会的全体成员组成的，所以从这些会员加入行业协会开始就已经满足加入会员大会的第一个条件。

（2）缴纳会费

会费是协会收入的主要渠道之一，收入结构反映着协会的经济能力。收入结构脆弱性是财务管理研究中描述风险冲击与资源汲取能力的术语。收入结构脆弱性以前瞻的眼光，从结构的角度揭示了行业协会因对一两个资金来源的高度依赖，在未来遭遇风险冲击和资金链条中断的可能性。[①]

我国大多数行业协会的资金来源都是政府，造成了对政府的高度依赖，但行业协会服务的对象是企业，所以收入来源于企业是促进行业协会健康发展的一个动力。如表2-3所示，收入与会员关系强的行业协会，其黏度也会更强。

表2-3 行业协会商会的发展分类

收入与会员关系	活动与会员关系	
	强	弱
强	有核心竞争力，行业黏度强的行业协会商会	行业黏度强，但缺乏核心竞争力的行业协会商会
弱	有核心竞争力，行业黏度弱的行业协会商会	行业黏度弱，也缺乏核心竞争力的行业协会商会

资料来源：景朝阳、陈建国：《中国行业协会商会改革发展研究报告》，载景朝阳主编《中国行业协会商会发展报告（2014）》，社会科学文献出版社，2015，第54页。

---

① 龙宁丽：《经济性社团治理现代化：现状、问题及变革》，载景朝阳主编《中国行业协会商会发展报告（2014）》，社会科学文献出版社，2015，第85页。

当前，会员（会员代表）大会体现的民主性还存在一定的不足，具体表现为完整规范的会员大会制度（会员代表大会制度）尚未建立，具体召开会员大会过程不符合章程规定的时限、程序和条件。

（二）执行机构：理事会与常务理事会

1. 地位与职权

行业协会中的理事会相当于公司的董事会，是会员大会推选出来的执行机构，处于行业协会内部治理结构中的核心，负责决策与管理行业中的协调、发展与监督。理事会的规模大小取决于行业协会的具体规模和理事会的运作成本与收益的比较。理事人数较多的行业协会可从理事中选举常务理事组成常务理事会。

理事会在非营利组织中的角色为促成者、政治倡议者、缓冲者和价值护卫者[①]，主要有9个职权：（1）执行会员大会（或会员代表大会）的决议；（2）选举和罢免理事长（会长）、副理事长（副会长）和秘书长；（3）筹集召开会员大会（或会员代表大会）；（4）向会员大会（或会员代表大会报告工作）报告工作和财务状况；（5）决定会员的吸收或除名；（6）决定设立办事机构、分支机构、代表机构的实体机构；（7）决定副秘书长、各机构主要负责人的聘任；（8）领导本团体各机构开展工作；（9）制定内部管理制度。[②] 概括地说，行业协会的理事会通常具有4项职权：（1）制定战略规划；（2）管理制度建设；（3）监督和激励执行机构；（4）解决突发问题。理事会的职权可分为对内和对外两部分，对内管理行业协会内部的事务、决定发展方向的权利；对外代表行业协会的权力，即代表行业协会与外界发生关系的权力。[③]

2. 组成

理事会由理事构成，包括内部理事与外部理事。理事会的负责人有理事长（会长）、副理事长（副会长）和秘书长。在具体运作中，协会重大的决策事务往往由少数几个常务理事、秘书长和理事长所执掌。一般来

---

① 王史编著《非营利组织管理概论》，中国人民大学出版社，2002，第72页。
② 徐家良：《互益性组织：中国行业协会研究》，北京师范大学出版社，2010，第122页。
③ 金晓晨：《商会与行业协会法律制度研究》，气象出版社，2003，第104~107页。

说，法人代表由理事长（会长）担任，但也有由副理事长（副会长）担任的。传统的行业协会通常是挂靠国有企业主营公司，理事长（会长）也就往往由公司总经理兼任。理事会成员的组成应遵循以下两个原则：（1）理事会成员代表的多样化；（2）理事会成员年龄、性别、学历和社会经济地位的均衡性。

3. 理事会人选条件

理事会人选有一定的条件要求：一是在本行业内与政府官员有一定联系；二是大专院校或科研单位的专家和学者；三是协会会员单位的代表。[①]除了上述条件之外，《社会团体章程示范文本》对理事长和副理事长的任职资格还做了概述性的规定：坚持党的路线、方针、政策，政治素质好；在本协会业务领域内有较大影响；最高任职年龄不超过70岁；身体健康，能坚持正常工作；未受过剥夺政治权利的刑事处罚；具有完全民事行为能力。从实践来看，官办行业协会的理事大多数是在职或退休的政府领导干部。

理事会是行业协会的代表，它的结构影响着其是否能够公平执行相关事务。第一，理事会人员的基本特征结构。理事会的人员构成在年龄、性别、学历、社会经济地位等方面应保持均衡，以充分发挥本行业的人才优势，使行业协会的决策机构同时具备专业性和学术性，更好地应对多变的政治经济环境。第二，理事会人员中的中小企业会员比例。为了防止实力雄厚的大企业会员控制行业协会，必须给予中小企业会员一定数额的理事名额，从而保证在协会成员之间形成合理的权利分布，以确保各会员在协会中的利益。

当前，理事会的履职情况有待进一步完善，运转效率有待进一步提高，需要通过一些规章条例对理事会所要承担的责任和履行的义务做出规定，同时也应明确理事会成员违规或未尽责应受到的处罚。

（三）办事机构：秘书处

1. 地位及职权

成立初期的行业协会一般在理事会下设秘书处或协会办公室，负责协

---

① 史景星主编《行业协会概论》，复旦大学出版社，1989，第119页。

会日常的行政性事务，包括后勤接待、财务、咨询服务、行业调查、信息沟通以及执行理事会的决议等，并设立秘书长一职。

"秘书长就好比企业的总经理或 CEO，是协会日常事务的直接管理者。与企业的内部人控制相类似，行业协会的内部人控制亦即执行层获得了协会的实际控制权，他们通常能够按照自己的理念或思路决定协会的发展方向，并在事关行业协会发展的重大事项决策中起主导和决定作用。"[①] 行业协会秘书长的职能相当于公司中的总经理，但行业协会并非营利机构，所以协会秘书长的主要职责是管理协会的相关资源，且需要根据理事会的决策来执行，并在理事会的领导下开展协会的日常经营。秘书长在行业协会的规范运作上有重要的作用，因而要从政策和制度上保障落实行业协会秘书长的"高级管理人员"地位，提高秘书长的待遇，根据行业协会的工作成效对秘书长给予精神和物质奖励。

秘书长应由理事会选举产生，对理事会负责并报告工作，其主要职权包括以下三个方面：（1）决策建议权；（2）组织协调权；（3）督促检查权。有学者提出，在建构行业协会商会内部治理结构的过程中，要特别注意行业协会商会决策层与执行层之间的关系问题。应当清晰界定负责行业协会商会决策职能的理事会与承担具体管理职能的秘书处之间的权力责任边界，制定理事会议事流程及秘书处办事程序，有效解决主要以兼职为主的理事会与秘书处之间在运作中的衔接问题，防止理事会职能虚化、空转以及执行层权力过于集中等问题的产生。

2. 组成

执行机构追求的核心价值是效率，秘书处是协会的执行机构，在设置部门时要以提高办事效率作为中心原则。不同地区和不同行业的协会组织由于处理的事务不尽相同，所以秘书处在部门设置上也会有所差异。例如，深圳市房地产中介协会秘书处的常设部门就有五个：会员服务部、信息技术部、发展研究部、综合事务部和财务部，每个部门都有自己相应的职责。设置秘书处的部门数量一定要适中，各部门间的职责划分要清晰，避免出现职责重叠交叉的问题。

---

① 石碧涛：《转型时期中国行业协会治理研究》，暨南大学博士学位论文，2011，第67页。

3. 秘书长人选的条件

实际生活中，协会产生秘书长人选的主要途径有三种：第一种途径是任命，由政府业务主管部门的公务员或退休人员担任。第二种途径是兼任，由事业单位的工作人员兼任。尽管行业协会与事业单位属于不同机构，但人员属于同一个工作班子。第三种途径是聘任，通过聘任制的办法招募秘书长，作为行业协会的聘用人员。2004年开始，各地政府强调行业协会的民间性，政府领导干部或事业单位人员纷纷退出会长或秘书长的职位，逐渐由会员企业或招聘人员担任。①

（四）监督机构：监事会

监督是治理的核心内容，也是科层组织的根本特征。自律是行为主体的自我约束，他律是外部力量对行为主体的监督和制约，自律的形成有赖于他律。② 吉登斯认为，所有形式的监督都以某种强制性的惩罚措施做后盾，如果没有对那些属于行政权力的人的活动进行某种程度的监督，组织也就不可能存在。③

1. 地位与职权

在一般会员无法直接监督和社会监督机制不完善的情况下，监事会作为重要的内部监管机构，可以对理事会和秘书长及相应机构的行为进行监督。设置监事会以加强行业自律和规范在一定程度上可以确保行业协会的公正性、公平性和社会声誉度，但现有的民政部《社会团体章程示范文件》中没有对监事会进行规定。在实际运作中，我国的行业协会中也很少有监事会或之类的监督机构，而是由理事会代行其职责。

监事会是行业协会的一个自律机构，主要职权是对行业协会的活动实行监督，重点放在理事会决策的正当性、秘书长及其相应机构的执行活动成效等方面，内容包括：检查并监察行业协会的财务活动；对会长、副会长、理事和常务理事在执行职务时违反法律法规或章程的行为进行监督；

---

① 徐家良：《互益性组织：中国行业协会研究》，北京师范大学出版社，2010，第140页。
② 周志忍、陈庆云主编《自律与他律——第三部门监督机制个案研究》，浙江人民出版社，1999，第273页。
③ 〔英〕安东尼·吉登斯：《一种社会组织理论》，《国外社会学》1991年第6期。

当会长、副会长、理事和常务理事的行为损害行业协会的利益时，要求予以制止和纠正；提议召开临时会员大会或理事会；章程规定的其他职权。[①]

2. 组成

每个地区和每个行业的协会中的监事会组成虽有所差异，但大致相同。例如，广东省行业协会监事会制度第二条规定："本会设立监事会（或监事×名），监事会（或监事）由会员大会（或会员代表大会）选举产生。设立监事会的，须有3名以上监事组成，同时设立监事长一名，监事会（或监事）任期与理事会任期相同，期满可以连选连任。"

行业组织内部应设立专门的自律机构，配备专门的自律工作人员，在自律部门内部也要设置专门的监管岗位和相应工作人员。行业协会内部自律部门的工作人员需要多元化，可以一部分来自协会内部，一部分来自社会公众，充分保证它的公开和公正性。为了取信于会员，协会本身及其工作人员必须对自身行为进行约束，培养会员对协会的信任，增进协会在会员中的公信力。[②]

3. 监事会人选条件

鉴于目前各个行业出现的产品质量问题，对行业协会内部监管机构进行完善刻不容缓。为了提高监事会工作的科学性和民主性，监事会内部的人选一方面要具有多样性，广泛吸纳社会公众，另一方面这些公众要从会员企业、中小企业、有财务或法律专业能力的专家中去选择。当然，监管是一件重要且特殊的工作，从事监管工作的人员必须严格遵守协会的规章制度，在自己的心里要有一杆秤，要以最高的道德标准要求自己。

当前，监事会的监督作用还很不够，缺乏独立性。因此，要对监事会的权力和职责做出具体明确的规定，使监事会的作用真正发挥出来。

第三节　行业协会的治理失灵

社会经济活动中的许多生产或消费过程具有外部性或没有明确排他性

[①] 金晓晨：《商会与行业协会法律制度研究》，气象出版社，2003，第104~107页。
[②] 张冠：《转型期我国行业协会治理能力缺失与改善路径》，《辽宁工业大学学报》（社会科学版）2014年第5期。

和竞争性的准公共产品供给不足,以营利为目的的企业不会提供这类物品,政府因缺乏灵活性或存在官僚主义,也无法有效地提供这类准公共物品。所以,市场和政府都无法解决的准公共物品供给和需求失衡的问题就需要非营利组织来补位。行业协会作为弥补政府失灵和市场失灵的新治理主体,在促进政府职能转变、推动市场经济发展以及构建新型社会结构关系方面发挥着越来越重要的作用。与政府和企业相比,行业协会提供这类物品有三个方面的优势。首先,行业协会更了解本地区和行业实际需要的信息,能够做出更有针对性、更贴切的决策。其次,行业协会是企业自己成立和组织的独立实体,其运行成本由自己负担,可以起到为政府减负、下放政府权力的作用。最后,行业协会可以根据其"社群"情况制定内部规则,更容易得到企业认可并顺利施行。尽管如此,但行业协会也有可能会出现治理失灵的现象。行业协会失灵亦称行业协会失败,指的是协会的服务偏离了行业共益或社会公益,片面地以功利主义为取向的信念和行为给消费者、社会及生态所带来的负效应。从组织设计的角度来,组织内部结构与行动密不可分;从资源环境的角度看,组织创造自身生存的环境和资源,就需要处理好组织自身与其他组织的关系。因此,从结构、关系和行动的角度分析行业协会面临的困境对推动行业协会良性运行有着重要的意义。

一　结构失灵

组织结构体现组织权责关系的分配与相互制衡。一般而言,行业协会中分别由会员大会、董事会(理事会)和监事会享有决策权、执行权和监督权,承担相应职责。实际中,行业协会内部的"会员企业—会员代表大会—理事会—秘书处"等机构之间存在代表、代理、寡头统治等困境。

1. 代表困境

民主性和代表性是会员大会决策的首要考虑因素。行业协会的代表性问题涉及代表的范围和能否代表两个问题。企业通过组织契约成立行业协会,就必须放弃部分自然权利,把判断善恶和实施惩罚的权利交给协会掌握和执行,由行业协会中的会员大会来代表入会企业的利益,体现民主参与的诉求,形成了以契约为中心的权利义务关系。会员大会实现了从身份到契约的转变，在决策中要求代表行业的一般利益，成员企业间权利平等。然而，强势主体（大企业会员）长期以来控制着会员大会，使其形同虚设，难以代表大部分弱势主体（中小型企业会员），形成了实质意义上的不平等。按照社会网络学派的解释，任一行业都可以抽象为一种组织或企业之间的网络，其中每个企业是网络中的一个结点，产生的经济、政治和社会行为也往往嵌入社会结构网中，行业协会天然占据着"结构洞"的位置，完全可以整合分散资源，引导资源循环与再分配。行业协会内部的资源是有限的，靠近资源中心的企业有更多机会获得组织资源。行业协会在组织制度不完善的背景下可能沦为大型企业获得更多利益的工具。

大企业控制指行业中的某个龙头企业或企业联盟把持协会的管理和决策，使协会沦为龙头企业或企业托拉斯服务的现象。出现这种现象主要是因为协会中大企业本身具有足够的权威和影响力，并且投入组织较多资源，比如捐助活动经费、提供办公场所、提供更多的其他人力和物质支持等会费以外的资源，那么行业协会也就更倾向给予大企业更多资源，使大企业有更多的发言权和话语权。大企业积极控制行业协会，把持协会中的重要职位，以组织的名义和整体性要求来赋予其决策合法性，即"大企业分肥"。

大企业控制与小企业无心参会往往是相伴相生的。当行业协会被大企业"绑架"的时候，行业协会在配置组织内外部资源时就会失之偏颇，逐渐忽视中小企业的利益诉求，而中小企业会员长期被边缘化或阻挡在协会的决策范围外，使它们参与协会议事决策和活动管理的积极性不高，甚至退会。最后，组织内部的利益争夺加大了群体的分化，甚至使一个协会内部分离成多个群体，多个群体之间彼此互不信任，最终造成无法真正地代表整体会员企业的利益。

2. 代理困境

行业协会的产权结构存在所有权、控制权和受益权的分离。理事会及其常设机构（秘书处）在行业协会的运作中扮演代理人的角色，负责经营管理会员企业托付的资产。理事会应会员大会的委托负责制定协会重大战略决策和监督执行者，秘书处为执行机构，负责日常运营。会员企业加入行业协会时委托其行使自己的部分权利，作为委托人则享有所有权。具体而言，行业协会内部存在企业对会员代表大会、会员代表大会对理事会以及理事会对其常设机构三种委托代理关系，良好的委托代理关系需要完全的对称信息、完备的契约关系以及均衡的利益结构。如果协会内部存在严重的信息不对称、契约不完备以及利益不均衡的现象，行业协会内部就会产生逆向选择和道德风险的代理问题。

第一，入会前的逆向选择。行业协会通常都拥有比会员企业更隐蔽的信息，但因信息不完全而使企业无法识别优质的行业协会，以致优质的行业协会可能进一步减少，甚至退出市场。一旦劣质的行业协会充斥市场，就会导致企业选择行业协会的期望收益进一步降低，愿意支付的费用也进一步降低。[1]

第二，代理人（协会）在代理过程中存在"机会主义倾向"。完备的契约关系要求明确企业与行业协会的权、责、利界限，委托代理的关键在于代理人能否行使好委托人让渡出的权力、降低代理成本以及履行好组织赋予它的职责。由于协会内部存在严重的信息不对称和监督失控，代理人在代理过程中与组织的目标不同且有"机会主义倾向"，容易造成组织的代理人利用所掌握的信息对组织进行事实上的控制。协会选出或聘用的大多数工作人员是治理者的同时，也是被治理的角色，致使协会的管理成员积极性不高、治理动机较弱。就行业协会的三种委托代理关系所涉及的机构而言，理事会多由大企业的高层担任，其日常处理本企业的事宜已然焦头烂额，对行业协会自然是无暇顾及；行业协会常设机构的工作人员也大都是无偿或只拿少量报酬，再加上协会公共性产品的供给难以直观量化绩效考量，自然也都是积极性不高，或者说多一事不如少一事。因此，监督反馈和激励机制的不完善使原本委托给协会的职能渐渐由多化少，甚至由少化无。

第三，委托人消极行使委托权，效率低下。会员企业与行业协会的合作需要通过激励机制和监督机制等来最大化代理效率和委托人的利益。一方面，代理人服务的积极性来源于上一级委托人的有效监督以及代理人工作的受激励程度。冗长的委托代理链使行业协会的委托代理关系成为一种

---

[1] 徐伟、江若尘：《我国行业协会委托代理关系及对策研究》，《技术经济》2007年第5期。

间接关系，也导致委托人的监督积极性和代理人的努力程度随委托代理链长度的递增而递减，代理成本层层加码，提高了监督成本，降低了监督效率。同时，委托人不可能及时纠正代理人行为或撤换代理人。另一方面，不合理的监控制度容易产生二阶集体行动的困境。初始委托人具有监督代理人的自我积极性以及监督活动的"搭便车"行为，其结果是要么过多干预，要么无部门、无主体对行业协会进行监督。

3. 精英寡头困境

行业精英在行业协会成立的早期起到了很大的作用，主要是他们比普通从业者更清楚地了解本行业目前的发展现状，对行业未来的发展趋势也有更准确的判断，再加上他们自身所具有的威望、人格魅力、个人人脉和行业影响力等。

但是，如果没有健全的制度，没有人可以保证协会的这种发展模式可以持续，一旦该行业的精英离开协会，如何选出下一任合格的会长也是协会长远发展需要考虑的问题。首先，协会的精英治理模式是由协会精英与会员之间的不对称权利契约关系造成的，行业精英在协会内部基本处于垄断控制地位，协会内部的有限资源可能被精英所拦截。其次，协会的精英治理模式可能阻碍到协会民主机制的形成，普通会员缺乏进入组织利益协调的机会。最后，当行业精英利用自身地位的垄断性把协会变成自己企业谋取私利的工具时，如果没有有效的制约制度，就会造成协会内部人心涣散，甚至部分会员企业虽名义上仍在协会内部，但不参加协会活动，形成实质"退出"的局面，使协会的自主治理有名无实。

二 关系失灵

行业协会作为一种社会组织，不以经济利益为导向，调节的是社会多个主体之间的关系，开展活动时涉及的主体除了政府和企业以外，还包括行业员工、行业消费者、同行业其他协会等。况且，行业协会以增进社会整体利益为目标，就决定了它对自身活动开展涉及的主体具有不可推卸的调节责任，既不能是"国家中心"，也不能是"社会中心"。因此，要形成多主体之间协调且稳定的关系，就需要协会在构建其治理关系时不仅要关注组织内部利益平衡和制约机制的建立，而且要顾及其他弱势利益相关者的利益。

1. 行业协会与非会员企业的关系失灵

行业协会针对的是有明确界限的行业范围，即由同行业企业组成的一个"准公域"。行业共益意味着协会提供俱乐部产品的同时，也提供服务整个行业的公共产品，强调的是为整个行业的共同利益服务，行业内的每一家企业都能共享组织化带来的红利。然而，行业协会同其他非政府组织一样，具有组织对象的局限性，即为会员服务。因此，行业协会有可能成为会员企业维持竞争优势的工具，忽视维护行业共同利益的价值目标。由于非会员企业在力量对比中处于劣势地位，因而很容易受到行业协会的排挤，包括集体抵制和限制，扰乱了市场竞争秩序。一方面，实施价格歧视和价格联盟，以高于会员企业的供给价格为非会员企业提供产品和服务。另一方面，通过制定行业标准来限制非会员企业。对于行规行约和行业标准等规范对非会员企业是否应有作用效力在学者们之间存在争议，其中协会制定行业标准是对整个行业范围而言是没有疑虑的，行业协会通过这一权力设置壁垒来限制非会员企业，侵犯非会员企业的利益。萨夫曼认为，行业协会倾向于反对垄断并形成压倒一切的权力而对充满竞争环境进行积极反应以维护共同体[①]。行业协会对会员利益的过度维护，导致会员与非会员企业利益的不均衡，违背了行业共益以及公平竞争原则，扰乱市场竞争秩序，损害行业协会的公信力。

2. 行业协会与社会公众的关系失灵

协会受到社会制度环境的影响，其行为要与社会期待和共享价值观念等相一致。外部合法性要求行业协会追求行业发展和社会福利，扮演行业助推器的角色以及承担更多的社会责任。行业协会与消费者存在互惠关系，同时在自身的角色冲突的作用下，协会凭借在供给与需求关系中的优势地位，也会出现为追求自身利益最大化而损害社会公众利益的行为，违背其增加社会整体利益的目的。这种角色冲突主要表现为性质上的公益与私益的冲突，这属于角色利益的冲突；价值取向上的"义"与"利"冲

---

① I. L. Sharfman, "The Trade Association Movement," *American Economic Review* 1 (1926): 203-218.

突，这属于角色认同的冲突。① 第一，行业协会作为生产者的团体，有可能在"行业逻辑"的影响下过度维护行业利益，损害消费者的利益。一方面，行业协会有天然的垄断倾向，在行业利益的驱使下有较强的动力利用标准形成垄断，对外损害社会公共利益。亚当·斯密在《国富论》中批判指出，同行的经营者们很少聚到一起，即使为了行乐和消遣，其谈话的内容也往往以共谋诡计抬高价格而告终。② 我国《反垄断法》中的第 11 条和《价格违法行为行政处罚规定》中的第 10 条都赋予了行业协会部分价格干预或协调的职能，具有一定合理性，可以避免行业内部恶性竞争，在一定程度上维护正常的市场秩序。但"价格联盟"是行业协会本质属性的表现③，可能会被行业协会滥用而在行业内部形成一种价格垄断状态。行业协会寻求同行业内多个企业之间的价格联盟等价格卡特尔④进行市场分割，获取垄断利润，摆脱竞争带来的庞大压力，最终将利益减损转嫁给消费者和其他行业经营者。另一方面，行业协会制定过低的行业标准也可能危害消费者权益。行业协会为了扩大会员规模和增加会费，可能制定较低的行业标准，形成市场无效或是不公平的市场惯例。为了保护社会公众利益，在协会参与行业标准制定的同时，政府应加强为行业标准的专业审核，合理监管行业中微观经济主体的行为，在应对垄断竞争时由保护生产者改为保护消费者。第二，行业协会可能在"会员逻辑"的影响下过度维护会员企业的利益，损害劳动者的利益。企业在与劳动者是相对存在的，并且企业在市场经济的博弈中处于先天的强势地位，需要行业协会和政府一起指导企业规范用工行为、防范和化解矛盾争议。行业协会如果没有倾听和了解到劳动者的基本诉求，而是依从会员逻辑，依靠组织化的力量来保护企业，就会加剧劳动者基本权益的侵害，主导劳

---

① 郭薇、秦浩：《中国行业协会自律职能缺失的原因分析——基于角色冲突的分析框架》，《浙江社会科学》2012 年第 5 期。
② 〔英〕亚当·斯密：《国民财富的性质和原因的研究》，商务印书馆，1981，第 212～213 页。
③ 李书芳：《关于行业协会与"价格联盟"影子的思考——以郑州市驾驶员培训费涨价风波为例》，《中共郑州市委党校学报》2011 年第 1 期。
④ 价格卡特尔是指两个或两个以上具有竞争关系的经营者为牟取超额利润，以合同、协议或其他方式，共同商定商品或服务价格，从而限制市场竞争的一种垄断联合。

动者从业标准和规范的话语权。

三 行动失灵

我国行业协会改革的全面推进要紧紧依托历史的发展路径和现实的治理特征，多重职能齐抓并举、协同推进，同时满足嵌入国家体制与立足民间需求的双重条件，在代表政府与服务会员、贴近政府和强化自治间寻找张力平衡。① 行业协会的生成发展源于政府的职能转变、权力分放，也源于市场经济发展和社会力量的勃兴，这就使行业协会往往集政治性、经济性和社会性等多重属性于一身，主要发挥的功能是为行业提供服务、行业代表和行业自律。

1. 服务失灵

行业协会作为成员自愿结合的互益组织，会员逻辑是协会决策和行动的立足点，旨在提供整个行业的公共产品和服务会员企业的俱乐部物品，降低相互间的交易成本和生产成本，维护企业的利益。协会在发展过程中的资源供给和需求存在巨大缺口，所面临的资源结构不均衡、资源使用的行政化干扰、资源获取的过度商业化取向等问题构成了社会组织的资源困局。② 行业协会本身没有资源，其组织资源依附于会员企业，会员的众寡直接影响人员、财物和信息资源状况，进而影响行业协会为会员提供服务和组织活动的能力。第一，财物资源有限。协会规模小会导致会员企业提供的会费和赞助费较少，行业协会缺乏资金，会经常面临无力提供所需公共服务的情况，供给公共产品的积极性和水平也会不断降低。假使协会转而选择提供更多可以收费的俱乐部产品或私人产品，则公共服务会处于比较随意化和被动化的状态，导致公共物品的供给量达不到最优，甚至出现匮乏。同时，行业协会在政会脱钩的背景下不再有业务主管单位，这就意味着失去了政府部门在人员、财物和信息方面的直接支持，财物资源更显得捉襟见肘。第二，信息资源有限。行业组织有限的覆盖范围导致了有限

---

① 杨剑、黄建:《治理视阈下中国行业协会商会之功能研究》，《技术经济与管理研究》2016年第3期。
② 崔月琴、王嘉渊、袁泉:《社会治理创新背景下社会组织的资源困局》，《学术研究》2015年第11期。

的信息资源，不能全面掌握本行业的发展状况、不能及时有效地为企业提供所需要的服务，就得不到企业的认同。第三，人力资源有限。萨拉蒙认为，非政府组织的业余性在于其强调由有爱心的志愿人士或义工担任工作，专业人员常常由于薪酬较低而很难被吸引或加盟，因此，志愿组织的绩效和服务质量常受到影响，进而使大多数会员因不满意服务而退会。第四，当取消"一地一业一会"的限制时，一家行业组织垄断全行业的局面被打破，竞争的业态环境对行业协会的能力建设和服务水平提出了新要求，激发了发展活力，同时无形中产生了协会之间的壁垒，从而分化了整个行业内的企业利益。行业协会的登记数量与规模成反比，数量增加可以扩大企业的选择范围，缩小单个协会的规模。然而，规模一旦缩小，信息来源也会随之减少，会费收缴便越来越困难，公共服务继而持续减少，会员纷纷选择退会，产生了一种恶性循环。陷入这种恶性循环的行业组织的处境会非常困难，更谈不到有良好的发展前景。

2. 集体行动困境

行业协会作为一种"私益政府"，具有对会员企业组织和管理的功能，但也存在组织的搭便车困境，即那些不加入协会的企业也可能享受到协会的服务，进而总是有一些企业企图搭协会的便车，从而导致集体行为的失败。1929年，资本主义经济危机波及全球，上海旅馆行业一片萧条，来上海的旅客越来越少，旅馆行业发展日渐困难。对此，各个旅馆为了取得稍许的竞争优势而积极实行折扣，但继续任其恶性竞争，上海的旅馆行业很快就会面临破产。1935年10月，旅馆行业公会进行了统一调价，即折扣全部八折。这次调价持续了不到一年时间，多家旅馆又为了自身利益最大化，在1936年4月破坏规则，降低折扣，使上海旅馆行业再次陷入混乱，旅馆业的整体利益受到损害。

第一，搭便车困境是由于存在服务的外部性。行业协会是企业利益的代表者，需要代表行业整体发声与提出诉求、制定本行业的规则与章程以及做出行业整体的统一调整。当行业协会提供的行业规则或行业政策这类公共物品具有外部性，行业协会就会面临未承担成本企业的搭便车现象。而且由于此类产品具有非排他性，很难将其排除在外，就容易陷入集体行动的困境，产生行业协会集体行动失灵。

第二，搭便车困境本质上是一种产权问题，即协会的所有权与受益权分离，二者主体不一致，且受益人范围广泛，为所有可能受益者构成的虚拟主体，既包括缴纳会费的会员，也包括没有加入协会的其他企业，还可能涉及政府、消费者等，呈现出更为复杂的状态。

第三，行业协会的治理方式并非靠权威和强制力去执行，而是更多地依靠非正式的制度和非法律手段，比如道歉、通报批评以及抗议等，导致协会成员企业违背契约的成本低，协会内部很容易出现成员不配合现象，集体行动困境也就自然而然形成了。

3. 自律困境

经济人假设认为，社会成员活动的动机是对个人利益的追求和最大化。在社会主义市场经济条件下，如果自我和外部约束软化时，行业协会成员很可能偏离或背离整体的宗旨，置社会公益或共益不顾。这就要求行业协会对其成员的行为进行监督，克服发展过程中的盲目性，实现协会的自律功能。行业自律是因协会自身及会员企业的失信行为而来，是继法律法规之后维护市场公平竞争的第二只手，一方面，协会设立繁杂的活动收取会费，逐渐成为部分人敛财的工具，违背了成立之初与会员企业达成的契约，损害了行业共同利益。另一方面，行业协会的信用是指行业协会对法定权力和职责的履行程度，表明行业协会在自身能力限度内实际"践约"的状态。[①] 目前，商业活动中仍可见许多信用缺失的现象，如制假售假、行业间联合欺诈消费者等现象。行业协会对协会和会员制假售假、欺诈消费者等失信现象熟视无睹，陷入自律困境，侵害了消费者的正当权益，违背了市场信用，使社会公共利益受损。政府离职的工作人员一直都是行业协会争相追逐的群体，目的在于协会可以借助这类群体在政府机构中的社会资本为寻租创造机会和条件，如果对这种寻租行为不加以制止，不仅会侵害政府的公信力及合法性基础，也会使资源分配不合理，危害其他群体的权益，最终带来整体福利降低，达不到最优的配置效果。

[①] 徐伟、江若尘：《我国行业协会委托代理关系及对策研究》，《技术经济》2007年第5期。

总之，国家治理体系的构建和治理能力的现代化需要多元治理主体之间协同配合，要求政府组织、市场组织、非政府组织、公民自治组织等多元治理主体基于公共治理理论进行整合。在"多中心"理论下，以行业协会功能、结构和关系三个面向的治理失灵为逻辑起点，探索如何通过"政府-公域"、"市场-私域"与"社会-共域"的互动补齐行业协会治理的短板，行业协会的健康可持续发展对国家治理能力现代化发挥着至关重要的推进作用。

第三章　行业协会与行政机关脱钩的治理变革

行业协会的行政化治理已经越来越不合时宜，行业协会与政府脱钩并不意味着去职能化，相反，加强其职能才可促进行业协会长足发展。政会脱钩完整的法律配套文件，响应了党的十八届四中全会决定的要求——"重大改革于法有据"；行业协会的能力建设必须不断地以新的优势源泉去替代前期所确定的优势源泉，进而促使其长远成长。

第一节　行业协会与行政机关脱钩的外部关系变革

社会组织与行政机关脱钩改革始于2002年的上海，深圳与浙江分别于2004年和2006年开始改革。政会脱钩改革主要在行业协会商会中展开，使其回归社会组织的本真。

一　监管体制变革

建立行业协会不仅要到当地主管部门登记、进行定期的财务审查，还需要特定的政府部门作为其日常的主管单位，以便对行业协会的运行和发展进行监督管理。行政权力对行业协会所涉各业务领域的管控属于行业协会发展所需价格，无疑会影响到行业协会准行政化的需求情况：价格越高（行政管理权越多），需求数量越多（行业协会越准行政化）。[1] 换句话说，

---

[1] 〔美〕罗伯特·考特、托马斯·尤伦：《法和经济学》（第五版），史晋川等译，格致出版社，2010，第25页。

政会脱钩的要件包括行政权（监督）的主体、内容等均应当明确和受限。就我国行业协会所处的环境来看，我国在社会领域的宏观制度环境的特征可以概括为"宏观鼓励与微观约束"以及"行政主导的分类控制体系"。[①] 政会脱钩的过程是一个寻找更好发展环境的过程，政府一方面要给社会组织松绑和放权，给予其更多发展空间，为社会组织的发展壮大排除体制性障碍；另一方面要创新监管措施，让社会组织成为建设和谐社会建设的重要主体。

（一）各地实践创新

1. 三重管理

2002年，上海市政府成立上海市行业协会发展署，负责行业协会的发展规划、布局调整、政策制定和协调管理，确定了行业协会发展署、原业务主管单位和登记管理机关（社团局）的三重管理体制。2005年，在行业协会发展署的基础上成立了社会服务局。三重管理体制是在原登记管理机关和业务主管两部门之外成立的专门政府监管机构，典型的有上海市行业协会发展署、北京市行业协会和市场中介发展办公室、深圳市行业协会服务署以及天津市行业协会脱钩办公室。三重管理有利于促进行业协会商会的发展，加强相关政策法规的出台与落实；专门机构具有行政权力和资源，可以较好地协调各政府部门之间的利益关系；专门机构可为自发筹建的行业协会商会充当义务主管单位。然而，三重管理中的专门行政机构只能作为一种过渡性质的机构而存在，达到目的后往往会面临被合并或撤销的结局，因此，政策的连续性和有效性需要重新加以衡量。此外，对于已成立的行业协会商会而言，社会服务局事实上是在原有双重管理体制上又增加了一个主管单位，势必会带来管理成本的增加。

2. 新双重管理

新双重管理体制主要将协会的业务主管单位统一为工商联或工经联，民政部门履行登记管理职责。其中比较典型的是2005年浙江省杭州市、温州市和嘉兴市将工商联（总商会）作为业务主管单位，河北省全省和辽宁

---

① 郁建兴等：《全面深化改革时代的行业协会商会发展》，高等教育出版社，2014，第49页。

省鞍山市将工经联作为业务主管单位。新双重管理有利于打破就有部门的管理体制弊端，为行业协会商会提供更宽松的发展环境，避免自发建立的行业协会商会因找不到业务主管单位而无法注册登记的问题。然而，新二元双重管理体制并未从根本上突破双重管理体制的弊端，工商联或工经联自身具有的很多职能都需要经过政府委托才能实现，虽然具有业务主管单位的名义，但实际职能和资源仍然有限，不能有效地促进行业协会发展。

3. 一元管理

2004年6月，深圳市成立行业协会服务署，取代了原来政府业务主管部门的职能，切断了对政府业务主管部门的依附关系。2006年底，深圳市将行业协会服务署和民政局下辖的民间组织管理办公室整合为民间组织管理局，作为民政局下设的副局级单位。行业协会管理体制转变为"一元制"，即民政局统一负责行业协会登记、监管与指导工作，开展无业务主管单位的直接登记管理制度。2006年，《广东省行业协会条例》将社团的"主管单位"改为"指导单位"，实行一元管理体制。

（二）制度创新：民政部门直接登记制度

登记机关对社会组织的成立基本起着决定性作用，拥有否定权。"归口登记"是指只有国家民政部和地方县级以上的各级民政部门负责行业协会商会的登记，并颁发《社会团体法人登记证书》。经合法登记的行业协会商会有了法人地位，就具备了民事主体资格，可依法享有民事权利，承担民事义务。登记管理机关的职责包括：（1）负责行业协会商会的成立、变更、注销的登记或者备案；（2）对行业协会商会实施年度检查；（3）对行业协会商会违反相关法律法规的问题进行监督检查并予以行政处罚。但根据国家规定，工商联属于不需要在民政部门登记注册的特殊社会团体，因而一些行业协会商会作为其二级团体会员也无须去民政部门注册。

民政部门对行业协会监控的表现：（1）事前监控。我国的《社会团体登记管理条例》从会员人数、财产数额、发起人和拟任负责人资格等方面对政治性社会团体在成立之初就进行审查。（2）过程监控。设置重大活动报告制度和年检制度，可以不定期地针对社会团体实施清理整顿，对社会团体的违规行为进行行政处罚。在具体监控过程中，过于强调登记注册而轻视登记注册后的监督管理和查处退出机制造成了获准登记的行业协会的不规范设置，导致了违法行为得不到及时检查和处罚，存在具体监管的权力真空，呈现出一种只注重事前监管，轻视事中和事后的约束规制和退出机制。

登记监管实质上是一种分级监控，以"一地一会"的方式限制竞争。分级设立是指行业协会商会根据成员来源和活动范围的差异实行"属地管理"，归口不同等级的部门主管，到不同等级（县级以上）的民政部门登记，"分级"并不意味着各级行业协会商会之间的级别关系。行业协会商会一旦登记，就取得了法人资格，它们之间可以是横向的协作关系，但并不存在纵向的隶属和指导关系。行业协会商会也不会因为规模的大小而在权利上有所区别，所有行业协会商会都是平等的民事主体。

行业协会去治理变革需要简化登记和审批程序，取消挂靠的政府部门，降低进入市场的门槛，是行业协会今后健康科学发展的基础性规定。2013年3月，《国务院机构改革和职能转变方案》指出，对行业协会商会类、科技类、公益慈善类、城乡社区服务类社会组织实行民政部门直接登记制度，依法加强登记审查和监督管理。党的十八届三中全会中指出，逐步取消行业协会等公办组织的行政级别，以实现最终建立各种社会组织的统一登记管理制度。建立统一的登记制度体系，逐步淡化官办行业协会的行政色彩，能够统筹官办行业协会的改革和民办行业协会的发展。直接登记制度的有效执行，不仅要加大社会组织备案制的比重，减少登记注册比重，加强对社会组织发起人和拟任负责人资格审查；而且有一些细节性问题需要制度化，如开办资金的多少、会员数量的多少、哪些业务需要行业主管部门的前置审批、是否允许"一址多社"、是否允许跨区域吸收会员开展活动等。[1]

（三）综合监管变革

黑格尔认为，行业公会必须在国家权威结构的公共监管之中，否则，

---

[1] 景朝阳主编《中国行业协会商会发展报告（2014）》，社会科学文献出版社，2015，第50页

它就会僵化、萎缩、故步自封而衰退为可怜保守的旧行会制度。① 美国学者唐纳德·凯特尔（Donald F. Kettl）曾指出，今天的"政府角色已经发生了变化：政府已很少是公共产品及公共服务的生产者，而更多地成为实际从事公共服务的代理人的监督者"。②

1. 建设专业高效的政府监管体系

政府应制定监管措施、履行监管责任。国家可以规定对社会组织监督权的划分及相关责任方，政府各行业的管理部门、其他职能部门和地方政府都应按相应的职能分工对行业协会商会进行监管。首先，行业管理部门的监管可实行委派监事制度。大部分行业协会在目前阶段只设立理事会、会员代表大会和秘书处，并不设监事会。政会脱钩后，应加强对行业协会的监管，在相对重要的协会中试行委派监事制度。监事负责督促和指导协会落实相关政策，但不受协会领导，不在其中获得利益，保证了监事的独立性和监督的公正性。根据2017年国家发改委等7部门联合印发的《关于进一步做好行业协会商会与行政机关脱钩改革有关事项的通知》要求，"切实加强综合监管，积极改善综合服务"，要"确保脱钩不脱联系、不脱服务"，"行业管理部门要对本领域行业协会商会进行政策和业务指导，明确专门机构负责联系本领域行业协会商会，及时回应答复行业协会商会关于业务、政策咨询，相关负责机构和联系方式须在本部门政务网站予以公示"。其次，民政部门监管。民政部门负责监管协会的信息公开、负责人和资金管理的工作，指导行业协会商会有效开展内部治理。行业协会重大活动多项请示和年度审核等制度耗费了政府部门过多的精力，作为一种事后监督手段，其对预防行业协会违法违规行为的作用并不起眼。最后，其他部门监管。公安、财政、市场监督、税务和其他部门应在其职责范围内对行业协会商会的财务税收、免税资格、公共项目财务审计、非市场行为等开展监督管理，对整改不到位的协会依法进行处理，实行科学准入和有

---

① 〔德〕黑格尔：《法哲学原理》，范扬、张企泰译，商务印书馆，1995，第231页。
② 〔美〕乔治·弗里德里克森：《公共行政的精神》，张成福译，中国人民大学出版社，2003，第79页。

序退出。①

2. 加强社会监督

由于社会监督力量较弱,行业协会会员和公众的利益等因信息不足、参与渠道不畅而无法被代表。② 现如今,社会舆情力量之大足以影响一个政策的颁布、一个企业的存亡,社会监督力量是行业协会监管体制建立过程中不容忽视的因素之一。首先,在组织上培育一批具有权威性的第三方评估组织,建立第三方评估制度,有利于在保持行业协会独立性的基础上激励行业协会规范发展。所谓第三方评估是指独立的评估机构对行业协会的组织机构、内部自治、项目开发、财务管理、与政府互动能力等情况进行全方位的评估,通过构建科学的评估指标体系、采用科学的评估方法,将行业协会区分为不同的等级。行业协会的评估等级为"优秀"时,政府应提供一定的资金支持,或者在条件一致下,此类行业协会可优先承担公共服务项目,从而构建行业协会良性发展与政府激励的良性互动机制。此外,为了真正发挥出评估的作用,还要向社会公布对协会的评估结果,使其暴露在阳光下,让公众力量来督促其规范自身行为。其次,在源头上构建一套以守信激励机制和失信惩戒为主的信用体系。事前要设置"信用准入门槛",加大对从业人员和会员企业的信用资格审查,行业协会在建立之初要签署信用服务承诺书;事中建立健全从业人员及会员企业的信用档案,依法及时收集、记录和整理有关信用信息,建立共享诚信数据库平台,让企业和社会民众方便查询,使行业协会随时都处在监督之中;事后通过建立相应的失信惩戒,对信用评级太差的行业协会建立"异常名录"和"黑名单",针对其失信程度及影响范围,可采取责令整改、依法予以处罚、在媒体上予以曝光等不同的惩戒手段。通过这种方式改变当前行业协会的信用危机现象,唤醒行业组织的公正性和公信力,从而走上诚信守法的良性发展道路。

---

① 傅昌波、简燕平:《行业协会商会与行政脱钩改革的难点与对策》,《行政管理改革》2016年第10期。
② 郁建兴、沈永东、周俊:《从双重管理到合规性监管——全面深化改革时代行业协会商会监管体制的重构》,《浙江大学学报》(人文社会科学版)2014年第7期。

二 行业体系变革

"监护型控制"逻辑的形成与我国政府缺乏行业协会监管经验而行业协会商会具有高度复杂性的现实具有密切联系,有利于增强监管的针对性、降低监管的政治风险,但对行业协会商会的发展形成了严重阻碍。行业协会发展早期就规范了行业协会的发展,但随着时代的发展,行业协会发展自治自主的功能受到严重限制。政府通过直接业务主管单位指导管理,实现了行政权能在同业企业的延续,规避了社会管理的政治风险,但也无形中增加了政府的行政程序和工作成本,造成行业协会现实发展中蕴藏的权力寻租和垄断性竞争的存在。同时,不同类别的行业协会归不同部门主管,不同级的行业协会也不存在指导关系,我国行业协会治理体系呈现"空心化"的形态。

(一) 业务主管制度

所有社会组织必须有业务主管部门,可以对行业协会成立进行登记前审批,对社会组织领导机构的形成有着很强的影响力,甚至对某些社会组织的领导人具有直接的任免权。业务主管单位常被称为行业协会商会的"婆家",只有党政机关及其授权的机构才能担任业务主管单位。《民政部关于重新确认社会团体业务主管单位的通知》规定,社会团体业务主管单位的管理职责是:(1)负责社会团体筹备申请、成立登记、变更登记、注销登记前的审查;(2)负责社会团体的思想政治工作、党的建设、财务和人事管理、研讨活动、对外交往、接受境外捐赠资助;(3)监督、指导社会团体遵守宪法、法律、法规和国家政策,依据其章程开展活动;(4)负责社会团体年度检查的初审;(5)负责协助登记管理机关和其他有关部门查处社会团体的违法行为;(6)会同有关机关指导社会团体的清算事宜。"业务主管单位"几乎掌握了法律赋予"理事会"的全部重要权力。[1] "其实质是方便各业务主管单位通过行业协会来保留对所辖地区同业企业的干

---

[1] 康晓光等:《依附式发展的第三部门》,社会科学文献出版社,2011,第20页。

预和控制。"① 业务主管部门的存在为其延续部门特权提供了制度保障。

业务主管单位通常是根据行业协会的性质,由对口的政府部门或政府委托的部门来担任。就官办行业协会与业务主管部门的关系来看,具体分为三种形式。

(1) 挂靠的外设性机构,即社会组织的办事机构依托于某一个部门或单位。挂靠单位一般解决办事机构在人员编制、办公场所以及活动经费等方面的问题,并领导其思想政治工作、党建和人事管理工作②,即各政府部门协同管理、依托某一部门或单位承办。如最早成立的企业管理协会、质量协会和包装技术协会成立之初都是隶属于原国家经委的一个外设性机构。直到1992年6月23日,民政部才依据1989年《社会团体登记管理条例》对其进行审核,并准予按社会团体法人在民政部注册登记。挂靠单位与主管单位多为一致,但也有不一致的,如中国水利电力质量管理协会(1983年成立)的业务主管部门是国家质量监督检验检疫总局,挂靠单位是水利部、中国电力企业联合会。部分学会,特别是工科学会的办事机构多挂靠在企业和行业协会。如中国电机工程学会、中国石油学会、中国航空学会等的办事机构就是挂靠在国家电网公司、中国石油天然气集团公司、中国航空工业第一集团公司等中央直属大型企业;中国制冷学会等的办事机构由原来挂靠在科研院所等事业单位改为挂靠在企业单位;中国机械工程学会、中国金属学会、中国纺织工程学会等的办事机构挂靠在中国机械工业联合会、中国钢铁工业协会、中国纺织工业协会等行业协会。③

(2) 主办的外设性机构。这类社会组织一般由行政事业单位(出资)举办,但不列入行政事业单位内设机构序列,相当于主管单位的一个分支机构。社会团体通常有单独名称、印章、职责任务、内部组织和工作人员,业务主管部门也会派管理人员到所办的社会团体任职或兼职。同时,作为附属机构,不能独立核算,不单独开立基本账户,与行业主管部门会计合账,行政事业单位可以增加自己的非税收入。主办的外设性社会组织

---

① 王名、贾西津:《行业协会论纲》,《经济界》2004年第1期。
② 潘惠彬、梁根乐:《社团挂靠体制的弊端分析》,《学会》2006年第6期。
③ 学会挂靠体制与学会办事机构改革专题调研组:《关于学会挂靠体制及办事机构改革的专题调研报告》,《学会》2005年第1期。

常见的为房地产评估机构、物价评估机构等经济鉴证类机构。此类机构的主要业务包括利用专业知识和专门技能对经济组织或经营者的经营活动及有关资料进行鉴证，发表具有证明效力的意见；接受政府或其他机关和组织的委托，出具鉴证报告或发表专业技术意见；为经济组织或经营者代理委托事项，出具证明材料；实行有偿服务并承担相应法律责任或其他责任的机构。随着这类挂靠机构的增多，挂靠机构之间为了实现自己的经济利益，就出现了种种不正当的竞争手段。不仅如此，行政事业单位通常指定由自己成立的挂靠机构来执行本部门的有关业务，不认可其他机构提供的服务，导致了行政权力垄断，严重影响了社会主义市场经济体制的建立和完善。因此，挂靠机构的经营行为容易受到其主管部门的影响，是带有一定政府性质的经营活动，政府的社会公共职能和经营职能没有真正分开。

（3）主办的内设性机构。这类社会组织一般由行政事业单位出资举办、属于行政事业单位的内设机构序列，相当于主管单位的一个部门。这类社会组织通常与行政事业单位"合署办公"，办公处所设在行政事业单位，人员一般属于其主管部门领导管辖。2001年"翻牌"组建的行业协会多与政府部门合署办公，并且与政府部门会计合账或财务集中管理。

现行的《社会团体登记管理条例》规定："同一行政区域内已有业务范围相同或者相似的社会团体，没有必要成立。"登记管理机关不予以批准成立。各省市制定的条例或办法都以《社会团体登记管理条例》为依据规定："在同一行政区域内不得重复设立业务范围相同或相似的行业协会"或"行业协会可以按国家现行行业或者产品分类标准设立，也可以按照经营方式、经营环节或者服务功能设立，同一行业只能设立一个行业协会"。

然而，行业协会设立没有标准，存在多样化的形式。第一，协会的划分具有多种形式。工商领域的行业协会多为原行政性公司转制而来，有按行业划分的协会，有按部门划分的协会，有按工艺技术或生产流程划分的协会，还有按内贸或外贸分设的协会。多种形式的划分使行业协会的层级过细，部门分割交叉及重复现象比较严重。第二，部分行业协会实行"联合管理体制"，具有"联合会"属性。有些行业协会既要满足发展行业需求的迫切需要，又要构筑学术研究交流的有效平台。由于历史原因造成了现有行业协会在功能上的混合和模糊，行政管理、行业协调和学术研究等职能既相互交叉又重叠，却又不够充分完整。第三，行业组织没有设立统一规范的标准。国家经贸委文件中规定的原则是以中类行业为主建立行业协会。全国现有的数千家协会既有按大行业建立的，也有按中、小行业组建的。第四，协会的设立有一定的长官意志。如上海市化工系统已有六个协会，后来又有人倡议成立"化工协会"，得到了主管部门领导的同意。虽然按《社团登记条例的规定》不能在一地重复设立协会，但因有部门领导批示，民政部门也只好登记。①

（二）协会体系变革

行政主导下行业组织的层层设立、重复设置和层级过细偏多，既造成了资源浪费、职能重复，又加重了企业负担，难以发挥有效作用。行业协会的发展思路应该既有分化（differentiation），又有整合（integration）。

就我国目前的协会形式来看，行业协会多是行政推动建立而非市场化机制形成，有着浓厚的行政色彩，协会结构体系不合理。行业协会设立的层级过细，造成资源浪费、职能重复，难以发挥有效作用；行业协会过多，势必造成企业参加多个协会的状况，无形中增加了企业的负担。为此，在政会脱钩的过程中需要明确行业协会的分级分类标准，厘清行业协会组织规模边界。

首先，确定行业协会的分级分类标准。行业协会的分级分类标准应当按照产品种类的细分进行调整，既代表行业的共性，也体现产权多元化的特点。因此，行业协会的建立应当以行业的中类划分为标准，这样既可以避免以大类标准建立出现的口径过大、管理范围广泛，造成精力有限的行业协会应接不暇，难以履行责任的现象出现，还能改变以小标准建立而存在繁杂且不必要的行业协会。同时，中类行业组织可以自愿联合组成大类行业组织，即行业联合会，对整个行业进行宏观和中观的分级。宏观层次的大类行业协会管理其下的各中类行业协会，研究产业政策、协调行业关系、指导协会工作等行业重大问题，兼顾行业协会在宏观与微观层面的协

---

① 李恒光：《市场与政府之中介——聚焦当代社会组织》，江西人民出版社，2003，第107页。

调发展。2012年7月，广东省民政厅起草了《关于进一步培育和发展行业协会商会的实施意见》，允许按国民经济行业分类的小类标准设立行业协会，还允许行业协会跨区域组建、合并组建和分拆组建：行业协会跨区域组建；业务范围相近或相似的行业协会实行同类合并，允许同类型、同行业、同领域的行业协会组建联合协会；行业覆盖面广的现有行业协会，按国民经济行业分类的中小类标准分拆，或按产业链的各个环节分拆。

其次，辩证地认识"一业多会"，对部分行业协会进行合并。"一业多会"是为了打破"一业一会"行政化色彩浓厚的"二政府"的垄断局面，并引入竞争机制的必然选项。所以应当允许一定程度上的"一业多会"的存在，以提高服务效率，但如何在实践中恰当地把握"一业多会"的"多"，会直接影响行业协会的健康发展。行业协会设置过多也会出现弊端。一个企业如果参加多个协会，就会无形中增加企业的负担；而行业协会如果把精力都放在彼此竞标政府服务项目、互相争抢会员上，就会形成一种以邻为壑的敌对关系，既造成资源浪费、加重企业负担，又弱化行业自律、分化行业利益，导致无序发展。因此，对一些交叉重叠的需要进行调整、重组或合并，对一些长期无业务活动、行业日趋萎缩的行业协会应实行退出程序，进行关停注销。

最后，正确认识"多业一会"，允许行业联合或拆分。行业联合并不代表形成社会组织的"托拉斯垄断"，同一行业不同层次或不同行业同一层次都有不同的需求，不同业务组合的企业也有不同的目标取向。一个金字塔形的产业集群中如果只有一个协会，就只可能代表某一产业的利益或行业上层的利益。因而，在宏观层次的协会中，成熟且运作好的协会可允许"多业一会"，统筹发展，整合社会资源，有利于市场秩序的维护；对那些自身都没有能力的行业协会应该进行拆分，让有条件的优秀协会进入。

总之，应该根据具体情况并兼顾行业协会在宏观与微观层面的协调发展，将行业协会进行"关停拆并"：该分立的进行分立，该合并的加以合并，对那些没有必要通过分立、合并方式调整的就应当关停、注销协会资格。

三 合作关系变革

2014年开始,浙江省发布的《浙江省人民政府办公厅关于政府向社会力量购买服务的实施意见》和《浙江省人民政府办公厅关于推进政府职能向社会组织转移的意见》为社会组织承接政府职能和购买服务做出了制度设计,为政会脱钩后的行业协会发展预设了发展空间。浙江以权力清单和责任清单制度为依托,省级部门的行政权力由1.23万项缩减至4236项。随后,浙江省民政厅相继制定了《社会组织承接政府转移职能和购买服务推荐性目录编制管理办法》,依据《民政部民政部门利用福利彩票公益金向社会力量购买服务的实施办法》编制了《社会组织承接政府转移职能和购买服务推荐性目录》。

(一) 大力培育发展社会组织的实践方式

行政职能部门应当根据转变政府职能的要求,结合脱钩工作,大力推进合同外包(contracting out)[①]和政府购买行业协会商会服务,助力行业协会发展。

其一,制定政府服务购买清单目录。郁建兴等认为,在行业协会履行的、具有集体物品性质的服务职能都可以通过政府购买行业协会商会服务的方式来实现。[②]具有集体物品性质的职能应由政府提供,但是鉴于行业协会商会在这些领域的专业性,政府可以引入购买服务的方式与其合作;介于可收费物品和集体物品之间的五项服务职能的履行主体较难明确界定,政府与行业协会商会实际上都在提供,可根据现实需要引入购买服务。政府逐步扩大向社会组织购买服务的范围和规模,向社会购买更多的公共服务。

其二,设立项目资金或资助。郁建兴等认为,在适合由行业协会商会

[①] 合同外包比较具有代表性的定义是沃姆·比亚德(Warmer Beyond)所界定的广义合同外包,指政府之间的协议与合作,一个政府可以雇用或付费给其他政府以提供公共服务。W. Beyond, "Economic, Organizational, and Political Influences on Biases in Forecasting State Sales Tax Receipts," *International Journal of Forecasting* 4 (2007): 457-466.

[②] 郁建兴等:《全面深化改革时代的行业协会商会发展》,高等教育出版社,2014,第77页。

履行的职能中，如果政府要鼓励某些可收费职能的发展，可以通过资助、补贴、税收等政府方式加以扶持，但不应该属于政府购买的范围。① 完全属于可收费物品的服务职能应该由行业协会安排并产生，例如，开展法律、政策、技术、管理、市场等咨询服务；帮助会员企业提高素质、增强创新能力、改善经营管理；开拓国际市场；开展国内外经济技术合作。

其三，政府购买公益性岗位。对于一些具有较强专业性和较高人员要求的服务事项，不宜以项目形式购买，可通过岗位形式购买。对行政审批中具有技术性或辅助性职能设置一些公益岗位，向行业协会的专职人员进行购买，以化解编制内部资源的供需矛盾。其中，政府购买岗位需符合"有空编、编内补充人员不及时、不到位……用人单位编制已满，新增临时性、阶段性工作任务，编内人员调剂确有困难的；因职责任务增加，现有在职人员不能保证工作正常开展，增加编制暂时有困难的；上级政策、法律法规另有要求的"② 等条件。政府购买服务岗位是指政府向行业协会等组织购买服务岗位，与其签订合同，由其依据政府购买服务岗位的相关需求来招聘相关人员，行业协会等组织与聘用人员签订劳动合同，再派到用人单位。其实质是一种正规的编外用工行为，用人单位与服务提供者并无劳动关系，只相当于劳务派遣关系，其支付服务提供者工资、社会保险费、福利待遇等人员费用以及行业协会的管理运行费用。政府购买服务岗位的范围是辅助性管理岗位、非涉密性专业技术岗位、阶段性专项任务需求岗位和具有弹性用人机制的岗位。

（二）完善政社合作的制度规定

完善政社合作的制度环境，培育和激发社会组织发展。

首先，"向谁买"，即承接主体的资格认证。根据2015年1月1日开始实施的《政府购买服务管理办法（暂行）》第六条规定，承接主体包括在登记管理部门登记或经国务院批准免予登记的社会组织、按事业单位分类改革应划入公益二类或转为企业的事业单位，依法在工商管理或行业主

---

① 郁建兴等：《全面深化改革时代的行业协会商会发展》，高等教育出版社，2014，第77页。
② 李仁智、杨桂燕：《规范政府购买服务岗位的实践与探索》，《机构与行政》2017年第4期。

管部门登记成立的企业、机构等社会力量。第七条中还规定了承接主体的具体条件。① 协会除自身结构完整、信用状况良好以外，还需要进行相关的等级评定和能力评估来获取准入资格。同时，应当注意防止机关事业单位"突击"成立相关协会，把持政府购买服务相关资源等衍生问题。

其次，怎么买，主要包括购买方式、程序及定价原则。根据政府采购制度相关要求和《政府购买服务管理办法（暂行）》，政府在购买服务时应当根据购买服务项目的供求特点、市场发育程度以及公共服务事项是否符合公平竞争的市场条件等不同特点，选择公开招标、邀请招标、竞争性谈判、单一来源采购、合同制、直接资助制以及项目申请制等非定向购买和定向购买，严格按照与政府购买服务相关的购买限额标准、公开招标数额标准、采购方式审核、信息公开、质疑投诉等法律制度规定执行。当项目形式符合公平竞争市场条件和政府购买范围与标准，政府可以采用项目制的、非定向的公开招投标形式；对不具备公平竞争市场条件的，经政府确定为市场孵化期的部分公共服务事项，政府可以项目形式、非项目形式、直接资助形式向行业协会定向购买，但公开招标也将成为趋势。因为按照国际公认标准，公开招投标一般可以使合同价格降低15%~30%，反之则会使项目支出平均超过实际价格的20%~25%。同时，政府职能部门对政府购买行业协会服务项目实行科学的成本核算，按照不以营利为目的、服务提供者损益平衡或微利为标准、购买总价通过政府年度预算加以控制。从总体看，"无论是政府独立性购买还是依赖性购买，都选择了一种非竞争性的'定向'购买"②。（见图3-1）

---

① 主要包括：（一）依法设立，具有独立承担民事责任的能力；（二）治理结构健全，内部管理和监督制度完善；（三）具有独立、健全的财务管理、会计核算和资产管理制度；（四）具备提供服务所必需的设施、人员和专业技术能力；（五）具有依法缴纳税收和社会保障资金的良好记录；（六）前三年内无重大违法记录，通过年检或按要求履行年度报告公示义务，信用状况良好，未被列入经营异常名录或者严重违法企业名单；（七）符合国家有关政事分开、政社分开、政企分开的要求；（八）法律、法规规定以及购买服务项目要求的其他条件。这是关于社会组织的资格认证说明，而行业协会作为社会组织的一类，首先肯定要满足上述条件。
② 王浦劬、〔美〕莱斯特·萨拉蒙等：《政府向社会组织购买社会服务研究》，北京大学出版社，2010，第20~22页。

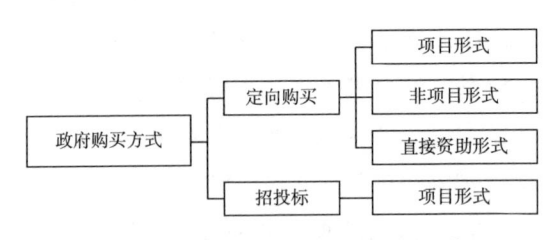

图 3-1 政府购买公共服务的方式①

第二节 行业协会与行政机关脱钩的内部结构变革

自 20 世纪 90 年代以来,政会关系改革便成为治理变革的重要内容之一,但由于政策本身的不完备和执行中的偏差,行业协会商会的行政化现象仍普遍存在。行业协会长期以来都是在行政部门权力及其衍生的社会网络下发展,与行政机关间自然存在一种"垂直依赖"关系。所谓"垂直依赖"是指组织间存在明显的上下层级式的资源依赖关系,低层级组织对高层级组织的资源依赖大于后者对前者的依赖,这种非对称的关系会迫使低层级组织为取得生存资源而牺牲其自主性。② 在这种关系下,政府掌握着行业协会发展的关键资源,如人力资源,包括行政机关可以推荐、安排在职和退(离)休公务员到行业协会商会任职兼职;财政资源,包括编制、办公场所、直接的经费拨付、间接的政府采购;在登记管理上,行政机关(包括下属单位)与行业协会商会存在着主办、主管、联系和挂靠关系。而行业协会作为部门结构的前身,能否持续其曾经在部门内部的结构和优势,如何实现成熟的组织治理结构,通过科层化的组织结构分工实现其功能,解决被动生存问题,就需要协会在"人、财、事、组织"四个方面实现协同发展。

---

① 徐家良、赵挺:《政府购买公共服务的现实困境与路径创新:上海的实践》,《中国行政管理》2013 年第 8 期。
② 吴锦良等:《走向现代治理——浙江民间组织崛起及社会治理的结构变迁》,浙江大学出版社,2008,第 253~255 页。

深圳市早在 1995 年的行会改革时就以"人员自聘、工作自主、经费自筹"为目标。2002 年,《上海市促进行业协会发展规定》指出"机构、人事和财务"实行政会分开;2008 年,《关于本市(上海市)进一步支持行业协会商会加快改革和发展的实施意见》又要求从"职能、机构、人员、财务"等方面实行政会分开;2009 年,《关于推进本市企业协会政社分开工作的实施意见》要求在"人员、机构、财务、资产"方面"四分开"。2006 年 3 月,广东省施行的《广东省行业协会条例》提出"机构、人事、资产、财务"四分开。

2014 年,行业协会与行政机关开始了脱钩试点工作。2015 年,国务院成立行业协会商会与行政机关脱钩联合工作组,办公室设在发展改革委,承担联合工作组的日常工作。全国性行业协会商会脱钩试点工作由民政部牵头负责,采取先试点、再扩大、后全面推开的步骤进行。2015 年,参加第一批脱钩试点的全国性行业协会商会共 148 家,其中包括中国质量协会、中国商业联合会、中国物流与采购联合会等国资委主管的 57 家。2016 年,参加第二批脱钩试点的全国性行业协会商会共 144 家,其中包括中国轻工业联合会、中国电力企业联合会等国资委主管的 51 家。2017 年,参加第三批脱钩试点全国性行业协会商会共 146 家,其中包括中国钢铁工业协会、中国煤炭工业协会、中国包装联合会等国资委主管的 55 家。在人员、财务、事务、机构四个方面已经形成了一个包括 10 个配套文件在内的完整政策体系框架。

一 人员分离与人才建设

人是组织运作的主要组成部分,在行业协会变革进程中起着至关重要的作用。在行业协会作为"二政府"存在的时期,行业协会在人员方面长期与政府机关藕断丝连,大量政府官员兼任行业协会的重要职务,大量行业协会的工作人员享受着"准公务员"的编制,可以说,人员的改革迫在眉睫。

(一) 公职人员的清理与再利用

行业协会商会具有人事自主权,应该对在协会内任职、兼职和退休的公务人员进行清理。一是清理在职公务员。在社会组织中任职而人事关系保留在业务主管单位的公务员应退出社会组织，由所在单位给予妥善安置；在社会组织中担任或兼任会长、副会长、秘书长的，必须辞去社会组织中的职务，并积极配合社会组织按章程和规定选出新的负责人和领导成员，完成相关工作移交。二是清理离退休公务员。离退休官员非常熟悉其所在行业的状况、具有较强的专业技能、享有较高的个人声望、具有高度的政治公关能力和大量的人脉关系资源，是行业精英，但不能退休后直接到协会工作，容易产生"寻租"的可能。各协会都有很长的历史，创始人往往是业务主管部门历届的老部长或老局长，有很好的基础，也有很高的理论水平、丰富的实践经验和很高的威望，要充分发挥他们的作用，形成一个"以老带新"的良性循环，推进社会组织健康发展。因此，可以按照身体许可、工作需要、个人自愿的原则来发挥行业老领导、老同志的作用，为行业发展贡献力量，既尊重了社会组织的自主性和独立性，又兼顾到党政机关离退休干部。例如，日本通产省的官员在退休后要经过两年等待期，才会到企业或行业协会任职，为政府和行业协会之间建立了又一层联系。[1] 除此之外，政府应完善人才政策。

（二）专职与兼职人员建设

为政之要在于人，高素质的职业化队伍是协会发展的重要支撑。行业协会在人员招聘及管理方面应与政府部门划清界限，建立起自身的招聘、选拔、晋升等人事机制，根据岗位的性质和特征，分析其执行所需要的知识技能与经验及其所负责任的程度，进而明确每一个岗位所需人员必须达到的要求，建立一批专职的人才队伍，为之后的独立运行发展搭建起输送人才的桥梁。但这种人员"脱钩"意味着一些高层管理人员将失去原先具有的事业单位的保障性与企业灵活性的身份特征，对高素质人才的吸引力将大幅度下降，导致人才快速流失，难免会制约行业协会商会改革的顺利推进。因此，合理合法地建立起政会脱钩后的人才建设机制十分重要。

首先，建立合理的"选才"机制，形成一支年龄、知识和技术结构基

---

[1] 孙芳：《中国行业协会发展方向研究》，对外经济贸易大学博士学位论文，2004。

本合理的职业化队伍是协会建设和持续健康发展的基础,即广纳贤才进入协会工作,保证人才进得来、骨干留得住。一方面要推动协会面向社会招聘专职人才,为协会发展注入新生力量。选聘优秀的高校毕业生,加强人才引进及培养,努力形成一支年龄、知识和技术结构合理的职业化队伍,着力培养一批洞悉市场经济运行规律、熟悉行业、具备国际视野、拥有专业管理能力的职业化管理人才,重点储备一批有良好学术素养、热爱协会事业的后备人才[①],摆脱政府主管部门领导兼职协会中高层干部的局面。另一方面要从行业中吸取人才在协会兼职工作。如吸取行业精英担任协会领导职务,提高企业家在理事会中的比重。从会员单位选聘多名有实践经验的管理技术人才,建立协会年轻干部与会员单位双向挂职机制,培养、选拔优秀人才进入协会工作;凝聚行业院士、专家、学者的智慧,为行业改革发展提供智力支持。

其次,建立合理的"用才"机制。一方面要加强行业协会人员的管理及日常的专业能力培训工作,让行业协会成为真正为行业服务、具有一定专业能力及权威性的社会组织。如通过组织各种讲座和专业交流会,提升工作人员的知识储备和专业能力,使行业协会朝着知识型组织方向发展,为行业协会培养更多的后备人才。另一方面要建立合理的人才奖励机制,逐步提高行业协会的薪资水平、职称评定及内部人员的社会地位。

最后,建立合理的"留才"机制。一方面要改革社会组织的编制管理。中国当前形势下的不同编制种类标志着不同的社会保障和薪酬待遇,公务员编制、事业编制与社会团体编制存在明显差距,容易造成不必要的矛盾和攀比。此外,与编制类型联系密切的户籍、工资、职称、医疗、失业、子女教育等问题直接关系到行业协会从业人员的切身利益,如果得不到解决,行业协会的工作人员就会向往"公务员编制"或"事业编制",致使协会改革面临重重阻力。因此,按照政会脱钩改革的方向,行业协会的从业人员可以使用社会团体编制,专职工作者可以纳入社会组织编制序列。另一方面要全面实行劳动合同制度,加强专职工作者的劳动保障管

---

① 尹广文、崔月琴:《能人效应与关系动员:农民专业合作组织的生成机制和运作逻辑》,《南京农业大学学报》(社会科学版) 2016 年第 2 期。

理。协会应与工作人员签订劳动合同，依法保障工作人员的合法权益，将专职工作者的工资、保险和福利待遇参照国家对事业单位的有关规定执行，逐步建立起一套合理的行业协会从业人员的职称、养老、医疗、失业相关制度，并使它与政府有关部门的政策相协调，化阻力为动力，减少改革所面临的障碍。

二 财务分置与经费筹措

行业协会的生存发展离不开对资产、办公用地等资源的获取，基于不同历史条件下兴起的行业协会对生存资源的汲取能力不同，政会脱钩后应在政府主导下明确划分两者的财产关系。政府和社会组织要在财产方面切实地划清界限，有一些原本政府烙印相对深的行业协会，要逐步放开对其的控制，并具体明确规定各自的财产及有关收费项目的划分；同时，协会自身也应拓展自身的收入来源。

（一）财务分置

政府应完善财政税收支持政策。

账簿分离。长期以来，我国行业协会的运行资金都由政府部门包办，处在政府部门的娇生惯养之中。为改变这种被动局面，行业协会不得与行政机关会计合账或实行财务集中管理，没有独立账号或财务由行政机关业务科、处（室）代管，必须设立独立账号，实行独立财务管理。根据民间非营利组织会计制度的要求，行业协会应建立自有会计账簿，独立核算其经济业务活动，实现经济上的自主权。

资产分置。在资产上，行业协会早期是从政府机构中剥离出来的，所以它的办公用地和基础设施依靠的是政府的财政拨款，政会脱钩过程中要实现这部分分割是一个难题。因此，协会与政府之间当前存在产权模糊的必须依法完成产权的划分，明确产权归属，建立规范的资产管理制度。一是分置办公用地。行业协会与主管单位合署办公的，应逐步分开，行业协会商会占用的行政办公用房或事业单位用房，超出规定面积标准的部分限期清理腾退。二是分置基础设施。直接转移基础设施是没有法律依据的，如果购买的话，则需要评估这些资产的价值，评估过程中如何保证公平共振是一个重要问题。有学者提出，各地可以根据当地的实际情况和需求建设社会组织大厦，综合考虑行业协会商会对孵化、办公空间及会议场地等方面的需求。有学者还建议实现集约式大厦，通过物理的集约化来降低行业协会商会间的交易成本，促进行业协会商会间的合作、学习模仿及集成创新。①

（二）资金筹措

巧妇难为无米之炊，社会组织的资金问题是关乎其生存的第一问题，筹集资金的能力是每一个社会组织必须具备的特质之一。只有独立筹集到资金的组织机构，才能不依附于任何组织，体现出社会组织独立自治的性质。② 因此，社会组织想要自主行动并平等地与其他组织，特别是政府组织进行对话，就必须拓宽资金来源的渠道，实现多元化筹集资金的方式，确保运营资金的充足与稳定，为行业组织的持久发展奠定财力基础。社会组织筹集资金的方式通常包括会费收入、国内外捐赠、有偿服务收入、政府部门资助以及政府购买服务的收入等。从其收入渠道看，主要有以下几个方面。

其一，从会员企业取得收入。（1）会费。会费是当前行业协会资金收入的最主要来源，未来很长一段时间也很难改变，因此，会费标准的设计对行业协会具有重要意义。（2）有偿服务，即对会员的服务收费。行业组织要把握社会组织的非营利性属性与经营活动之间的关系，不能从事具体产品生产，与企业争利，不能为了维持生存、获得收入而强迫企业加入、参加协会组织各种为自己赢利的活动，却不向会员企业提供相对应的公共服务，导致企业不愿意交纳会费，把这类协会视为负担，避而远之。相反，协会应在给会员企业谋利的基础上，将创收与为企业服务有机结合起来。如开展与自身业务相关的合法经营活动，开展一些有利于促进会员企业提高经营水平和改善管理质量的信息咨询、组织展销、推介新技术、统计服务等。在提供优质服务的基础上有偿收取费用，既解决经费困难，又

---

① 景朝阳主编《中国行业协会商会发展报告（2014）》，社会科学文献出版社，2015，第60页。
② 祝建兵、向良云：《社会组织行政化及其治理》，《长白学刊》2011年第3期。

能为企业更好地服务。费用收取标准一般应在弥补成本的基础上，低于营利性企业的价格，同时国家在税收政策上予以优惠，使行业组织能够获得资金积累，更好地运营。（3）企业的赞助。行业协会可以利用自身的优势举办各类座谈会或研讨会，寻求企业冠名，帮助企业在行业内取得一定知名度，并收取相关赞助费用。但需要注意的是，避免强制要求会员企业赞助，防止损害到行业协会自身的影响力。

其二，从政府取得收入。（1）政府资助和补贴，即在减少直接财政拨款的同时，通过资助、补贴、税收等方式加以扶持。建立行业协会商会扶持发展专项基金，通过补贴、奖励等形式给予资金扶持；对在创办初期或预期社会效益良好的行业协会商会给予一次性启动运转经费、机构运作补贴或租房补贴；对业绩突出、服务效果明显的给予专项补贴或其他奖励；加快制定税收优惠政策，扩大税收优惠的种类和范围，研究完善社会组织税收政策体系。如可参照"三免三减半"的税收优惠政策，可以对某些行业协会实行前几年免征所得税，后几年减征所得税的优惠政策。（2）向政府收取的有偿收入，即政府向社会组织"购买服务"。行业协会商会在不违反法律的前提下，通过向政府提供服务、承接政府转移职能、承接政府购买服务项目等方式，按市场交易和"事随费转"的原则，获得收入。如政府的研究项目优先委托行业协会承担。

其三，从社会取得收入。（1）社会的资助。社会组织可通过福彩金资助的方式，实现资助机制的多元化发展。（2）协会对外的资本运营收益及公益创投。鼓励行业协会商会通过公益创投的方式将社会资本引入行业协会商会的创办和发展过程中来，通过这种方式引导社会资本服务于社会公益。[1]当社会组织用"公益+资本"模式谋求发展时，政府、市场和社会三方力量如何相互制约又共同发展显得尤为重要。

众所周知，有的行业协会脱离了原本挂靠的政府机构后逐渐陷入一种困境：行业协会缺乏日常的运营资金，业务开展困难重重。逐渐失去原有的政府和企业支持，某些行业协会更是长时间依靠收取会费和企业的捐助

---

[1] 景朝阳主编《中国行业协会商会发展报告（2014）》，社会科学文献出版社，2015，第60页。

款维持日常运行。重庆市蔬菜行业协会会长就曾说，重庆市农业局在蔬菜协会改革之前每年都会拿出一定的行业协会预算来维持其运作，但失去了政府部门的资助后，目前的活动经费缩减为每年数千元的会费，原本的会长更是被同僚戏称为"维持会会长"。该会长表示，如果重庆市政府能够给予蔬菜协会适当的蔬菜供应者的审批权，如给予其今年比较流行的绿色蔬菜生产基地的审批权，那么蔬菜协会就能够获得长足的发展。① 因此，行业协会要想增强其独立运行能力，还需要构建一条覆盖面广又稳定的资金输入渠道。

首先，扩大行业协会的营业性收入。据统计，20世纪80年代以来，美国社会组织的商业性收入已占非营利部门总收入增长的半数以上②，而我国社会组织的营业性收入仅占社会组织总收入的6%左右，依靠政府提供的财政拨款、补贴和会费收入就占总收入来源的70%以上。③

其次，扩大政府的资助比例和资助形式。从世界范围来看，社会组织40%的资源来自政府资助，我国香港地区的社会组织从政府购买服务获得的经费更是高达80%。总体上看，我国政府目前对社会组织的资助远未达到应有的比重。2007年，《国务院办公厅关于加快推进行业协会商会改革和发展的若干意见》指出，要建立政府购买行业协会服务的制度。2012年，中央财政首次安排2亿元资金用于支持社会组织参与社会服务。自2018年起，取消全国性行业协会商会的财政直接拨款，对原有财政预算支持的全国性行业协会商会逐步通过政府购买服务等方式支持其发展。直接的"政府资助通常是对合作组织的'死亡之吻'，因为它使组织丧失了独立性"④，因而，就发展趋势而言，政府对行业协会的资助主要体现为购买其服务，这对推进政会脱钩改革具有重要意义。第一，遵循公共产品提供的分工原则，即推进公共产品的安排者与生产者的分工，促进政会合作。

---

① 《重庆民间社团"去行政化"的烦恼》，https://news.ifeng.com/c/7fYpTOSiONM，访问时间：2021-4-21。
② 〔美〕莱斯特·M.萨拉蒙：《公共服务中的伙伴——现代福利国家中政府与非营利组织的关系》，田凯译，商务印书馆，2008，第25页。
③ 何靖华：《非营利组织绩效评价初探》，《中国外资》2010年第12期。
④ 国务院发展研究中心社会发展研究部课题组：《社会组织建设：现实、挑战与前景》，中国发展出版社，2011，第172页。

"政府通过引入市场机制改变政府公共服务的供给模式,将行政化的'公共生产'转为更多发挥市场作用的'外部购买'。"[1] 这种分工式提供将促进政会合作的制度化、公开化和透明化。第二,遵循依契约交易的市场原则,即"公共服务提供的契约化,政府与社会组织之间构成平等、独立的契约双方"[2],这种契约化合作不仅体现了政府对行业协会社会主体地位的承认,也将促进行业协会建立起新的身份认同。第三,遵循项目制的治理路径,即政府按照"费随事转"的原则,实行项目制的社会组织治理。[3] 项目制的治理不仅使政会间的财务关系变得更加明晰,而且实现了监管方式向过程性和嵌入性转移。需要防止的是一些行政机关打着购买公共服务的旗号向行业协会商会输送公共资源。

三 事务分工与机构分离

环境优化的基本前提是分清行业协会与政府的职能关系和事务关系,规范行政委托和职责分工关系。政会脱钩改革的深化亟须重新定位政府职能,加快社会组织管理体制改革,取消行政机关(包括下属单位)与行业协会商会的主办、主管、联系和挂靠关系。

其一,职能划分。政府中存在的可转移性职能可分为"应当转移的"、"可以让渡的"和"可以委托的"。[4] 政府职能转移的内容即政府向行业协会转移了哪些职能,主要是通过将一些原本由行政机关提供的公共服务转移到行业协会来强化其公共服务功能[5],或者通过政府与行业协会合作的方式,即授权或委托的方式来提供公共服务。剥离行业协会商会行使的主管机构的行政职能,特别是行政审批职能。除法律法规有特殊规定外,国务院决定取消的行政审批事项,政府部门不得授权或委托社会组织行使行政审批。

结合行政审批制度改革,政府职能部门不宜或不能行使适合市场和社

---

[1] 赵立波:《政府购买行业协会商会服务研究》,《学习论坛》2016年第1期。
[2] 王名:《中国民间组织30年》,社会科学文献出版社,2008,第206页。
[3] 项目制社会组织治理的内在逻辑是政府职能转变背景下的政府购买社会服务的发包体制。
[4] 贾西津、张经:《行业协会商会与政府脱钩改革方略及挑战》,《社会治理》2016年第1期。
[5] 袁曙宏、宋功德:《通过公法变革优化公共服务》,《国家行政学院学报》2004年第5期。

会提供的事务性、辅助性等管理工作及公共服务，通过竞争性方式交由社会组织承担。一般而言，将行政审批和行政许可之外的、与行业管理相关的技术性和服务性事务工作都可向行业协会转移。

（1）信息服务。①开展针对全行业关于发展动态、发展前景、发展方向等的信息调查、收集和统计；②开展行业运行分析预测和数据统计；③开展产业损害调查，进行反倾销补贴调查取证；④发布行业信息。

（2）平台服务。①行业人才培养，开展针对全行业的人才、管理、技术、法规、安全教育等培训和咨询；②共性技术平台建设、举办交易会、展览会等；③进行新产品、新技术认证、科技成果鉴定及推广；④建设相关产品市场等。

（3）行业代表。①（参与）制定行业发展规划，草拟行业政策；②行业指南制定；③第三方咨询评估；④行业集体谈判，协调对外贸易，组织反倾销、反补贴；

（4）行业自律。①（参与）制定修订行业标准，制定行业技术、质量及行业产品标准和服务标准；②非行政许可事项，（参与）制定行业准入条件，行业资格认证，如颁发生产、经营许可证书工作；③进行企业年检、开展行业评估、行业资质认证、企业及其他社会组织资质等级评定，事故认定；④（认证评价）开展个人进行评价事项，职称评定；技能资质考核、专业技术类评审、评奖；各级各类涉企评优奖励工作；⑤实施国家标准，监督执行等。

1998 年，国家经贸委把原由政府部门承担的全国室内装饰设计单位、施工企业资质等级和项目经理审查与颁发证书的工作委托给中国室内装饰协会承担。[①] 2013 年 3 月，《国务院机构改革和职能转变方案》要求，取消国务院部门对企事业单位和个人进行评价事项，改由有关行业协会商会或学会认定。2014 年，深圳市已经把 6 成的职称评定交由行业组织承办，力争 2014 年底全部转给行业组织。[②] 杭州市将行业信息统计、行业技术标准制定等 17 项职能移交给行业协会。温州市将原由政府部门在市场监管、

[①] 徐家良：《互益性组织：中国行业协会研究》，北京师范大学出版社，2010，第 62 页。
[②] 重华：《李毅中：行业协会脱钩重在去行政化》，《第一财经日报》2014 年 7 月 28 日，第 A3 版。

经济调节、公共服务和社会管理领域承担的 18 项非行政许可事项职能移交给行业协会。

2002 年，国家经贸委和国家统计局联合下发了《关于授予四个行业协会行业统计职能的通知》，明确规定中国食品工业协会、中国电力企业联合会、中国汽车工业协会和中国包装协会承担本行业的统计职能。2013 年 7 月，工信部将通信信息网络系统集成企业资质等四项行政审批事项交由中国通信企业协会承接。依照 2015 年的改革要求，政府不再将行政审批转移给行业协会等组织。

其二，规范行业协会的党建、外事等事项。行业协会的外事工作由所在地政府的外事部门按中央有关外事管理规定执行，不再经原主办、主管、联系和挂靠单位审批，人事工作和党建工作由各协会自主完成。为加强行业协会的政治思想和党建工作，很多协会已被纳入了党的领导，建立了党委或支部，政治思想和党建工作正趋于完善。如中国建材工业协会在经贸委的要求下，将下属的 23 个代管协会连同进入协会的 8 个事业单位共同组建了一个党委。上海市经委系统的 68 家行业协会的工作人员中，党员就占了 55%，考虑到单个协会的党员人数有限，上海市工业经济联合会将系统内的协会党员组织起来，成立了党委，并要求每个协会成立支部，有力地促进了党建工作。[①] 行业协会不具有行政审批职能，不得以行政职能部门的名义开展活动。同时，行政职能部门不得为行业协会招揽、指定业务或干预其工作，并从中牟利。（见表 3-1）

表 3-1　政府与行业协会的职能

服务职能	安排者	生产者	是否可购买服务
行业调查研究（针对全行业的调查研究）	政府	政府，行业协会	是
（参与）制定修订行业标准，行业准入条件	政府	政府，行业协会	是
（参与）制定产业发展规划	政府	政府，行业协会	是

---

① 李恒光：《市场与政府之中介——聚焦当代社会组织》，江西人民出版社，2003，第 117 页。

续表

服务职能	安排者	生产者	是否可购买服务
进行行业统计调查、收集、发布行业信息	政府，行业协会	政府，行业协会	视实际情况而定
掌握国内外行业发展动态、收集、发布行业信息	政府，行业协会	政府，行业协会	视实际情况而定
开展法律、政策、技术、管理、市场等咨询服务	行业协会	行业协会	否
组织人才、技术、管理、法规等培训	政府，行业协会	政府，行业协会	视实际情况而定
帮助会员企业提高素质、增强创新能力、改善经营管理	行业协会	行业协会	否
（参与）行业资质认证、新技术和新产品鉴定及推广、事故认定等相关工作	政府	政府，行业协会	是
举办交易会、展览会等	政府，行业协会	政府，行业协会	视实际情况而定
开拓国际市场	行业协会	行业协会	否
开展国内外经济技术合作	行业协会	行业协会	否
协调对外贸易（反倾销、反补贴）	政府，行业协会	政府，行业协会	视实际情况而定

资料来源：国务院办公厅 2007 年《关于加快推进行业协会商会改革和发展的若干意见》中确定的行业协会商会的 13 项职能。

其三，机构分离。政会脱钩改革并不是简单地将行业协会目前所享有的行政编制、优势待遇和资金支持等统统剥离，而是对它们的行政等级化组织结构和行政指令化运作模式进行改变，以进一步更好地发挥和履行自身的社会功能。简言之，改革的应对路径就是将组织模式从原有的行政等级化转变为扁平化。全国性工商领域的行业协会有两个基本特征，一是有附属单位，二是区分为直管协会与代管协会。因而，需要调整协会与所属组织之间的关系，实现"无行政级别、无行政事业编制、无行政业务主管部门"。

（1）调整直管协会与附属组织的关系

全国性工商领域的行业协会的附属单位分两大类，一类是事业单位，包括各类中心、研究院、报社和出版社；另一类是企业。这两个外围组织构成了协会的支撑性组织。① 因而,协会与所属事业单位的关系调整也急需解决。一方面注销并入协会的事业单位的法人资格并核销事业编制,按照社会组织人员管理办法进行管理;另一方面将不能并入协会的事业单位划转到相关行业管理部门管理并纳入事业单位分类改革。另外,在处理协会与事业单位关系的过程中,还要分清编制,不得为原行业协会增加事业编制,也不能将新设的行业协会纳入事业编制,注销以往既有事业单位登记又有社会团体登记的行业协会的事业单位登记,将有利于促进行业协会市场化和民间化发展的进程。

表 3-2　十大行业协会所属事业单位数量

	中心、研究院	报社、出版社	企业
中国商业联合会	8	5	—
中国轻工业联合会	11	6	17
中国物流与采购联合会	6	2	—
中国纺织工业联合会	7	—	—
中国煤炭工业协会	7	—	—
中国建筑材料联合会	8	1	1
中国机械工业联合会	22	1	—
中国石油和化学工业联合会	8	3	2
中国有色金属工业协会	6	1	—
中国钢铁工业协会	7	—	—

(2) 厘清直管协会与代管协会的关系

国家在行业协会培育和管理中采取了国家经贸委—直管协会—代管协会的管理模式,由此也产生了行业协会的"直管"与"代管"问题。2004年,国资委颁布的《国务院国有资产管理委员会行业协会工作暂行办法》规定,直管协会与代管协会之间无行政隶属关系,二者各自独立承担民事责任和社团法人责任,具有平等的法律地位。但在实际运作中,直管协会有重要的管理权限。一方面,直管协会对代管协会的人事、财务、协会事

---

① 国务院发展研究中心社会发展研究部课题组:《社会组织建设:现实、挑战与前景》,中国发展出版社,2011,第129页。

务和日常活动都出台了具体的管理办法。如《行业协会工作暂行办法》规定，直管协会对代管协会在人事方面有纪检查处权力，有权受理查处代管协会及副局级以下人员违反党纪政纪的案件。《国务院国有资产监督管理委员会行业协会换届选举暂行办法》（2010年）规定，"直管协会负责代管协会换届选举工作的审查、指导和监督"，"代管协会应在换届选举结束后30日之内将所需登记备案材料报送直管协会"。另一方面，直管协会通过名誉会长等机制，与代管协会建立联系。代管协会通常会聘请直管协会的会长或前会长担任名誉会长，或者由直管协会的会长直接担任代管协会会长。[①] 在处理直管协会与代管协会的关系中首先必须明确的第一点就是直管协会与代管协会是优势互补、互为合力的关系，而不是"主物"与"从物"的关系。在此基础上，直管协会要支持、引导代管协会积极开展工作，激发其主动性和创造性；代管协会也要自觉地接受直管协会在国资委委托职责范围内的管理和监督，多与直管协会交流沟通，达到一个最佳的合力状态。

[①] 国务院发展研究中心社会发展研究部课题组：《社会组织建设：现实、挑战与前景》，中国发展出版社，2011，第127~128页。

第四章　S省涉煤行业协会的发展及转型

　　从全国来看，煤炭行业进入需求增速放缓期、过剩产能和库存消化期、环境制约强化期和结构调整攻坚期"四期并存"的发展阶段。[①] 为了顺应市场经济体制的发展，S省煤炭行业的管理体制也不断进行了调整，政府将一些权限让位给市场、企业和行业协会。从2006年开始，S省政府制定了《S省促进行业协会发展规定》，有的市政府出台了《煤焦领域社会组织与业务主管单位脱钩工作实施方案》《关于整顿规范全市行业协会工作的实施意见》等。之后，省委和省政府等部门印发了《全省性社会团体清理规范工作方案》，对不符合或违反《社会团体登记管理条例》的社团予以撤销或限期整改；省经信委印发了《关于做好工业和信息化领域行业协会清理规范工作的通知》，对行业协会开展清理规范工作。2015年后，配合国家层面的改革，省政府成立了省脱钩联合工作小组，印发了《S省全省性行业协会商会与行政机关脱钩试点总体方案》，确定了首批脱钩试点单位，占全省省管协会（约200个）的20%。到2018年1月，已脱钩的行业协会商会达到120家，省属的7个协会和有清理规范任务的7个市的协会与学会完成了清理规范工作；"依法注销和撤销52个社团，限期整改85个社团；清理在社团兼职的超龄处级以上领导144人、在职处级以上领导400人"[②]。

　　在人员分离上，《S省全省性社会团体清理规范工作方案》明确规定：在职县（处）级以上领导干部不得兼任社团的领导职务和名誉职务，确因

[①] 王显政：《煤炭行业须主动应对需求减少新趋势》，《经济日报》2015年10月29日。
[②] 郑超：《社会组织"去行政化"正当时》，《中国社会组织》2014年第16期。

特殊情况需兼任社团领导职务的，必须按照干部管理权限严格审批（每个社团仅限一名），但不得担任法定代表人；按照所在社团的章程履行规定程序后，再到相应登记管理机关办理有关手续；所有离退休人员兼任社团领导职务的要按照干部管理权限进行审批；各社团中年满70周岁或任期超过两届的，不得在社团中担任领导职务。

在财务分置上，《S省促进行业协会发展规定》规定："县级以上人民政府及其有关部门委托行业协会承担公共管理事务的经费，由本级财政支出。"此后，省政府陆续印发了《S省政府购买服务暂行办法》，规范了行业协会单位的收费，取缔了行业协会超标准、超范围乱收取的服务费、协会强制或按产量收取的费会、以强制方式安排的各类培训、装备、服务等变相牟利行为。2017年，省委和省政府办公厅印发的《关于改革社会组织管理制度促进社会组织健康有序发展的实施意见》规定，政府向社会组织购买服务的比例原则上不低于30%。

在事务分工上，《S省促进行业协会发展规定》规定："县级以上人民政府在制定涉及行业的政府规章、公共政策、行政措施和行业发展规划时，应当事先听取行业协会的意见，或者组织有关行业协会参加的听证会。"《社会团体清理规范工作方案》明确规定，社会团体不能代行行政管理职能，"对不应交给社团的行政管理职能、前置审批事项等行政单位职责内的工作，责成有关部门收回"。2016年，省委办公厅印发了《关于加强和改进社会组织党的建设工作的实施意见（试行）的通知》。

第一节　S省煤炭工业协会的治理转型

从全国来看，煤协在省级层面有两种称谓：一是省煤炭行业协会，二是省煤炭工业协会。1993年，在S省煤炭工业主管部门和民政部门的支持下，经省煤炭工业厅组织筹备、省民政厅审查批准，成立了全省煤炭行业社会组织——S省煤炭生产经营协会。协会成立之初采取的是"双重管理"的外部治理结构和"会员代表大会—理事会—秘书处"的内部治理模式，日常工作机构为协会秘书处，依托省煤炭工业厅政策研究室独立开展工作。1998年5月机构改革后，S省煤炭生产经营协会人员工资总额计划从

1998年1月1日起单列,属自收自支事业单位。2001年10月13~14日,在第三次会员代表大会上,S省煤炭生产经营协会更名为"S省煤炭工业协会",通过并实施新的《S省煤炭工业协会章程》,确定了协会联系政府与企业的工作目标。2012年2月,在第四次会员代表大会上,S省煤炭工业协会通过并实施新的《S省煤炭工业协会章程》,确定了协会的宗旨,即"倡行社会主义道德风尚,执行国家产业政策,维护会员的合法权益,为人民政府服务、为会员服务、为行业服务"。

一 组织结构

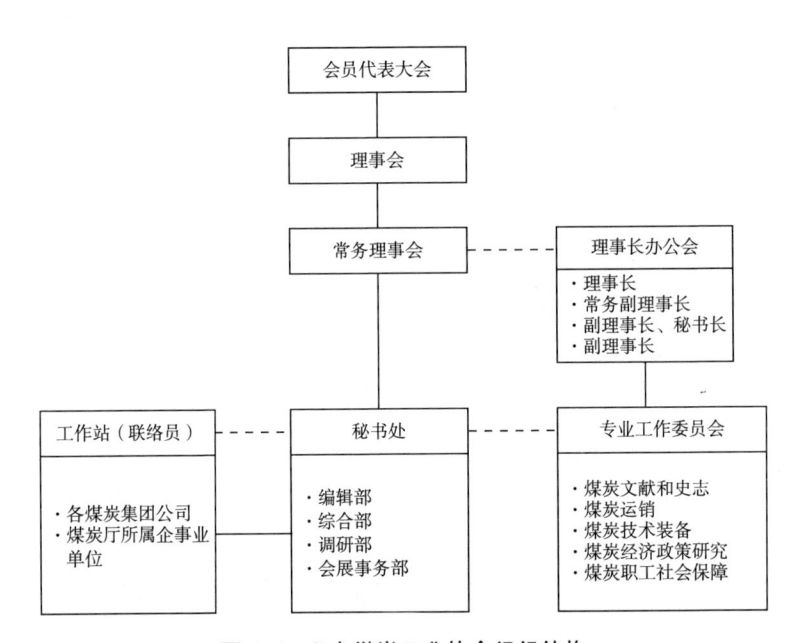

图 4-1 S省煤炭工业协会组织结构

1. 会员代表大会

根据行业协会2012年通过的《章程》规定,最高权力机构是会员代表大会,若要召开协会会员代表大会,必须有2/3以上的会员代表出席,且任何决议都必须经与会代表半数以上表决通过方能生效。会员代表大会每届5年,5年举行一次,因特殊情况需提前或延期换届的,须由常务理事会表决通过,报业务主管单位审查并经社团登记管理机关批准同意。延期换届最长不超过1年。会员代表大会的职权是：（1）制定和修改本协会章程；（2）选举和罢免理事；（3）审议理事会的工作报告和财务报告；（4）决定终止事宜；（5）决定其他重大事宜。

协会会员分为团体会员和个人会员。团体会员主要是各煤炭企事业单位，各团体会员单位由其法人代表（主要负责人）参加协会工作，担任协会职务，不再以个人身份作为个人会员。个人会员多为各级政府煤炭行业主管部门（各地市煤炭工业局）的主要负责人或具备相应资质的技术人员、管理人员，因为国家明确规定各级政府的煤炭行业主管部门不能作为协会的团体会员。行业协会注重团体会员在行业中的比重，而其他的业务性社团以个人为主。

煤协虽然并未设置监事会，但还是非常注重会员代表大会及理事会议，充分体现其民主性，增强会员的凝聚力。到2018年12月底为止，煤协共召开了5届会员代表大会。每届会员代表大会的议程基本为通过《理事会工作报告》《会费收支情况报告》、章程修订决议、选举新一届理事会理事、常务理事及理事会领导机构。1993年第一届大会通过了协会的《章程》后，历届会员代表大会都会对其进行修订，变化最大的一次是在2012年第四次大会上通过的《章程》。2012年《章程》修订的基本依据是：国家民政部制定的《社会团体章程示范文本》及S省煤炭行业的属地性和行业特点。修改内容：（1）协会会员的组成范围。修订前的《章程》按S省煤炭行业所涉及的生产、建设、加工、销售、供应等领域罗列会员的组成。在煤炭资源整合企业兼并重组中，实施大公司、大集团战略以及延长产业链和经济园区开发，打破了企业开发经营的业务领域界限。因而，新《章程》会员组成调整为"煤炭行业合法经营的各类企事业单位（含派驻、设立于省境外单位）、社会团体、与煤炭行业业务相关联的单位以及在S省煤炭行业具有一定资质的个人"。（2）明确了协会的9项业务范围[①]，与修订前的《章程》相比较，增加了"接受中国煤炭工业

---

① 协会的业务范围主要是：（1）开展行业调查研究，为政府主管部门制订煤炭行业经济政策、发展战略及规划、加强宏观管理提供咨询建议。（2）促进行业自律，规范会员单位自主经营、自我管理、自我约束、自我发展的行为，维护行业整体利益。（3）向政府主管部门及有关部门反映会员单位及职工在改革发展、生产建设、经营管理、（转下页注）

协会的协调指导，对各产煤市煤炭工业协会工作提供咨询和协助"的表述，并提出加强与兄弟产煤省（区、市）同业协会的沟通交流。（3）修订了"会员"部分的条款，调整了会员身份、入会和退会方面的表述。（4）对会员代表大会的届期及理事会领导机构的任期进行了修订，由 2001 年《章程》规定每届 3 年修订为每届 5 年；明确规定了设立理事长办公会议及职责；明确了协会组建若干专业委员会或专业性分会，以便开展专业活动。

《S省煤炭工业协会工作制度》第七条规定：协会召开会员代表大会和理事会议期间，团体会员无论规模大小、个人会员无论职务高低，均按一人（单位）一票表决制平等行使本协会《章程》赋予的职权，享有经本协会评价、创优、树先的被推荐权、知情权、建言献策及提出诉求的话语权。

2. 理事会及常务理事会

理事资格受缴纳会费的多少与企业规模大小的影响。理事、常务理事、副理事长、常务副理事长和理事长一般都具有理事资格，均由理事、常务理事和副理事长单位的现职法人代表（行政主要负责人）出任。在会员代表大会闭会期间，理事会领导本会执行工作，对会员代表大会负责。若单位法人代表（行政主要负责人）在此期间需要进行变更，则相关的理事、常务理事和副理事长人选也要依法及时变更，授权本协会秘书处通过正式文函履行变更程序，并在协会会员单位中公告。

理事会的职权是：（1）执行会员代表大会的决议；（2）选举和罢免协会理事长、副理事长、秘书长和常务理事；（3）筹备召开会员代表大会；（4）向会员代表大会报告工作和财务状况；（5）决定设立办事机构、分支

（接上页注①）劳动安全、社会保障等方面的诉求，研究并提出相关对策建议，促进行业科学、健康、稳定、和谐、可持续发展。（4）收集、整理、分析、交流国内外、省内外煤炭行业的市场、经营、生产、管理、安全、技术等方面信息，为会员单位现代化创新发展提供信息咨询服务。（5）总结遴选会员单位管理和技术创新的优秀成果并在行业内交流推广，整体提升煤炭行业管理和技术水平。（6）总结推广先进单位和优秀人才的典型经验，弘扬煤炭行业职工开拓、拼搏、敬业、奉献精神。（7）举办会展、科技讲座和管理、技术等培训活动，为会员单位提供中介服务。（8）加强与全国兄弟产煤省（区、市）煤炭工业（行业）协会的沟通交流，接受中国煤炭工业协会的协调指导，对各产煤市煤炭工业协会工作提供咨询和协助，参与全国煤炭行业及相关行业的有关活动，博采众长，提高工作质量。（9）承办省煤炭行业主管部门和省社会团体管理部门交办的事项。

机构、代表机构和实体机构；（6）决定副秘书长和各机构主要负责人的聘任[①]；（7）领导本协会各机构开展工作；（8）制定内部管理制度；（9）决定本协会其他重大事项。

常务理事会由理事会选举产生，在理事会闭会期间行使职权，对理事会负责。常务理事会的组成人员包括常务理事、副理事长、常务副理事长、秘书长和理事长，其中副理事长一般10个左右，副理事长以上职位均为协会领导人员。

理事会和常务理事会须有2/3以上常务理事出席方能召开，其决议须经到会常务理事2/3以上表决通过方能生效。每年至少召开一次会议，情况特殊也可采用通讯方式召开。

从本协会工作实际出发，既保障了协会民主议事经常化和及时化，又避免了日常议事涉及领导人员过多，2012年的《章程》明确规定设立理事长办公会议及职责，在常务理事会闭会期间对其负责。理事长办公会议由理事长、常务副理事长、副理事长和秘书长组成。协会理事长主持召开全体理事会议，全面领导协会工作，对会员代表大会负责。理事长会议是理事长主持理事会工作的一种工作形式，在性质上是理事会处理重要日常工作的机构，根据需要不定期举行会议。

3. 综合机构：秘书处

秘书处为协会日常办事机构，为会长，理事长和会员服务，可概括为"部、委、站"结构。协会秘书长主持协会日常工作。

（1）"部"是秘书处的内设机构，协助秘书长处理协会的日常事务。早在1994年，协会秘书处内便设立了编辑部，承担协会的信息调查和交流职责。2007年，协会秘书长办公会议决定将协会秘书处调整为综合部、调研部与会展事务部。除此之外，一些临时性机构也常依附于协会秘书处开展工作。2011年，S省煤炭工业协会受中国煤炭工业协会委托，对S省各类煤炭企业的信用等级做初步评审工作，并根据中国煤协要求设立"煤炭企业信用等级评价专家组"。专家组由省煤炭工业厅总工程师担任组长，协会秘书长担任副组长。

---

① 1993年的《章程》规定：经协会秘书长提名、理事长同意，选出副秘书长。

（2）"委"即专业工作委员会，是秘书处的半临时性机构，人员使用和结构相对松散，只有在需要解决专业问题时才发挥作用。为使协会按不同专业组织开展相关活动，《章程》中明确规定：可根据工作需要设立若干专业工作委员会（简称"工委"）或专业性分会，开展相关专业活动，受理事长办公会议的指导和监督。各专业工作委员会选举产生主任委员、副主任委员和委员，主任委员聘任总干事和若干名副总干事组成办事机构。如2013年12月成立的煤炭科技装备和信息化专业工作委员会选举产生专业工作委员会主任委员、副主任委员和委员共52名。

各届理事会期间，对各专业工作委员会的称谓都有所差异，但基本集中在煤炭职工保障、煤炭运销、煤炭技术经济等方面。2012年2月29日，第四届会员代表大会通过的《关于调整、变更、设立S省煤炭工业协会专业委员会的决议》根据工作需要，调整、变更并设立了煤炭运销、煤炭科技装备和信息化、煤炭职工社会保障和煤炭经济政策研究四个专业委员会。2012年11月，为组织指导煤炭行业编史修志工作、开展不同形式的文献史志编制研究活动、挖掘整理和充分利用S省煤炭文献资料及实物，协会还成立了"煤炭文献和史志工作委员会"，与2007年设立的"中煤史志工作委员会S省学组"合署办公。协会主任委员会由协会理事长兼任，协会秘书长任总干事。

表4-1 煤协各专业委员会的名称及其变化

专业工作委员会	名称变化	
煤炭职工保障	省煤炭行业旅招业联谊会（1999年）、省煤炭行业接待业联谊会（2002年）、职工疗养和尘肺病防治专业委员会（3届）、煤炭职工社会保障专业委员会（2012年）、协会煤矿职工社会保障和尘肺病防治工作委员会（2014年）	
煤炭运销工作委员会	煤炭运销专业委员会（2001年，未变）①	
煤炭技术经济工作委员会	煤炭技术经济专业委员会（2001年）	煤炭科技装备和信息化专业工作委员会（2012年）
		煤炭经济政策研究专业工作委员会（2012年）
煤炭文献和史志工作委员会	煤炭工业志编纂办公室（2006年，临时）、煤炭文献和史志工作委员会（2012年）	

资料来源：根据调研内容整理而成。

---

① 由省境内的中直单位、省直单位、统配煤炭系统、省煤炭集团公司系统、省煤炭运销总公司系统和省乡镇煤运系统等单位组成。

(3)"站"即工作站,是协会的派出机构。《S省煤炭工业协会工作制度》第九条规定:为便于本协会常务理事、副理事长和常务副理事长在理事会闭会期间行使职权,本协会在常务理事单位、副理事长和常务副理事长单位设立工作站,在部分理事单位设立联络员,承办协会秘书处委托的事项,负责协调各会员单位的工作。此外,11个地市煤炭工业局也设立了工作站,工作站站长一般是以个人身份入会的局长。协会的文件通常会以抄送的形式发给常务理事(即煤炭局局长),然后局长批示由哪个部门负责。

在1993年一届一次会议上,协会秘书处就在各省属矿务局及其他涉煤企事业单位设立了工作站,聘任相关人员兼任站长;在省煤炭工业厅所属的企事业单位设立了联络员,分别负责协调会员单位的工作。此后,根据团体会员单位的人事变动情况,对工作站站长也进行了相应的调整。

1993年,在省煤炭工业厅所属的企事业单位设立了工作站,负责协调各会员单位的工作。协会不定时召开工作站会议。1995年11月召开了工作站站长会议;1998年7月召开了单位联络员会议,确定了联络员的职责范围和工作制度;1999年3月召开了工作站站长和联络员会议;2000年7月11日召开了工作站站长(联络员)工作会。2014年,协会四届三次理事会议上通过了"建立工作站季度例会制度"的决议。

总之,组织的运作离不开基本的规范,与组织架构相联系的是组织的制度规定。"围绕着某个中心活动或社会需要而组成更为复杂的角色结构也可以被聚集为制度。"[①] 煤协根据政府的政策调整和社会变革,不断修订协会章程,建立了规范的工作制度,2012年通过了《省煤炭工业协会工作制度》。各专业委员会成立时便制定了《工作细则》或《工作简则》,确定了专业委员会的职责,如《煤炭行业旅招业联谊会工作细则》(1999年4月)、《煤炭技术经济专业委员会工作简则》(2001年4月)、《煤炭运销专业委员会工作简则》(2001年12月)等。此外,协会还确立了年度工作总结制度。2008年之前一般都是以会议形式总结上年度工作,再提出本年

---

① 〔美〕亚历克斯·英克尔斯:《社会学是什么》,陈观胜、李培荣译,中国社会科学出版社,1981,第99页。

度工作要点。从 2008 年开始，协会在年初（通常是每年 1 月份）印发《XX 年度工作总结及 XX 年度工作要点》。

二 组织资源

人、财、物是组织发展和行动的重要资源，坚持入会自愿、工作自主、人员自聘、经费自筹的"四自"办会原则，不断提高协会的资源汲取能力。

1. 人力资源

2012 年通过的《省煤炭工业协会工作制度》第四条规定：协会不在中共各级党组织和各级政府机构中发展团体会员。行业内党政机关具有公务员身份的人员，可以个人身份成为个人会员并在协会中担任相应职务，受协会委托在其职务范围内协调协会的有关工作。

（1）协会领导层的人力资源

理事长、副理事长、常务副理事长和秘书长为协会领导人员。煤炭工业协会对协会领导职务的安排和选举都是在遵守国家法律法规和协会《章程》所规定的选举程序的前提下，由历次会员代表大会选举产生。

协会理事长基本为时任或曾任煤炭工业厅（局）的领导，并常聘请相关领导担任名誉理事长。在 1998 年 17 号文件《关于党政机关领导干部不得兼任社会团体领导职务的通知》之前，协会理事长一直由时任的煤炭工业厅厅长兼任。17 号文件出台后，由 WZS（曾任煤炭工业管理局副局长）担任协会理事长。2000 年 12 月，WZS 因年龄原因辞去协会理事长职务，由时任省人大常委会常委（财经委副主任）兼任。副理事长一般由煤炭企事业单位的高层担任。第三届理事会期间，副理事长有时任省煤炭职业技术学院院长 CYW、HWJ 等。如一届理事会期间聘请了 4 名名誉理事长；2000 年 12 月召开的二届三次理事（代表）会议聘请了副省长 WYZ 担任协会的名誉理事长。

秘书长由兼任变为专职。第一届理事会期间，秘书长为时任省煤炭工业厅政策研究室主任 XRC，副秘书长为 ZJX、ZTX、LCY；第二届理事会期间开始专职秘书长，先由 ZDY 任职，1998 年 5 月后，协会原副秘书长 LCY 担任专职秘书长。1998 年，17 号文件《中共中央办公厅国务院办公厅关于党政机关领导干部不得兼任社会团体领导职务的通知》出台后，LCY辞去了省煤炭工业厅（局）政策法规处的职务和公务员身份，成为协会专职秘书长。2014年的《S省全省性社会团体清理规范方案》明确规定，在职县（处）级以上领导干部不得兼任社团的领导职务和名誉职务，确因特殊情况需兼任社团领导职务的，必须按照干部管理权限严格审批（每个社团仅限一名），但不得担任法定代表人；各社团中年满70周岁或任期超过两届的，不得在社团中担任领导职务。

表4-2 协会历届理事长及秘书长

时间		理事长及原职务	（常务）副理事长	秘书长	职务
一届理事会（1993.10~1997）		YYS 时任省煤炭工业厅厅长	副理事长7名	XRC	时任省煤炭工业厅政策研究室主任
二届理事会（1997.4~2001.10）	1997.4~1998.5	YYS 时任省煤炭工业厅厅长	—	ZDY	专职，公务员
	1998.5~1998.9	WJR 时任省煤炭工业厅厅长、煤炭工业管理局局长	—	LCY	专职，公务员
	1998.9~2000.12	WZS 曾任煤炭工业管理局副局长	—	LCY	专职，辞去公务员
	2000.12~2001.10	YYS 时任省人大常委会委员 原任省煤炭工业厅厅长	KJN	LCY	专职，非公务员
三届理事会（2001.10~2012）		YYS 时任省人大常委会委员	4名	LCY	专职，非公务员
四届理事会（2012.2~2018）		WSZ 时任省人大常委、省人大财经委副主任	XZH 时任煤炭工业**设计研究院院长	LCY	副理事长兼秘书长专职，非公务员

续表

时间	理事长及原职务	（常务）副理事长	秘书长	职务
五届理事会 （2018.12~）	WSZ	ZYL 中国煤科×× 研究院	LCY	专职，非公务员

资料来源：根据调研内容及网上资料整理而成。

（2）专业委员会、工作站的人员配备

各专业委员会主任通常多为协会副理事长，都是由与该专业相对口的人员担任，专业委员会办事机构中的总干事和副总干事多为该领域的专业技术人才。"煤炭职工社会保障专业委员会"的组成人员在协会理事单位省属及地方骨干煤炭企业和市煤炭工业管理部门分管劳动保障（保险）、职工疗养工作的同志中选聘。煤炭经济政策研究专业委员会的组成人员从在协会理事单位省属煤炭企事业单位及市煤炭工业管理部门分管政策法规、计划（规划）、财务及相关部门的同志中选聘。"煤炭运销专业工作委员会"的组成人员在协会理事单位煤炭运销企业（部门）及其子（分）企业的负责人中选聘。如四届理事会期间，HWJ 煤炭工业厅副厅巡查员兼任副会长，有煤矿集团负责运销的经验，所以担任运销委员会主任。"煤炭技术装备专业委员会"的组织人员在协会省属理事单位及地方骨干煤炭企业和市煤炭工业管理部门分管安全、技术、装备和基本建设的同志中选聘。如四届理事会期间，XZH 为省煤炭工业厅党组成员、煤炭工业××设计研究院院长、煤协四届常务副理事长，所以兼任煤炭技术装备委员会主任。主任委员一般还会聘任专业工作委员会总干事和副总干事组成办事机构。工作站站长（联络员）人选经所在单位的理事、常务理事、副理事长和常务副理事长签字委托，由本协会以正式文函在理事单位中公告聘任兼职。除此之外，工作站站长（联络员）还有以个人会员加入的各级政府煤炭行业主管部门（各地市煤炭工业局）的主要负责人。

（3）其他岗位人员的选聘

协会秘书处除秘书长之外，还设有副秘书长、各部部长及工作人员。副秘书长人选一般由协会秘书长提名，经理事长会议研究决定聘任。HYM

曾被聘任为省煤炭工业协会副秘书长、2007年5月又聘任WW为协会副秘书长，并增补为理事会常务理事。还有ZMN被聘为省煤炭工业协会秘书处办公室副主任、LX和WXJ被聘为省煤炭工业协会会员服务和事务管理部工作人员。2013年，省煤炭工业协会又从社会上招募了协会需要的10名专业技术人才。协会一人多岗、工作能力较强，人员的年龄结构和知识结构比较合理。2008年3月，协会同意试行《协会秘书处职工享受带薪年假、加班待遇实施意见（试行）》。为促进协会的凝聚力，协会还为工作人员提供了"五险一金"。

2. 财力资源

协会的财力来源主要是会员缴纳的会费及捐赠，还有少部分政府购买服务的"付费"及资助。自《涉煤收费清理规范工作方案》实施以来，从2014年1月1日起，对强制收取会费现象，超标准、超范围的乱收费行为，以及存在的以强制方式安排各类培训、装备、服务等变相收取费用的行为进行了规范。因此，煤炭企业目前缴纳的主要是会费，而且可以暂时缓缴。1998年7月，S省煤炭生产经营协会修订了《S省煤炭生产经营协会财务管理制度》；2012年通过了《S省煤炭工业协会会费收取办法》。《S省煤炭工业协会会费收取办法》规定：会员单位2000元/年/单位（其中省煤炭工作厅属单位1000元/年/单位），理事单位3000元/年/单位（其中省煤炭工业厅属单位1000元/年/单位），常务理事单位5000元/年/单位，副理事长单位10000元/年/单位，常务副理事长单位20000元/年/单位（副理事长和常务理事长单位中的事业单位5000/年/单位），会员单位有困难时可予以减免。第六条规定，协会直接向团体会员单位收取会费。凡未能在每年度限定时间内缴纳会费，由本协会秘书处委托各工作站站长（联络员）催缴。第七条规定，本协会团体会员缴纳会费，除个别情况可以现金直接缴纳外，须以银行转账方式缴纳。团体会员缴纳的会费由本协会财务开具省财务部门印（监）制的团体会费收据。

从政府处取得的收入主要有两种形式：一是政府资助，如2012年12月，协会向省商务厅申请推荐"TY展览会"为国家商务部引导支持展会；二是政府付费，多为一些科研性课题、业务培训的经费收入。政府付费的主要是参与课题研究和参与编史修志。协会秘书处先后受行业主管部门委托,参加了政府和其他协会组织或主持的研究课题,编纂了《S省煤炭工业志》《S省志·煤炭志》《中国煤炭工业志·S卷》三个刊物。

前些年,煤炭企业效益比较好,资金有一定的储备,能够保证协会的日常运作及相关活动的支出。近几年经济下滑,会费适度不交或缓交的现象频频出现,1998年金融危机时就出现过协会因会费不足而导致的自收自支困难。如果真的出现运作困难,会适度作出调整,但基本需要维持工资与工作经费;如果发生突发事件,则已有的收入也较难应付。从办公条件来看,协会的办公场所有所变动,但有独立的办公场所。

三 组织行动

在市场经济条件下,行业协会可以做到一些政府想办办不了、企业想做做不了的事情。针对各会员单位改革和发展的目标,S省煤炭工业协会围绕企业的工作重点,通过调查研究和信息交流,及时培育、发现、总结并指导、协调推广先进典型经验,加快了S省煤炭工业改革和发展的步伐。

1. 行业服务

协会采用各种方式和载体,加强会员单位之间在煤炭资源开发、生产、技术、经营等方面与国内、国际的沟通、交流与合作,促进技术进步和改善安全生产条件,以提高会员单位的经济效益、社会效益和环境效益,进一步推动S省乃至全国煤炭工业的改革与发展,实现管理现代化。

(1) 信息载体建设

信息建设是协会建设的重要举措。协会需要借助信息交流平台发布协会信息和文件,为会员单位提供资讯。信息平台主要包括以下几类。网站——"S煤炭资源信息网"和"S煤炭销售网"。协会从2002开始便使用S煤炭资源信息网,制定了协会网站的《运行规则》,为协会的会员单位提供网上服务和信息服务。2012年第三届理事会换届后,协会与煤炭票证管理中心共同合营原本运行的"S煤炭销售网"。刊物——《煤炭经营研究》《S煤协信息》。为认真贯彻煤炭产业政策、方便会员单位的学术探讨、理论研究和经验交流,协会于1994年12月创办会刊,2008年5月会刊更名。由于会刊为月刊（连续性内部资料出版物），为缩短协会会员单位的信息交流周期、提高信息时效价值，自 2007 年开始，协会增办《S 煤协信息》（半月刊），每期 6 个版面，及时反映煤炭行业动态、报告协会工作、沟通会员单位信息。微信公众平台。为了全方位、多渠道、多形式及时有效地与会员单位互动沟通，2015 年初，省煤炭工业协会秘书处创建了微信公众号并正式开通，各会员单位可以直接搜索公众号关注，也可以通过扫描协会文件、会刊上的二维码加入。

（2）企业转型调研

引导企业总结经验，适应市场经济体制，加快关于企业制度转型。1995~2008 年，S 省煤炭生产经营协会先后赴海南、广东、上海、江苏、浙江、黑龙江、青岛等地学习先进经验，组织会员单位有关人员赴海南、广东两省考察学习企业改革经验，邀请国家及省部分专家到 S 省某市进行调研，也受邀赴东南亚国家、德国等欧洲九国以及我国河南许继变压器有限公司等进行考察交流，召开专题研讨会并成功举办了"深化煤炭管理体制改革与依法治企实训班"。

（3）行业现代化交流

协会一般采用独立举办或与政府部门、其他社会组织协同举办（协办、承办）各种座谈与研讨会、会展与培训班等，进行信息交换、技术推广。协会在煤炭行业技术推广、经济政策管理、市场运销等方面充分发挥了各专业委员会的作用，通过专业委员会的组织协调，调动全行业力量，发挥协会多年来形成的人才密集优势，为全行业技术创新和科技进步提供服务，不断推进行业现代化。为推动企业制度转型和发展，协会组织企业和各类相关人员举办各种座谈会和交流会，以总结企业制度转型发展的工作成果。为促进煤炭工业科技成果开发与转化、提高科技自主创新能力、加快全省煤炭行业创新体系建设、实现转型升级，协会多次召开关于企业技术创新研讨会，充分发挥科技创新工作对煤炭工业的引领和支持作用。此外，从 2002 年开始，协会每年与省煤炭协会与省煤炭工业局、S 煤矿安全监察局联合举办一届中国煤矿物资装备展览会（"TY 煤炭工业技术装备展览会"）。展览会上进行产品展出，评出具有创新型的产品代表，搭建 S 省煤炭企业机械化和现代化发展的交流合作平台。

2. 行业代表

（1）政策倡导

协会针对国家开征煤炭生产增值税的政策，于1994年10月向国务院办公厅提交了"关于取消原煤开采企业增值税的建议"报告，引起了省政府及有关方面的关注。此后，这项税率由17%降为13%。2008年6月，S省煤炭工业协会召开了S省煤炭工业可持续发展政策措施试点工作实施情况座谈会。

（2）集体行动

1998~2000年，受亚洲金融风暴影响，煤炭经济下滑，协会通过调研，与企业共商走出困境大计，积极反映企业诉求。1998年9月3日，国有煤矿会员单位座谈会召开，分析了影响煤矿企业经济效益的各种因素，并针对性地提出了对策与建议；1998年10月31日，S省煤炭生产经营协会组织会员单位全力声援，呼吁会员单位"向一切拖欠煤款的用户催讨欠款，拒不还款即行停止供煤"，将拖欠S煤款的大户名单列举登记，交由各理事单位掌握，并提议各供煤单位在1999年全国煤炭订货会上采取相应制裁对策，受到了各会员单位的拥护，九家煤矿随即做出停止向上海焦化供应煤炭的决定。1999年，S省煤炭生产经营协会理事单位召开脱困座谈会和地方煤炭企业脱困座谈会两次；2016年6月，协会制定了《煤炭行业自律公约》，主要是有关价格、安全和生产三个方面的内容。

3. 行业自律

（1）评优树先

从1996年开始，每年年初都会对前一年的优秀工作站站长（联络员）、协会优秀工作组织者、优秀论文（调查报告）进行表彰。除此之外，其他的行业树先评优活动都"接受中国煤炭工业协会的协调指导"，按中国煤炭工业协会的部署，协调完成。从2002年开始，省协会组织推荐参加评选全国优秀企业（家）、"双十佳煤矿（长）"。自2005年1月中国煤炭工业协会公布了2002~2004年度全国煤炭企业管理现代化创新成果后，每年度都会评选"煤炭企业管理现代化创新成果奖"，还先后进行了省级创新成果奖和全国成果奖的评比。一般是省煤炭协会先评选省级创新成果奖，然后再推荐参加全国成果奖的评选。从2009年开始，中国煤炭工业协会每年进行信用等级评定，如2011年4月，省煤炭工业协会受中国煤炭工业协会委托，对 S 省各类煤炭企业的信用等级进行了初步评审推荐；2011年 12 月召开了"煤炭流通企业信用等级评价标准研讨会"。2015 年 4 月 29日，为做好社会责任发布工作，召开了 S 省煤炭企业 2014 年度社会责任报告发布会暨协会工作站站长、联络员会议。

（2）职工保障

职工健康疗养和职业病防治是煤炭工业"以人为本"理念的重要体现。早期煤炭工业协会的工作重心是职工联谊和疗养—接疗。如 2000 年 7月，协会召开了工作站站长（联络员）工作会暨旅招业联谊会董事会议；2002 年 4 月又召开了职工疗养协调会议；2004 年 10 月，又召开了煤矿行业职工疗养协调会议。危害我国煤矿工人健康最严重的职业病是尘肺病，2005 年以来，S 省煤炭工业协会与 S 省煤矿工会多次联合举办关于职工疗养与尘肺病防治的座谈会、协调会和表彰会。如 2005 年 10 月，在厦门联合举办了 S 省煤炭行业职工疗养工作经验暨表彰会；2006 年在贵阳联合举办了全省煤炭行业职工疗养组织与接待对接会；2007 年在黄山疗养院共同举办了全省煤炭行业职工疗养和职业病防治座谈会；2008 年在本省某地举办了全省煤炭行业职业病防治及职工疗（休）养工作座谈会。为保障职工健康和体现人本理念，2009 年后，省煤协自主举办了行业职业病防治及疗养职工交流促进的一系列相关会议。

第二节　S 省焦化行业协会的治理转型

焦化行业是集生产、经营焦炭并对其生产过程中的伴生物进行回收、加工的产业。焦化行业是一条煤—焦—钢产业链，即将炼焦煤加工成焦炭，再销售给钢铁企业，同时生产甲醛、煤焦油等化工品。要想实现由焦到化的转型，就必须延长焦化企业的产业链。S 省焦化行业协会（原称 S焦炭行业协会）于 1996 年登记建立，最初挂靠在 S 省乡镇管理局，后于 2003 年取消在乡镇管理局[①]的挂靠，业务主管部门变更为 S 省经济与信

---

① 2003 年省乡镇企业管理局（省民营经济发展局）改组为省中小企业局，承担管理和指导中小企业的有关职能，为省政府直属机构。2009 年中小企业局由省政府直属机构改为部门管理机构，由经济和信息化委员会管理。

化委员会。2004年，协会由S省焦炭行业协会更名为S省焦化行业协会。此后，协会的行业地位和社会影响力不断提升。2007年，S省焦协被省有关部门评为"省直先进社会团体"，2010年被评为国家民政部"五A级社会组织"，民政部授予其"全国先进社会组织"和"全国社会组织深入学习实践科学发展观活动先进单位"。然而好景不长，焦化协会近几年发展"停摆"，陷入桎梏。

一 组织结构

1. 会员代表大会

按照行业协会的建立要求，焦化行业协会的最高权力机构是其会员代表大会。其具体任务：讨论和决定焦化行业的发展规划和重大问题，听取并审议理事会的工作报告和财务报告，制定、修改及终止本会章程，选举协会领导等事宜。历届会员代表大会可依据政府对行业的整体调整办法和省焦炭行业的特点修改协会章程。

会员代表大会需要有半数以上代表出席才能召开，如遇特殊情况，在半数会员一致认为有必要的情况下，可提前或延期召开。到目前为止，一共召开了三届会员代表大会，分别是1996年的第一届、2004年的第二届和2010年的第三届。每届会员代表大会的议程基本为选举协会会长和新一届理事会的理事和常务理事，并听取审议理事会的工作报告和财务报告、章程修订决议以及根据问题制定阶段性目标。（见表4-3）

表4-3 历届会员代表大会的时间、会长及秘书长

时间	届次	会长	时职或原职	秘书长
1996年	第一届会员代表大会	—	乡镇管理局副局长	—
2004年3月27日	第二届会员代表大会	XJ	时任省人大常委会副主任	ZGF
2010年11月20日	第三届会员代表大会	SLB	省委常委、省人大常委会副主任	ZGF

资料来源：根据调研材料和网上材料整理而成。

S省焦化行业协会的会员包括团体会员和个人会员，团体会员为焦炭生产企业、运销企业和经营出口焦炭的外贸企业，与焦化行业有关的行业组织、事业单位、科研院所、大专院校及外省驻省城办事机构；个人会员

主要是焦化行业的科技人员、管理人员和热心焦炭事业的个人。3届会员代表大会期间，会员达到243家，其中生产企业93个、运销企业36个、外资公司10个、政府职能部门12个、科研和大专院校12所。随着焦化行业多年的亏损经营，大量企业退出了以民营企业为主的S省焦化行业，由最多时的254家锐减为官网目前公布的177家，但有数据显示的只剩下73家。

2. 理事会

会员代表大会闭会期间由理事会负责协会工作，理事会每年召开一次，既保证了焦协民主议事的需求，又避免了会议过多导致的管理复杂化。会议内容聚焦于：（1）选举新理事；（2）审议近一年来的焦协工作报告及财务报告，随时掌握行业最新的动态数据，随时准备为会员代表大会做报告；（3）根据行业总体运行要求和发展中的问题，部署新阶段的战略并开展工作计划。理事会会员通过民主协商的方式，以差额选举产生的会员单位组成。成员一般都是有较大影响力、行业优势突出的单位，具体的资格要求为：符合国家关于焦化生产政策的市及市级以上的产、运、销企业、从事焦炭进出口贸易的企业、与焦炭相关的上下游企业、焦炭科研所、设计单位及有关高校、焦炭发展依靠的相关金融机构、热心焦炭事业发展的人士及专家。理事会的具体职责为：选举产生和罢免会长和副会长、执行会员代表大会的决议、讨论批准新会员、表决劝退或除名会员、提出理事会工作报告和工作计划，提出并审议通过本会章程的修改意见，审议本会的年度财务预算和决算报告，确定和调整相关的办事机构及表彰有突出贡献的会员。

2008年11月8~9日，协会于S省某宾馆召开了年会，年会依据当时严峻的焦炭市场行情，积极组织学者讨论，为协会成员企业献计献策。2013年12月20日在S焦炭（国际）交易中心召开了"2013年理事大会"，省内重点焦炭生产企业、运销企业及省经信委、民政厅、发改委、财政厅的主要负责人都参加了此次会议。大会推选了两名副会长，审议了协会2012~2013年的工作报告和财务报告，安排部署了2014年的工作计划，会长SLB总结了协会要尽全力支持省委和省政府促进焦化产业升级、转型、跨越式发展的战略部署。但S省焦炭协会秘书长ZGF认为，"目前，焦炭占焦化业主产品的70%以上，化工产品占比不到30%。一旦70%的焦炭卖不出去，企业就要减产、降负荷，煤化工效益就会大打折扣"。与会人员的身份和数量很大程度上反映了理事大会在整个焦炭行业中的重要性。

3. 秘书处

秘书处是理事会和常务理事会的办事机构，主要负责本会的日常工作，工作由秘书长组织安排，工作计划要经常务理事会讨论和批准。S省焦化行业协会根据焦炭行业的实际情况，在秘书处之下建立了相关的组织架构，具体包括"四部"——综合事务部、业务发展部、市场交易部和政策信息部；"五委"——焦化专家委员会、法律咨询专家委员会、总量调控与物价协调委员会、化工产品专业委员会（2004年第二届会员代表大会成立）和清洁型热回收焦炉专门委员会（2004年第二届会员代表大会成立）。

二 组织资源

1. 人力资源

理事会设会长一名，一般是由在全省焦化行业做出过突出贡献的省级领导担任，由理事会选举产生。职权包括召集和主持理事会和常务理事会，监督检查会员代表大会、理事会和常务理事会决议的贯彻落实情况，代表行业协会签署有关重要文件，有权委托常务理事会秘书长或其他成员为本会的法定代表人等。

理事会设副会长若干，通过常务理事会选举，由行业内在生产或运销方面有一定规模和影响的会员单位的法人代表、省政府有关职能部门的领导担任。

秘书长由会长提名，理事会聘任产生，对理事会及理事会会长负责。其职能包括主持秘书工作，处理日常事宜，监督实施年度工作计划，并协调分支机构、代表机构、专家委员会、会员单位之间的关系，还要决定办事机构、分支机构、代表机构、专家委员会的人员聘用问题。

协会的会长、副会长和秘书长都要有较高的政治素养、业务素养和创新意识，由能够引导协会积极健康发展的人员担任。如协会第三届理事会成员中，协会会长SLB曾担任S省委常委、副省长、省人大常委会副主任；协会副会长 RHT 担任着省某国有企业集团有限公司的专职党委副书记和董事长；协会秘书长 ZGF 曾担任省焦炭集团总经理。可见，三位协会主要负责人在焦化行业方面都有丰富的工作经验。

"四部"的工作人员全部为本会的专职人员，每部 6 人，1 名部长，1 名副部长，4 名干事人员，负责处理协会的日常工作。专家学者和法律顾问不属于本会的专职人员，只在协会需要时提供服务，协会按服务内容提供报酬。

2. 财物资源

（1）收入

本会的经费主要来自会员缴纳，会员依据规定按时按量缴纳的会费占全部收入的 90%。"这几年 S 省焦化行业亏损严重，会员缴不上会费，协会也不好意思要。"一名会员企业的工作人员说。剩余的 10% 主要来自国内外政府部门、社会团体、企事业单位及个人的捐赠，除此之外还包括利息收入、向会员单位提供服务时获得的有偿收入等。协会特别规定会员退会或被除名时，不会退还已经缴纳的会费、捐赠的资产。

（2）办公场所

协会在成立之初曾将办公地点设在某焦炭企业内部，之后几度变动。曾是 S 省的"明星协会"现在却难觅踪迹，其官方网站公布的办公地址如今已人去楼空，连物业公司也不知道它搬去了哪里，官网上关于协会最新的一条信息还停留在 2011 年 9 月。

（3）支出

获得的经费收入主要用于相关的业务范围和推动协会事业发展方面，具体包括本会开展的活动支出，协会内部工作人员的工资及福利保险津贴，在聘任相关专家提供服务时的报酬、差旅支出，办公地点的租用资金、办公设施的维护经费及办公物品支出（由秘书处负责整理）。在坚持合理使用的原则下，杜绝任何单位或个人侵占、私分和挪用。因此，为确保经费合法严格管理，协会雇用了专业的会计人员，按照国家财务制度对协会的财务进行核算，定期进行财务审计。此外，秘书长在每一年的理事会大会或常务委员会上做汇报，获得会员单位 2/3 以上的同意票后方可使用会费，同时要求理事长及副会长监督资金的使用情况，资金使用过程中的单据交由秘书处留根保存。

三 组织行动

1. 行业服务

2004年之后，中国焦炭市场持续走低，焦炭企业举步维艰，S省大部分焦炭企业希望成立一个维系行业利益的交易平台。2006年，S省焦炭行业协会会长工作会上通过了《全省焦炭联合销售组织的组建方案》。2011年，S省焦化行业协会协调S省焦炭集团公司（协会的副会长级单位）等大型焦炭生产企业，正式成立SX焦炭（国际）交易中心[①]，为会员单位打造现代化的商业模式，由协会负责交易公司的运行，主要工作是提供焦炭一站式交易，形成"现货电子交易—延期电子交易—期货交易"的环形交易路线，保证焦炭在各个流程工艺中都有市场可入。交易中心集焦炭交易办公、国际会议、金融、期货、展示、商务公寓等功能于一体，不仅使焦炭市场规范化，让价格回归理性水平，而且可以进行即期的现货交易和远期的期货交易，促进区域性的经济发展。2012年，协会与大连商品交易所在TY签署了战略合作协议，达成对外友好往来，建立合作关系的目标。

为了给会员单位、政府和行业提供及时、有效的信息以及与世界交流的工具，协会创办了焦化网和焦炭网。焦化网提供焦化行业信息资讯，设有多个主频道和子栏目，每日更新近千条焦炭、煤炭、化工、钢铁、建材等与焦化行业密切相关的信息。2008年6月，S省焦协汇聚全国多家焦化行业领军企业的力量，在焦化网的基础上创办了焦炭网。协会利用网站进行行业调查和统计，及时分析焦化市场变量，并将数据提供给各会员，促进会员单位根据市场需求合理生产。

S省焦化产能置换公共信息服务平台于2015年启动运行，主要工作是发布S省焦化企业的焦化产能收购信息及出让信息。但到目前为止，只有为数不多的几家企业在平台上发布了供求信息。

2. 行业协调：组建焦化企业联盟

S省焦化行业协会参照《S省焦化行业协会条例》并贯彻省委和省政

---

① SX焦炭（国际）交易中心是由省国资委、省内大型骨干焦化企业及国内具有代表性的钢铁企业发起设立的现货交易所。

府的行业政策，对所有成员解释相关政策和方针，同时逆向面对政府传达会员的意愿，做好沟通与协调工作。2015年，协会在参加"中国焦化行业协会2015年会长办公会"时对省焦化行业协会的《焦化行业"十三五"发展规划纲要》进行讨论，并提出相当多的工作建议。

针对S省焦化行业产能过剩的现象，S省焦化行业协会积极推进大企业战略，通过并购等方式建立了"煤焦联盟"和"钢焦联盟"，推动投资不断向煤矿、钢铁等行业延伸。2004年，S省焦化行业协会提出组建"SX焦化企业联盟"的方案，并将详细战略步骤提交给省委和省政府批示。2005年，协会与外省一家冶金工业协会签署了战略合作协议书，为实现国家提出的"纵向一体化"迈出坚实一步。2007年，协会牵头正式成立了"SX焦化企业联盟"，同时加入的还有河北、山东、内蒙古、辽宁等11个省市的焦化行业协会，除此之外，各省的骨干焦化企业也加入联盟。

通过建立以维护全行业利益为目的的契约型联盟，加强了协会与成员单位之间的互动，不仅为会员单位打造了共赢的价值链，使其感受到来自协会的力量，大大增强了协会内会员单位的自信心，也意味着协会自身实力的增加，对未来焦化产业的发展规划也更具有话语权。具体而言，企业联盟的突出作用表现在三个方面。第一，强化会员单位间的合作。通过联盟将会员单位的利益结合起来，使会员同心协力达到规模经济效果，极大地增强了成员的市场竞争力。第二，实现风险共担。联盟积极寻找利益最小分歧点，协调成员之间的生产量及销售情况，以从整体上提高会员单位的抗风险能力，将损失降到最小。第三，规范焦化市场。联盟的一个重要作用是协调各种纠纷，防止过度竞争带来的不必要损失，减少会员单位可能出现的垄断和倾销指控，促进焦化行业整体的健康发展。

3. 行业自律："MS公约"

行业自律的作用在于规范市场销售价格，制止恶性竞争；控制总量，保护资源；降低环境污染，形成经济风向标等。2004年，S省政府把焦炭列入重点治理行业。2008年全球金融危机以后，焦化行业成为S省煤炭行业中第一个亏损的子行业，协会曾试图"力挽狂澜"，组织会员企业限产并逆势提价。

S省焦化行业协会在《S省焦化产业管理条例》的指导下实行行业自律，落实国家和省级的产业政策、优化产业结构，通过良性运行机制发展循环经济。具体达成的行业自律目标有：(1) 生产总量自律：会员单位根据行业协会给出的市场需求数据进行合理生产，避免盲目、无秩序生产带来的产能过剩和浪费；(2) 价格自律：行业协会根据省内外和国内外市场的需求及焦化产业的总体价格，为会员单位制定合理销售价格及出口行业基准价，并对这一数据实行动态监控，适时浮动、变更，这就要求行业协会掌握相关的现代化信息技术；(3) 环境保护自律：协会在企业生产的过程中督促会员成员重视清洁生产并按相关政策数据予以落实，即在生产过程中借鉴新型技术做好节能减排工作，最大限度地减少对环境的污染；(4) 企业形象自律：这一自律功能在现代社会的作用尤为重要，要求企业树立良好的形象，形成品牌效应，只有以此为基础才能获得长久发展；(5) 社会责任自律：要求会员单位在追求经济利益的同时，还要承担维护社会安全、国家安全等方面的其他责任。就焦化企业而言，各会员单位要按照国家关于劳动者保护法的有关规定，保护劳动者的合法权益，以此调动劳动者的工作积极性；(6) 安全生产自律：焦化协会要监督企业在组织生产中加强安全生产管理，对员工开展安全生产教育，减少、防止安全生产事故的发生，有关部门予以检查。除以上六点自律之外，协会章程还规定了循环经济自律、市场营销自律、清洁生产自律、质量品牌自律。在要求企业自律的情况下，就更需要协会这一强有力的组织去监督会员单位的行为是否符合自律要求，具体来说，需要协会制定符合本会成员现实发展情况或者针对专门活动所制定的自律要求，并随发展而调整。

2005 年，S 省焦炭行业因生产无序导致库存增加，由此引发焦炭价格暴跌，会员单位基本处于亏损中。在市场宏观背景要求适量生产、供煤紧张和钢铁发展趋于疲软的"双向挤压"下，会员单位感到无所适从。另外，从当时的国际市场来看，由于销售市场完善，国外优质煤的吸引力远大于中国，中国正由卖方向买方转变。由此，协会成员面临着高采购、低销售的困境。针对当时煤炭价格大跌的情况，S 省焦化行业协会的会员单位签署了控制企业生产规模的 MS 公约。该公约具体由《S 省焦炭行业生产自律公约》和《S省焦炭行业价格自律公约》构成，二者的基本思路都是控制产能①、调控煤炭总量、维护整体行业发展，具体措施是建立价格自律管理体系，确定行业最低价，禁止相关企业单位盲目生产、盲目竞争。这是协会成立以来第一次最强有力的发声，标志着焦炭行业成长的主导权由政府回归市场，是行业进步的表现。对不执行者或违反者，该公约明确规定的约束措施主要有：取缔非会员焦炭企业，建立可靠的保证金制度，取消违约会员单位享受担保资格②，限运、取消出口配额，违规不改者取消会员资格等。但是"MS公约"的限产保价由于缺乏相应协调机制，并没有达到预期目标，反而使遵守公约的企业付出的成本远远高于不执行公约企业的成本，最终流于形式。而且，相当数量的焦炭生产销售企业并不在协会范围内，因此处罚措施无法约束其行为，从目前情况来看，取缔非会员单位更是难上加难。再者，出口有配额限制不好外销，国内市场的限制却没有多少手段，铁路运输还可以通过计划指标限制，但公路运输则无法限制。

就S省而言，大量分散开采也是造成这次焦炭行业危机的原因之一。在S省1000多家焦炭生产企业中，只有40家左右具备生产能力，而这些企业都进行分散开采一方面会造成资源浪费，另一方面会使小型企业因无法预见市场需求，盲目开采。在巨大的利益驱动下，省焦化项目建设处于总量严重失控的状态。官方数据显示，S省已建成和在建的焦化项目683个，其中违规上马的多达512个。在这样的背景下，行业协会积极发挥在企业与政府间桥梁纽带作用，向政府寻求帮助。5月30日，协会向政府递交了关于焦炭行业发展面临困境的报告，希望政府以强有力手段为行业发展清除不必要的障碍，如整顿非法炼焦行为、限制主焦煤开采等。为此，S省确立"彻底取缔土焦和改良焦，关闭违法生产的小机焦炉"等整顿目标。

---

① 解决措施主要是推进煤炭生产企业之间和产业链上的上下游产业之间的一体化发展，具体包括前向一体化、后向一体化及横向一体化。
② 关于担保资格，协会筹备成立担保公司，以解决会员单位发展所需资金不足的问题，担保公司的资金来源主要是银行投资和会员单位缴纳的保证金。

第三节　S省涉煤行业协会治理转型的启示

其一，行业协会发展的市场依赖。首先，经济体制是影响行业协会发展的最根本因素。市场经济条件下，行业协会在经济运行中发挥着重要作用。在市场经济时期，私人部门成为经济生活的主导，行业协会随之发展，然而，行业协会组织自身在经济生活中发展不力，过程短且并未足够成熟，极易出现各种组织问题；经济发展状况对行业协会的发展影响也很大，经济不景气时，行业中的所有企业都面临困境，但这种不景气是全局性的，如果行业协会不能及时有效采取联合行动，实行自律和回应，行业的活动和发展将会受到巨大的打击和重创。

其次，行业的兴衰决定行业协会的存亡。行业协会代表着为同一商品市场生产和提供商品的所有企业的共同利益，因此，行业的存在就成为行业协会存在的必要前提。当一个行业走向衰败之时，该行业的行业协会也因此而丧失了这个行业给予的力量，逐渐走向衰败；当一个行业逐渐繁荣之时，该行业的行业协会也能获得巨大支持，越来越强大。

最后，市场结构决定行业协会的分布。市场结构是指企业的市场关系，包括完全竞争市场、垄断竞争市场、寡头市场和垄断市场。在完全竞争市场下，许多企业生产着完全无差别的商品，可能就会在某一地域范围内形成一个行业协会，就大范围而言，会形成规模不同的众多行业协会。在垄断竞争市场下，较多企业生产着有差别的商品，可能就会按照产品的差别程度形成较多的行业协会。在寡头市场下，仅有几个厂商生产商品，进而根据不同行业形成较少的行业协会。在垄断市场下，仅有一个厂商生产唯一的商品，那就不存在行业协会。由此可以看出，根据市场结构所形成的市场类型在一定程度上决定着行业协会的分布，不同类型的市场结构下存在行业协会的分布差异。

其二，行业协会发展的政府依赖。从法团主义的视角来看，由官方授权或委托成立的协会是"强制性制度变迁下中国政府体制变革的产物"，其管理模式和发展情况与政府密切相关。

首先，行业协会是由国家创办的，它的发展是以中央政府的机构改革为切入点。改革开放后的一段时间里，设立一大批行业协会在职能上取代了行政性公司。行政性公司本就是为行使政府管理职能而改制产生的，被撤销后，政府的某些职能无法有效发挥，就转而成立行业协会来代替。因此，行业协会实则是为发挥政府的某些管理职能而设立的，其独立性和自主性几乎不存在，总是希望政府给予一定的行业治理职能，进行职业资格认定。如省煤协在起步的过程中离不开政府支持，政府承担了煤协生成的"孵化器"，煤协的日常工作依托省煤炭工业厅政策研究室独立开展。

其次，协会的《章程》及宗旨都体现为政府服务。在S省煤炭工业协会2012年第四次代表大会修订的《章程》中第二章第六条提到，该协会的业务范围包括"向政府主管部门及有关部门反映会员单位及职工在改革发展、生产建设、经营管理、劳动安全、社会保障等方面的诉求，研究并提出相关对策建议，促进行业科学、健康、稳定、和谐、可持续发展"。如通过编史修志服务政府，通过研讨会、交流会和座谈会响应和听取政府的意见和建议，通过行业协会与政府共同举办或合办相关活动。协会通常会请求调研向政府索取经费，经费一般是"实报实销"，花多少给多少。

最后，行业协会在任职人员上的政府依赖，政府工作人员兼任行业协会职务。如煤协最初的理事长和秘书长都是政府工作人员兼任，然后逐步过渡。S省煤炭工业协会的理事长原职务是省煤炭厅厅长，秘书长原职务是煤炭厅主任。此外，1993年10月28日召开的第一次会员代表大会选举产生出第一届理事会，时任理事长就是当时S省煤炭工业厅厅长，秘书长为省煤炭工业厅政策研究室主任。第二届理事会中，理事长分别为当时的省煤炭工业厅厅长、工业厅管理局副局长。第四届理事会中，理事长为当时的省人大常委、省人大财经委副主任。

其三，行业协会发展的自身依赖。首先，协会领导人影响协会的运作机制。如S省煤炭工业协会的秘书长出身于中国政法大学法学院，1998年后专职秘书长一职，此人的能力使煤炭工业协会成立之初就非常规范。行业协会作为独立于政府与私人的第三部门，其人事安排理应根据组织自身发展情况和职务要求自行决定，但当前社会组织的工作人员多由业务主管单位的工作人员任职或兼职，一般情况下，厅局长兼任会长，处长兼任秘书长，甚至一些对组织发展至关重要的决策权力被架空，从而将社会组织纳入了政府的运作体系之中。对于起步不久的行业协会来说，其精英人才大都和政府人员有关，因此，不论行业协会发展模式和发展态势如何，处在上层建筑中操作其发展的人始终和政府脱不了关系。行业协会的发展常需要组织中的精英从其所在部门或个人获得有利于组织行动的社会资源或制度性的网络支持。省煤炭工业协会的发展常借助于吸纳公职人员入会来增强协会的行动力。一方面体现为协会领导职务的安排，另一方面体现为协会中作为个人会员的公职人员。行业协会注重团体会员在行业中的覆盖率，区别于一般以个人会员为主体的业务性社团。然而，国家又规定各级政府煤炭行业主管部门不能作为协会的团体会员。因而，协会的个人会员多为各级政府煤炭行业主管部门（各地市煤炭工业局）的主要负责人及技术人员。

其次，协会自身定位和运作规范。组织的运作离不开基本的规范，与组织架构相联系的是组织的制度规定。"围绕着某个中心活动或社会需要而组成更为复杂的角色结构也可以被聚集为制度。"[1] 形式化的身份定位、明确的职能分工体系、民主的人事产生机制都是协会发展的重要制度安排。省煤炭工业协会根据政府政策的调整和社会的变革，不断地修订协会章程和工作制度，然而，"身份危机"或许是当前协会发展的最大阻碍。以煤炭工业协会为例可以发现：（1）五届会员代表大会届期不一。协会第三届理事会至2010年经年检批准延期换届，持续工作了近10年。2010年末，协会进入了筹备召开第四次会员代表大会的换届程序，协会秘书处承担了协会换届的筹备工作。经省煤炭工业厅党组同意，报省民政厅批准，协会第四届理事会拟由省煤炭工业厅厅长WSZ在省人民政府换届不担任厅长职务之后，为协会理事长人选。（2）五届理事会议参会人员、召开次数不一，但召开形式和内容相对固定。从参会人员来看，理事会议、常务理事会议、扩大会议、代表会议不一。从会议次数来看，一届理事会期间共召开了3次常务理事（扩大）会议，时间分别是1993年10月、1995年1月和1997年3月。二届理事会期间共召开了4次常务理事代表会议，分别

---

[1] 〔美〕亚历克斯·英克尔斯：《社会学是什么》，陈观胜、李培荣译，中国社会科学出版社，1981，第99页。

在 1997 年 10 月、1998 年 4 月、2000 年 12 月和 2001 年 9 月。四届理事会期间每年召开一次理事会议，如 2012 年 2 月 29 日，协会召开第四次会员代表大会暨四届一次理事会；2013 年 1 月 31 日，协会以函议方式召开协会四届二次理事会议；2014 年 3 月 9 日，协会召开四届三次理事（代表）会议；2015 年 4 月 8 日，协会召开四届四次理事会议；从会议内容来看，各届会员代表大会之后便会召开各届理事一次会议，部署本届理事会主要工作；最后一次会议主要是研究筹备召开协会下一次会员代表大会的有关事项。从会议召开形式来看，除了现场会议外，还可以信函的方式召开，寄发各理事审议或了解。

第五章 行业协会治理转型的渐进调适

长期以来，行业协会对政府存有相当强烈的依赖心理，而长期的依赖显现出其先天存在的短板及劣势。在改革过程中，要坚持有限度的脱钩，以防止行业协会商会出现矫枉过正的现象。一方面，协会积极承接政府和有关部门购买的社会服务事项，扩大协会服务内容和规模，拓展行业协会的发展空间。另一方面，政府应发挥积极作用，进一步优化政府购买行业协会服务的方式和内容、发展多种形式和具有激励意义的资助，防止行业协会失灵。

第一节 行业协会与行政机关脱钩的困境

在我国，社会组织是在特定历史背景下发展起来的，因此不能一味照搬国外社会组织的发展模式，而要与我国政治、经济、社会的发展节奏相匹配，与政府职能转变和市场经济发展同步进行。政会脱钩是有限度的。一方面，政会脱钩并不是行业协会离政府越远越好，也不意味着政府与行业协会从此了无关系，而是为了政会更好地合作。另一方面，政会脱钩并不是一蹴而就的，不可以通过一刀切来解决，政会脱钩的力度、缓急和方法都应参照不同地区的不同行业的具体情况而有所区别，做到因地制宜。受各种因素的阻滞，政会脱钩改革的进程发展缓慢。在改革过程中，要坚持有限度的政会脱钩，以防止行业协会商会出现矫枉过正和违法乱纪的现象。

一 历史与规范：制度的依赖程度

我国政府长期以来对行业协会所施行的管理方式是将行业协会当成政

府的附庸，导致行业协会对政府产生了严重的依赖性，因此，政府在推进去政会脱钩的过程中应考虑到行业协会的制度性依赖。在推进去政会脱钩的过程中，行业协会的发展不仅会受到旧体制惯性作用的阻滞，也会因新规范的不健全而加大困难。

（一）旧体制的依赖

现行体制下的行业协会难以摆脱对过去体制的依赖，旧制度约束环境下的社会意识与前期路径依赖下的"沉没成本"共同影响了政会脱钩的不彻底性。

1. 正式规则的积累连续作用

中国行会制度多以清末近代的行业协会为发端，对古代的行会研究较少。古代行会无论在类别还是数量上都达到了相当程度，虽然在形式上与现代的行业协会大不相同，但也存在相似性。最初的行业协会兴于商业的发展，在城市经济发展到一定阶段，统治者出于对市场工商实行分门别类管理的需要，由政府部门组织形成。[①] 从唐"行会"的雏形，到宋代行会独特制度的确立，再到元代行会的衰败，以至明代和清代前期传统行会的渐衰，虽然中国古代的行会在商品流通、应付官府、联络同业者诸方面发挥了作用，但政府建立行会的本意在于更好地贯彻执行专制政府的相关法令，协助政府进行征缴赋税、科买、定价以及代理平抑市价等中观管理工作。行会的领导者也通常由政府指派或由同业推举后，经官方认可才上任，因此，古代行会的领导者首先要对政府负责。

随着明清时期中国商品经济的发展，产生了一种区别于行会的组织——工商会馆。为了应对商品经济发展所带来的社会变化，工商会馆的作用是对这些社会变化进行资源整合。值得一提的是，中国为了加强对行会的管理，从明代就开始实行一种"当行"制度，即每一个行会均需要在政府审编的册簿上登记注册，并且需要定期审查。经过政府整编的行会组织称为同业会馆，设在异地或他乡的同业民间行会组织统称为工商会馆，是供绅士居留交际的同业会馆。同业会馆受官方牵制和干预较多，且一般

[①] 汤蕴懿：《行业协会组织与制度》，上海交通大学出版社，2009，第91页。

以工商经营所在地的行政管理建制为本位，从业者需要遵从政府的管理，具有较强的强制性，其主要职责倾向于执行官府的政令、协调官商关系，维护会员利益仅处于次要地位。而工商会馆则相对较少受官府的行政干预，是以亲缘、乡缘和业缘为纽带自发形成的民间组织，具有较强的自主性，其主要职责是为会员服务，协调行业户主的利益兼协调官商之间的关系。可见，明清时期的同业行会与工商会馆的主要区别在于其与官府之间关系的亲密程度。这个时期的行会多为协助官府办理有关事务的外挂机构，属于半官方性质的行业组织。

经过了封建体制到早期资本主义萌芽的过程后，一些行会突破了封建行会的禁锢，实现了跨区域、跨行业的整合，继而以地区性商会、总商会的形式存在和发展。这期间的官府渗入程度较小，大量新型商会得以发展。江南绅商突破了同乡和同业的利益壁垒，推动了跨区域、跨行业的工商业联合，打破了一业一帮的格局，逐步拓展成为整个地区的商业共同体。19世纪末20世纪初，在振兴民族工商业和与外商进行竞争的背景下，国内一些政要在与外商沟通中逐渐意识到商会的重要作用，形成了官府与绅商共同联合起来组建商会以对抗外来竞争者的局面。政府对社会和市场的规范和管理形成了一种惯性，所以，为了推动和规范商会的发展，于1903年成立了商部，对各地总会和分会的设立提出了规定。此外，清政府对商会的态度一直存有机会主义，但还是以扶持为主，由此，各地商会逐渐发展成为维护行户利益、协调政府与市场关系、协助政府对社会公共事务进行管理的基层组织。由此可见，晚清时期作为一个特殊阶层出现的绅商，发展起来了一批民间性的商会，但真正意义上的行业协会仍居少数。因此，在封建专制制度下，政府对民间力量的管控达到了一定程度。行业协会处于政府管理审批之下，融入较多官方色彩，其行政化主要体现在需要接受政府的全面控制，进行定期审查，其职责集中在协调官商关系而非本质意义上的商商关系，行业协会的发展是政府管理经济领域的需要。在这样的体制下，行业协会大都缺乏自主性，行政化色彩比较严重。

古代行会兴于"商"，所以清政府的倒台并未使行会随之消失，反而使民间力量在无政府状态下，即权力出现真空时期再次萌芽，但因旧的专制制度产生的影响没有消失而阻滞了行业协会的发展。虽然政府为发展国内经济与外商的竞争抗衡，对民间协会采取支持政策，但后期的行业规范使政府将民间发展起来的力量收入囊中，行业协会再次沦为政府发展经济的附庸。也就是说，中国资产阶级还未在发展行会方面发挥自主性，即被政府收入管辖圈，使行会作为社会自治、开发商机、维护民族工商业者利益、行业自律的基层组织转而被民国政府加以利用。政府往往借发展经济转而实现对行业协会实施控制，作为行业协会甚至也会积极迎合政府意愿，以谋求自身的合法性。

新中国成立后实行的是计划经济体制，国家对经济社会领域的一切事务进行指导管控，行业协会作为兼具经济性质的社会组织被纳入计划之中。在我国度过了全面危机后，仍实施计划经济体制对经济进行管理，进而实现对社会的全面控制。[①] 直到 1984 年我国实行政企分开，1992 年后由计划经济转入社会主义市场经济，放松了对行业协会的双重管理体制，解除了业务主管单位的要求，但仍然无法摆脱计划经济体制的影响，旧的体制促发政府的管理惯性，新社会制度需要时间去建立与适应，权力的立即收缩成为难题，无法摆脱对旧制度的依赖造成了对新规范推进的阻碍。

2. 非正式规则沉淀持久作用

传统中国的框架下，政府与分散的小农家庭之间主要靠血缘和宗族维护社会的运行，这是政府控制社会的中间环节，这种结构使行业协会无法摆脱政府权力的控制。从政府角度来看，集权化的统治理念使政府本身对权力的掌控、对市场上可能发展的自由因素时刻保持着警惕态度。另外，中国民众自古就形成了一种"臣民"意识，社会附属于国家的观念。行业协会形成一种自发主动依靠政府力量的倾向不利于行业协会的独立发展。在集权思想和"臣民"思想的双重作用下，政会脱钩问题成为一个双向问题，不仅涉及政府放权的问题，也涉及行业协会自身是否愿意摆脱行政化的倾向，这种倾向起着比正式制度更重要的作用，影响着新规范的建立与实施的有效性。

[①] 韦锋、梅娟：《当代中国行政改革价值取向的嬗变》，《四川理工学院学报》（社会科学版）2009 年第 5 期。

（二）新规范的缺失

在行业协会与政府关系发展的整个过程中，政府部门不断更新条例和管理规章，经济领域和社会领域的管理体制也在不断更新变化。这些变化对行业协会的发展都产生了重要影响，对行业协会脱离政府形成自生力量也提供了机遇和挑战。一方面，规则的影响是持久的，在规章条例颁布实施后，其影响是累积的过程，旧制度的影响不会随着它自身的消失而消失，难免就对新制度的执行构成了冲击和阻碍。另一方面，新制度的建立和发挥作用的过程是缓慢的，除了旧制度的影响外，其自身在实施过程中也需要与配套的制度安排适应、磨合，才可以更好地发挥应有的作用。

区别于其他国家的行业协会，我国的行业协会多在政府主办下自上而下产生，并非兴起于市场经济的发展，所以行政色彩浓厚、政府权力干涉较多、社会自治的成分比重较小。行业规范与监管的缺乏可能会加大自身发展的随意性，导致行业协会与行政机关脱钩后的行为失范，给行业协会改革带来困难。此外，原由政府部门管辖的相关事项转由民政部门统一管理，民政部门有可能面临较大压力。在行业协会自身不完善的情况下，单纯靠民政部门管理，容易出现监管缺位。

同时，由于行业协会立法滞后，其社会地位和相关职能在法律上没有明确的界定，履行职能、发挥作用缺乏法律保障。因此，急需出台相关行业协会法，健全专门性法律法规制度。当前，我国政府对行业协会的监督管理主要依据的是《社会团体登记管理条例》等行政法规。该条例对"一地一业一会"和"一地一业多会"并没有具体的规定。《社会团体登记管理条例》主要是从国家如何对社会团体进行登记管理的角度建章立制的，并没有规定行业协会与其他社会团体在法律定位上的区别，也没有在法律上明确界定行业协会的地位、性质、职能等。鉴于此，需要制定一部统一的行业协会法，从法律上保证行业协会的独立和自治。新法应该明确规定行业协会和政府各自的职责，包括政府应该在哪些方面进行监管，行业协会应该对自身的发展有哪些责任，只有以法律的形式固定下来，才能推动行业协会治理变革的具体执行。新法应侧重于规范和指引政府与行业协会的行为。在保障政府监管权力的同时，应增加其保障行业协会独立地位的义务,限制其不当干涉行业协会的权力。特别重要的是,应从法律上完善行业协会的内部治理机制,规范选举活动,明确选举的程序、具体规则,如候选人提名、差额选举等。同时,要完善行业协会的财务、决策等多项制度在内的内部管理规范。(见表5-1)

表5-1 中国行业协会的法律体系

	构成主体	状态	存在的问题或影响
第一层次	宪法对结社自由的规定	存在	缺乏具体法律制度的落实
第二层次	社会组织的专门立法	不存在	影响法律位阶衔接和体系完善
	《社会团体登记管理条例》	存在	没有区分行业协会和其他社团,限制地方政府的行业协会改革
第三层次	行业协会的专门立法	不存在	影响法律位阶衔接和体系完善
第四层次	《外国商会管理暂行条例》	存在	实际上已经生效
	其他法律中涉及相关行业协会的章节或条款	存在	杂乱、分散,存在冲突现象,缺乏行业协会法的统一指导

资料来源:陶超波:《行业协会与政府互动关系研究——以广东省W行业协会为例》,硕士学位论文,暨南大学,2011。

因此,政会脱钩不会轻易地在市场经济的推动和双重管理体制的取消下就可以实现,还需要建立与市场经济配套的规范,在方向确定的情况下,明确行业协会将来的发展路径。同时也需要建立相应的监管体系,实现在新环境下对行业协会的治理,防止监管缺位。旧体制的惯性和新规范的缺失导致了政会脱钩不仅需要克服对旧体制的依赖,还需要建立相应的新规范引领行业协会的新发展,这都表明政会脱钩需要时间逐步推进。

二 权利与权力:职能的转移程度

行业协会与政府的关系反映了"国家-社会"的关系。在社会需求多元化的环境下,政府不能再扮演全能的角色,其能力有限性要求职能转移,归还属于社会的权利。行业协会作为社会组织中发展最快的一类,政会脱钩改革是全面深化改革的要求,有利于理顺政府与社会的关系。然而,政府职能转移的有限性和职能转变以后的稳定性都会影响政会脱钩的进程。职能转移为政会脱钩后的行业协会预设了发展空间，政府职权下放的落实程度与稳定程度影响行业协会去政化的程度。如果行业协会有能力承担，但政府部门把相关职能牢牢抓在手中不放，行业协会所承担的部分政府转移的职能也只是空中楼阁。如果政府职能转移的程度在政会脱钩中更多取决于政府的理性选择，主动权在政府，那对于政府职能转移的稳定性则取决于二者的平衡，是二者互动的结果。

（一）权利的有限

首先，权利主体的有限性。政府转移职能并向社会力量购买服务，将促使行业协会将朝着市场化的方向发展。但某些地方政府认为社会组织的发育程度低，承接政府职能转移的能力有限，而改为向事业单位、群团组织等政府体制内组织以及将职能转移给有国家财政支持保障的国企单位，形成利益环形，双方可进行部分利益交换。在职能数量固定的情况下，向国企转移过多职能必然意味着减少对行业协会的职能转移，给行业协会脱钩后进行市场服务造成阻碍。政府倾向于将职能转移给资历较老的行业协会，因为这些协会更多是在政府主办下建立起来的，而随市场经济发展兴起的行业协会则较少得到政府的职能转移，即便有，也多集中为行政属性较强的协会。集中承担职能的行业协会商会将成为社会领域的"垄断寡头"，有可能消解政会脱钩改革的效果。例如，有数据显示，广东全省仅有13%的行业协会承接了政府转移的职能。[①] 因此，有针对性地选择合作对象、限制职能转移的对象会加剧行业协会的发展不平衡性。

其次，权利内容的有限性。政府向行业协会转移职能是有限的，不是一个一刀切的过程。政府职能转移的内容大部分是基于政府"功能"的发挥而非"职责"的承担，大多转移的是行业协会固有的职能，更大程度上只是一种归还。除此之外，政府向行业协会转移的职能多为政府疲于应付的事务性工作，如职称评定中的材料整理、招投标的前置性条件审核等。行业协会商会仅扮演政府"帮工"的角色，而政府往往不会转移这些事务

---

① 《粤仅一成行业协会承接政府转移职能》，《南方都市报》2013年5月27日。

性工作的终审权。① 这两种职能转移一定程度上造成了职能转移内容的有限性。因为政府职能转移内容的复杂性，职能转移的立法也应该视所转移职能的类型来规范。更多地规范交还的职能，确保政府归还行业协会的固有职能，对行业协会行使职权形成保障机制。还要规范可委托的职能，使政府和行业协会在合作治理的过程中有据可循，为防止政府职能转变不到位提供权威性保障。

政府职能可分为原生型和衍生型，不同的职能类型，转移方式也有所不同。就实践而言，政府更多地通过"委托"和"授权"将职能转移给行业协会，与行业协会合作，向行业协会购买服务。在这种方式下，行业协会是作为代理人而行使职能，自主性较弱，职能拥有具有暂时性。衍生型政府职能多是政府从社会中取得，故在职能转移方式上多为"交还"。在此情况下，行业协会作为职能的承接者拥有较大自主权，但多为辅助性职能。在实践中，政府交还的行业协会固有职能在转移职能中占多数，转移的程度较高，而委托或授权的职能由于伴随着对政府原有权力的剥夺，在转移数量上仍是少数，转移程度也较低。虽然也存在完全委托、部分委托，完全交还、部分交还的现象，但实质性职能转移的比重较低，职能转移的程度有限。

最后，行业协会对政治权力的依赖。行业协会行政化的主要表现除了在其功能发挥上基于"会员逻辑"的行动较少外，还体现在政府官员在行业协会内部的兼职问题上。行业协会行政化倾向在政府长期的管制下越来越严重，这种现象产生的原因之一就是政府力量深入在行业协会的发展过程中，使行业协会获得了发展上的支持性，可以得到更多资源和公信力，以此循环往复，受政府主管的行业协会虽然是政府的附庸，但是在自身发展上会越来越强大，拥有较强的资金支持、社会资源和社会政治地位保障，配套设施也相对完善。纵使取消了双重管理体制，政府官员在行业协会内部的兼职也会给行业协会带来发展资源和便捷性。而那些自发成立的行业协会因成立时间短、资源获取能力较弱，也需要政府的扶持。因此，

---

① 葛亮：《行业协会商会去行政化的困境与路径协同——以政府转移职能为抓手》，《中国机构改革与管理》2016年第5期。

面对政府的管控，不论是由政府主办的行业协会还是社会自发成立的行业协会，都会采取主动靠近的策略。行业协会希望从政府的管控中获取更多资源，缺乏政会脱钩的主观动力，这种选择是行业协会自愿放弃自主性而谋取资源便捷性，对政府权力的依赖会造成政府权力在下放过程中的阻碍，以致行业协会在承接政府职能转以后，可能会选择主动将职能"送还给"政府，出现"新型行业协会行政化"现象。

（二）权力的制约

政府部门由于受"经济利益"的影响，在脱钩过程中与行业协会形成博弈的状态，政府部门倾向于认为行业协会不具备行使政府职能的能力，而有选择性的将权力下放，造成职能转移的有限性。

第一，权力规范的约束较差，即政府向行业协会职能转移的随意性较大。规范性文件主要有2013年9月30日的《国务院办公厅关于政府向社会力量购买服务的指导意见》和2015年1月1日起实行的《政府购买服务管理办法（暂行）》。然而，"政府对行业协会的职能转移随意性大，政府与行业协会的职能边界有待进一步明确"①。职能转移的事项明细需要法律规范保障，但也应该提高规范的位阶以增加规范的权威性。一旦缺乏必要的规范，就会导致行业协会和政府在脱钩过程中的缺范以及无规可循，职能在转移后存在收回的风险。"（广州市包装印刷行业）②作用未能完全发挥与行政性公司职能转换的不力有关。如生产经营许可证的验证换证、生产统计、职称评定、职业技能鉴定、教育培训等职能很早就转移给行业协会，后来又收回一些职能。"③因此，要尽快制定政府购买行业协会商会的服务清单或指导目录，制定清晰可行的政府购买服务标准体系，并妥善处理好政府购买服务过程中行业协会商会与其他社会组织之间的竞争关

---

① 高成运：《推进新常态下行业协会商会健康有序发展》，《社会治理》2016年第1期。
② 广州市包装印刷行业协会挂靠广州市包装印刷集团公司，其前身是1985年1月由广州市一轻局、二轻局及其下属企业合并组建的包装工业总公司，属于行政性总公司，于1995~1996年转为经济实体，即集团公司。参见邱海雄、陈建民主编《行业组织与社会资本——广东的历史与现状》，商务印书馆，2008，第225页。
③ 邱海雄、陈建民主编《行业组织与社会资本——广东的历史与现状》，商务印书馆，2008，第241页。

系，优先支持行业协会商会发展。

第二，权力集团阻滞。职能转移是权力和权力带来的资源的丧失，利益集团在政会脱钩的进程中必然造成阻碍，减少职能转移就会减少可能丢失的利益。行业协会去除行政化，解除双重管理体制的束缚，对政府职能进行转移，必然会触及特殊利益集团的利益，对其利益获取造成影响。就政府本身而言，在旧的体制环境下，行业协会行政化必然会衍生出既得利益集团，对权力寻租和"灰色收入"的依赖影响政府对权力的眷恋，破除旧的管理体制以及转移政府职能的同时，也是在限制政府的权力，势必会减少寻租行为以及政府利益集团的"灰色收入"，因而，政府理应交还的职能迟迟不能实现转移，或者转移不到位，致使政会脱钩进程缓慢。可见，在政会脱钩的动态过程中，政府职能的转移程度十分有限。

根据目前的统计数据，政府机构依旧持有很大一部分的信息源，即政府在改革过程中对行业协会放手的同时，并没有将应该交还给市场的权力返还，造成了行业协会有了自由却失去了生计的现象，使很多行业协会不能离开政府部门的扶持，甘愿做政府的附庸，以求自身的生存和发展。对此，某些行业协会的负责人提出疑问："政府部门就像突然拿走别人的拐杖，却忘了自身的职责，忽略了教会行业协会自己走路，毫无疑问现在的行业协会还不能依靠自身力量获得发展。"

三 垄断与竞争：行业的市场属性

行业协会与政府脱钩过程是一个逐步推进的动态连续过程，需要时间去减少阻碍因素的影响。同时，行业协会发展不均衡造成了行业在市场上的竞争程度也不同，所以，行业协会与政府脱钩也不是通过一刀切的方法可以解决。

（一）权力的垄断与竞争：政府的产业政策倾向

政府权力渗入的程度随行业协会的不同而有别，对行业协会内部管理的程度也有差别，形成了政府权力对行业协会的一种垄断性管理，缺乏其他组织的合作治理。根据政府权力的渗入可以划分成两个标准。按行业协会发起时间的长短，可分为存量型和增量型，存量型行业协会一般产生于政会脱钩改革之前，政府权力的垄断性较强；增量型则更多产生于政会脱钩改革之后，政府对行业协会的管理不再单一，具有了更多的竞争性。此外，行业协会的生成路径不同，政府对其的扶持力度也不同，在发展上就会有较大的差异，政会脱钩的难易程度自然就迥然不同。

就实践而言，政府推动型行业协会和混合型行业协会在我国行业协会中所占比重较大，发展时间较长，大部分属于存量型行业协会，行政化程度较高，生存资源的获取多由政府扶持。这类型的行业协会发展行使职能多基于"影响逻辑"行事，在进行公共服务时会更多地从政府角度出发，主动向政府靠拢，以获取更多自身发展需要的必要资源，这类行业协会与行政机关脱钩的难度较大。市场内生型行业协会多属于增量型的行业协会，发展时间短，行政化倾向相对较弱，政府对这类行业协会的监管多采取法律化和市场化手段，在进行公共服务时更多地是基于"会员逻辑"，对政府依赖程度较小，政会脱钩后自我建设能力较强，改革也就相对容易。

（二）市场的垄断与竞争：产品的市场特性

行业协会所处行业的竞争程度也会影响政会脱钩的进程。国外学者霍林斯沃斯和林顿伯格认为，"在竞争性和市场分散化的产业部门，以及在最终消费品部门，行业协会尤为繁荣"。[①] 垄断行为最主要的表现形式就是行业卡特尔。行业协会所处行业的竞争程度表现在行业的经济地位上，这个分类侧重于行业协会本身在市场中的竞争程度。关乎国计民生的行业类型，如房地产、金融、食品、道路交通等行业，其行业协会的受益群体与人民生活有着密切联系，其提供公共服务也会影响到政府的公信力，所以，政府对这些行业多保持垄断性，减少会员的密度，以此更好地为公众提供服务。此外，还有一些对自然资源依赖程度较大的行业协会，由于自然资源的有限性，政府在市场准入时标准较高，因此这些行业协会的竞争程度较小。

---

① 转引自余晖《行业协会及其在中国的发展：理论与案例》，经济管理出版社，2002，第8页。

实际上，"一些垄断性行业确实比其他竞争行业越有可能存在官员兼职现象"。① 原因可能是政府基于行政管理的需要，处于垄断性地位的行业对政府管理形成了压力，其行使职权的同时，也会间接地影响到政府的合法性，所以，政府需要在这些垄断性行业中派驻政府的内部官员，防止行业协会的失范行为，对垄断性较强的行业协会进行监督，促进行业协会更好地履行自身职能。政会脱钩不仅是政府层面对权力的收缩，也要考虑到行业协会的特性，有针对性地对行业协会进行改革。当一个行业中只有一个行业协会时，政会脱钩就不能按部就班地进行，在改革的过程中要考虑该行业协会的能力，对其进行必要的扶持，不能在脱钩后导致该行业协会因能力不足而退出社会领域。

众所周知，我国作为社会主义国家，关乎国家经济命脉的行业均为国有企业，由此就导致了一种现象——垄断性竞争，即整个行业仅有几家垄断性的企业供应产品，由此形成的竞争关系便是垄断性竞争。显而易见，具有垄断性竞争特征的行业很难或根本就不需要市场为主导的行业协会的存在。比如说煤炭、钢铁行业，其产量和产品品质会关乎社会中每个人的生活品质，并且有可能威胁到国防及社会的安全及稳定。因此，这些行业的行业协会与行政机关脱钩的过程中，应该权衡中间利弊，在改革的过程中要分步进行，以免造成严重的社会灾难。

总之，政会脱钩不能搞"一刀切"，需根据行业的垄断或竞争属性决定"行政化"的程度。基础工业领域多是大型国有企业，行业内企业数目少，几个大企业就控制了该行业的发展，这种寡头型的行业协会存在支配性的会员。

四 理念与能力：组织的成熟程度

如果行政协会自身并没有成熟起来的话，政会脱钩的进程就比较艰难，即使脱钩，它的发展也不会很好。政会脱钩改革所花费的时间和达到的程度在很大方面受到政府以及行业协会观念和能力的成熟程度的影响。

---

① R. F. Doner, B. R. Schneider, R. S. Ben, "Business Association and Economic Development: Why Some Associations Contribute More than Others," *Business and Politics* 3 (2000): 261-288.

政会脱钩后，行业协会的后续发展问题及如何重构政社关系成为两大亟待研究的难题。

（一）理念的成熟程度

理念的成熟程度即政府与行业协会对自身及二者关系是否有充分的认识。

1. "分工合作"理念

"分工合作"就是要实现政府和社会各类主体的合理分工，并在此基础上实现各类社会主体的合作，实行协同治理。为此，需要先解决两个问题。

一是政社分工，社会组织参与社会事务管理的空间。政府要打破一统天下、部门职能资源在内部循环的封闭局面，给社会组织参与的空间。政府与行业协会职能分工的总体原则是：涉及宏观决策和规划等方面的事务由政府来行使，而中观和微观、执行与技术性的事务则由行业协会来承担，行业协会可以参与政府有关行业管理宏观决策和规划方面的事务。[1]只有那些复杂到地方各级政府组织都做不了的公共事务才会轮到中央政府出面来承担管理或服务的责任，这就叫作"社会事务责任的剩余原则"。政府应该适时增加行业协会在各自行业领域内的审批权及话语权，这样不仅能使行业协会获得可持续高水平的发展，还能简化政府工作、减少财政开支。政府应该坚决把原本应该属于市场的权力交还给市场，才能促使行业协会更好地融入市场经济的竞争中，逐渐发展和完善自己。

二是政社合作，建立规范的协同治理机制，建构一个多元参与的公共治理新格局。最基本的合作观念应该是"民办官督"。在长期的发展过程中，政府实际上将行业协会看作政府的附属机构，行业协会的成立和发展都受到政府的管制，发展空间十分有限。这种管理状态源于20世纪80年代，当时刚开始发展市场经济，民间组织也就随之发展起来，但是计划经济时代的影响使政府对当时发展起来的行业协会有过多的限制，这些行业协会分为两种，一种是官方的行业协会，是从政府职能中剥离出来的，与

---

[1] 徐家良：《双重赋权：中国行业协会的基本特征》，《天津行政学院学报》2003年第1期。

政府有着千丝万缕的联系；另一种是非官方的，是政府支持民间成立的。其中的大多数都是后者，政府给它们制定了严格的登记条件，包括行业主管部门的允许和内部机构的设置。在最初发展行业协会的时候，政府对它的定位是"官督民办"，也就是政府对行业协会只起到监督的作用，具体的管理需要行业协会自己来进行。在政会脱钩过程中，政府要坚持这一理念，逐渐摆脱历史惯性思维，使对行业协会的监管逐渐走到正常的轨道上来。

2. 政府的"放、管、服"理念

政会脱钩的目的是让行业协会能有更好的发展，针对现在行业协会各方面活动都受限的情况，要想发展必须有"放"的过程。但是行业协会的发展现状并不是特别乐观，如果只有"放"没有"管"，那么就会陷入另一个混乱局面，所以政府的监管还是很有必要的。政会脱钩之后的监管对于政府的要求会更高，它不仅是简单的管理过程，而更倾向于治理，用更少的钱做更多事。如果"管"与"放"的矛盾解决了，那么限制政会脱钩改革的主观因素和客观因素也就不存在了。但目前政府更多时候依然将社会组织看成自己的下属部门而非伙伴。政府应转变管控理念，树立服务与合作意识，在社会治理领域大力推进与社会组织的互动与合作，搭建政社合作平台、拓展政社合作空间、优化政社合作程序、提高政社合作质量。

3. 社会的独立发展理念

行业协会应有独立发展的思想，主动谋求生路，摆脱对政府资金的依赖，为本行业的所属企业提供服务，促进企业和市场的发展。一要去除依附观念。随着经济体制改革和政府职能转变、机构精简与权力下放等政治体制改革的推进，国家逐步让渡出社会领域，就迫切需要包括行业协会在内的社会组织来承担起以往由政府包揽的某些社会管理和自治的职能。政府主办下的行业协会在政府权力退出社会和市场之后失去了政府扶持，必然会因为各方面原因而出现"关停并转"的状况。政会脱钩意味着行业协会要提升自身能力自主发展，是一个崭新的开始。兴于市场机制下的行业协会在与行政机关脱钩后，很大程度上只是在原有的基础上进行继续发展壮大。因此，协会应定位明确，即认清自己的性质以及自己与政府和企业之间的关系。二要清晰界定功能、树立服务观念，即厘清自己应该做和能做好的事情，在以后的发展中要朝着把这些事情做好的目标前进。明确的定位和清晰的目标是行业协会行动的基础和依据，所以推进行业协会观念的成熟是政会脱钩的第一步，只有摆脱了政府庇护的思想，形成了自由发展的观念，整个政会脱钩的过程才会加快。

（二）能力的成熟程度

行业协会与政府之间是一种双向关系，政府需要对行业协会进行一定的监管，行业协会也应该担负起自己的责任，做到真正为行业服务。所以政府应该学会发挥行业协会的主动性，逐渐减小其监管作用，同时逐渐增大协会的自觉性和使命作用。由于行业协会在市场经济发展过程中易受到国家经济发展状况的影响，为了有效实现行业协会的可持续有序发展，国家往往会采用多种且有效的方式方法来对其进行帮助，以顺利度过困境时期。然而，当前我国行业协会自身因发展时间短、组织结构不成熟，不能实现弹性规划、合理协调和适时反应，因此，最终经常出现组织僵化、失去自主或松懈放任、无所适从的两种极端化态势。

1. 政府能力的成熟程度

行业协会长期以来已经对政府产生了相当强烈的依赖心理，依赖政府的财政拨款、工作安排和人员调动，导致其存在先天的短板及劣势，但这不只是行业协会自身的问题，政府部门在推进改革过程中也应考虑到对行业协会的服务和监督能力。政府能力的成熟程度包括两个方面：一是具有引导行业协会摆脱政府依赖、切断有关部门与行业协会之间的利益链条的能力；二是具有制定相关法律法规、对行业协会进行正确监管的能力。要想处理好"放"和"管"的关系，既要简政放权、优化服务，又要加强事中事后监管、促进社会组织健康有序发展。

政府部门在外部治理层面应该减少对社会组织的不当干预，适时修订现行的相关法律法规，逐渐还原社会组织应有的地位，为其发展营造较为宽松且开放的政策环境。同时，行业协会作为一种标准的社会组织，需要政府监督其实施，以维持其合法性。政府部门在推进政会脱钩改革过程中也应考虑到自身对行业协会的监督能力，因为我国在社会组织领域中的法律规定相对匮乏，很容易造成某些行业协会钻法律或规定的空子。为此，政府应把自己锻造成一个放风筝的人，允许行业协会自由飞翔，但又不能让其为所欲为。各类行业与行政机关脱钩的程度应与政府对行业协会的监管能力相关联，不能让政府失去对行业协会的正常监管、保证行业协会远离垄断及其他有害行业发展的能力。

政会脱钩并不意味着行业协会完全脱离政府的监管，政府应坚持积极引导、依法管理的原则，促进行业协会健康有序发展。然而，政府在监管时将更多精力放在了行业协会的"入口"上，过多地限制了行业协会的成立，使其在成立之初就必须与政府"拉上"关系，从而失去了很大的自主性。与此同时，对行业协会的日常管理却存在缺位，导致行业协会不断出现乱收费和高收费现象，而提供服务的质量却没有提高。所以政府应该把人力、物力和财力放在正确的地方，使之发挥最大效力。此外，政府还必须对行业协会的财政情况进行监管，因为财政是其生存的命脉。行业协会目前仍采用行政管理模式，获取各种资源仍依赖行政主管部门，经济无法独立，与政府之间存在很多财务方面的纠葛。如果让政府监管，那就相当于让政府自己监管自己，有效性不高，而且也没有实现对行业协会完全独立的财政监管。

政府对行业协会的监管越成熟，就越能清晰地掌握行业协会的发展状况，给予行业协会自由发展的空间也就越大，行业协会也就能获得更好的发展。如果政府对行业协会不能有效监管，就会限制其发展空间，政会脱钩的过程也将更加艰难。所以，只有行业协会自身发展得足够成熟，政府监管也足够成熟，主观与客观因素都同时具备的时候，政会脱钩才会更加顺利、更加成功。行业协会不是一个静物，所以政府对行业协会的监管也不应停留在静止状态，二者在监管过程中要互动起来，政府的措施应该随情况而变，使监管过程更为灵活有效，当然也不能违背基本的规定。

2. 行业协会能力的成熟程度

行业协会自身能力影响其与行政机关脱钩后的发展程度。不同行业协会的能力不同，因而没有一个完全通用的职能承载模式适用于所有的行业协会。但协会能力通常包括获取资源和提供服务两大方面。协会自身能力的提高，有助于"避免政府只转移职能和责任而不转移公共权力和资源"的现象。①

（1）协会获取资源的能力

行业协会如果能够调动政府和会员企业的资源，将会取得长足性的进步，但它们目前还不具备获取资源的能力，不仅缺乏必要的资金，而且也缺乏有能力、有见识的人才，难以对企业形成向心力。

首先，获取人力资源。我国行业协会的负责人主要是由政府主管部门委任或是上级部门领导来兼任，这在很大程度上使行业协会成为政府部门的"养老院"，许多离退休人员都在行业协会任职，导致其任职人员的年龄偏大，整个行业协会缺乏活力。人是一个组织的核心，行业协会需改变整个协会的人员构成，加大年轻职员的比重，让整个协会更加"年轻化"和"高素质化"。从目前来看，行业协会存在人员转移的风险。由于市场容量小、资源匮乏、人才短缺及能力不足，基层（市县层级）的行业协会商会脱钩后将面临严重的生存危机，一大批缺乏能力和资质的基层行业协会商会将不可避免地进入"关停并转"的境地。在此过程中，如何妥善转移、处理其工作人员，尽可能降低由此带来的社会矛盾甚至冲突，也应当引起相关部门的重视。

其次，获取经济资源。我国行业协会的经济资源主要来源于三个方面：一是政府拨款，二是协会会员缴纳的费用，三是协会提供服务所收取的费用。其中政府拨款占很大一部分，给政府造成了很大负担，所以政府也希望行业协会能够逐渐自理，减少甚至摆脱对政府的依赖。政府逐渐减少给行业协会的拨款款项和数额是政会脱钩过程中必然要经历的，要想进一步发展并摆脱政府控制，行业协会就必须在其他两个方面有所作为，并尽可能地去探索其他途径。然而，行业协会经济资源的后两个来源也存在很大的问题。一方面，行业协会覆盖面小，会员数量不多，且不论大、小企业情况区别而要求缴纳统一的会费，提供的会员服务也很单一，以致对小企业没有很大的吸引力。另一方面，行业协会有限的活动范围也限制了其自身的发展，只能提供信息服务且质量还有待改进。所以，行业协会目

---

① 王名：《治理创新重在政社分开》，《人民论坛》2014年第4期。

前从这两个方面获得经济来源十分有限，政会脱钩首先得先"断奶"，再"开源"。

（2）协会提供服务的能力

如果将行业协会提供的服务看作一种组织供给，从服务的竞争性和排他性进行分类的话，可以将行业协会的服务分成三种，即纯粹的公共物品、"俱乐部"物品和私人物品。"俱乐部"物品是维持行业协会生存的主要部分，私人物品是行业协会发展到一定阶段的产物，而公共物品是行业协会发展成熟的一个重要标志。[①] "俱乐部"物品的服务对象主要是协会的会员，具有一定的排他性和非竞争性。比如组织展览展销会时，协会内部的会员在摊位和价格上可以得到更好的优惠，这就将非会员排除在外了，但在会员内部并不具有竞争性，因为每个会员都会比非会员享受一定的优惠。更好的会员服务才能够获得会员的信任，增强对非会员的吸引力，扩大协会的影响力。会员越多就意味着资金来源越多，协会能提供的优质服务也就越多，从而形成一个良性循环。私人物品的服务对象是特定的个体，相当于市场中的交易，针对性更强，对服务的个体可能会更有效。纯粹的公共物品的服务对象是所有的利益相关主体，不具有排他性，所有企业只要想要，都可以获得，而且服务的提供也不具有竞争性，每个企业之间不会存在你有我无的问题。纯粹的公共物品的服务主要包括行业统计和信息发布、行业内秩序的维护、行业的规划管理、与外界的联系和政府的沟通等，对整个行业的发展具有很大的益处。

行业协会当前的发展并不平衡，规模、成熟程度、提供的服务都存在很大差异，有的连最基本的生存都很困难，而有的已经能提供这三种属性的服务，组织发展较为成熟。在政会脱钩的过程中，要根据不同行业协会的发展现状，有针对性地培育和发展，使它们能够更快、更好地成长和成熟。把行业协会完全推向市场之后，不合时宜、不具有竞争力的就会被淘汰，有利于行业协会的良性发展。

---

① 周立群、李峰：《行业协会服务属性探析——兼论我国行业协会的发展机理》，《天津社会科学》2008年第2期。

第二节 行业协会与行政机关
脱钩后的持续发展

当政府部门坚定不移地推进政会脱钩改革时，行业协会逐渐显现出了自身造血能力弱、适应市场能力差、筹集资金能力弱的缺陷，即存在"脱嵌"问题，无法完全嵌入市场和社会运行机制中去，这在一定程度上成为行业协会在一段时期内继续健康发展的瓶颈。那么，政会脱钩后，行业协会应当具备怎样的能力，又如何提升能力呢？

政会脱钩的真正"核心"是使行业协会能够获得支持自身成长、力量壮大的条件和机会，其能否在和政府脱钩后进行自我建设与发展，很大程度上取决于其自身汲取市场资源的能力。研究探索行业能力提升是协会发挥作用的重要途径，王思斌认为社团的能力包括"要素能力、协调能力、获致能力、影响能力"[1]；高成运总结出的民间组织能力有五种："可持续发展能力""自我管理能力""开展活动能力""竞争能力""社会参与能力"[2]；张冉认为行业协会组织能力是"行业协会作为社会团体所具有的以共同利益为导向、能够实现联盟治理并促进可持续发展的组织性综合能力，可区分为结构能力、运作能力和关系能力三种能力，即"S-O-R模型"[3]。此外，政会脱钩后，行业协会需不断提升凝聚力、执行力和影响力。一方面提高行业协会的服务水平，获得企业认同是权力获取的重要来源。真正通过办实事来落实服务职能，扩大影响力，获得更多的发言权。另一方面打造社会公信力和影响力是协会争取更多社会资源和资金的支持，赢得更高层面或国际交流的关键。

一 提高协会执行力

政会脱钩需要行业协会将服务作为自身主动造血的主线。提高公共服务能力对提升行业协会的执行力有关键作用。随着深化改革进程的加快，

---

[1] 王思斌：《社团的管理与能力建设》，中国社会出版社，2003。
[2] 高成运：《民间组织能力建设的视角与路径》，《学会》2006年第5期。
[3] 张冉：《现代行业协会组织能力》，上海财经大学出版社，2009。

政府、市场和社会"三足鼎立"的形势愈加显现,社会组织在政府由管理向治理转变的过程中发挥了越来越大的作用。在社会组织治理理念中,组织的正常运作是一个完整的过程,而社会组织的执行力在其自身能力的提升以及发展过程中占有举足轻重的地位,因为任何好决策只有执行后才能了解其效用,在行业协会的发展进程中,没有执行力就没有竞争力。

(一) 以人员能力增强执行力

"行业协会商会是否拥有一支职业化、专职化的工作队伍,是否具备核心竞争力的品牌性服务项目,是否具备市场化的运作思维和运行方式,将直接决定行业协会能否实现健康快速发展。"[1] 组织成员的素质差异体现于组织的差异之中,每一个组织成员的能力和素质都关乎组织整体的运作效力。一个协会组织自身的发展方向与发展前景不仅与内部员工的整体素质和能力有关,一个强有力的领导核心也是必不可少的。行业协会要培养核心人员的领导力和长远眼光,就得从每一位组织成员的努力着手,使其更好地肩负起联系政府与企业的纽带作用,做好"传送带""分流器""上挂下联",将政府和企业有效地衔接起来。

1. 领导者能力

在现代组织提升服务能力的过程中,领导者的核心作用是无可替代的,提高领导者的领导力对提升协会治理能力具有关键作用。高效的领导者不仅擅长决策与规划,更拥有将其转化为现实的能力。若领导者能够做出适时、正确的决策,该组织不仅能够在很大程度上提升其运行效率,还能使组织长期处于正轨,大致圈定其未来的发展方向和道路。行业协会与政府关系密切却又相互独立,政府对其应当遵循"脱钩不脱管"的基本政策,政会脱钩也不代表协会组织完全脱离与政府的联系。协会组织的工作通常与政府的某个特定部门关系密切,并且很多组织工作承接了该部门下放的职能,这类组织的领导常由拥有领导政府部门经验的人员(如从某一政府部门退休后的领导干部)担任。首先,能够领导一个政府部门的人必然拥有领导行业协会的强大能力。其次,其在职时对整个行业的行情有相

---

[1] 高成运:《推进新常态下行业协会商会健康有序发展》,《社会治理》2016年第1期。

当程度的掌握，算作其任职领域的专家，到社团后可能有充足的时间对具体问题进行深入调研，做出正确决策，发挥行业协会的职责。再次，千百年来流传下来的"人情文化"体现在中国人的生活点滴之中，尤其表现在处理跨组织机构的事务上。领导者在职期间拥有的人脉关系和积攒的口碑能够使内部人员增添开展工作的信心，企业和会员会更加信服协会，协会的工作也能更加顺畅，如老领导能够利用之前的人脉和人情来更便捷地争取到办公场所和活动资金等。最后，这些曾经的领导在协会内部任职，也能在一定程度上节省开支。政会脱钩之后，行业协会失去了很多来源于政府的资金，要想维系其持续运转，节省内部人员及其活动开销就显得尤为关键，在行业协会内部兼职的在职官员是没有工资的，已经离退休的老干部一般每个月会拿到一些补贴。另外，离退休的老领导都有退休金，不用为基本生活发愁，能全身心投入协会的工作，更好地为社团服务。

2. 秘书处专职人员能力

秘书处是行业协会的执行机构，对秘书处的建设是提高行业协会执行力的关键。秘书处通过对人员进行内部调整及专门培训，形成一支专业化的业务队伍，使协会组织能够更好地承接政府的相关职能。首先，秘书处是为行业中的企业服务，提高服务意识迫在眉睫。当前行业协会中的很多工作人员是由政府工作人员转变而来的，在政会脱钩过程中要着重改变他们的观念，逐步培养他们的服务意识，最终引导行业走向自律。同时，秘书处应更加明确自身的工作职责。每一个行业协会都是坐标系内的一点，它的纵轴是地区，横轴是行业，所以秘书处不仅要根据国家、省、市的相关政策和主管部门的要求来制定适合本地企业发展的行业管理办法，参照规范的行业发展的中长期规划纲要制定本地的中长期规划，还要在政会脱钩之后制定并实施与本行业发展相适应的行规行约和信用评价，尽快提高行业的自组织能力，树立政会分开之后崭新的协会诚信品牌，而且要加快启动行业协会星级评定工作，以此作为激励行业协会继往开来、不断向前的动力。

3. 志愿者队伍

执行机构人员的志愿机制与薪酬激励机制之间需要达到一定的平衡。志愿者精神是无私奉献的信念，是在自己力所能及的行业中发挥出自己的光和热。行业协会中加入志愿者的身影,在完善协会组织结构与宣传协会形象与精神、凝聚内部力量等方面都有很大的作用。具有专业知识与能力的志愿者对协会发展以及增强协会内部凝聚力有积极的影响,而缺乏专业知识与能力的志愿者在协会发展中不仅减弱协会的内部凝聚力,而且对协会发展也会有消极影响。[1] 行业协会作为刚刚独立不久的第三部门,其组织机构并不健全,加入志愿者组织会给原本不完善的机构造成一定负担。完善志愿者管理体系有三个方面,首先要做好上层规划,即要明确协会的目标和战略愿景,让每一名志愿者都了解行业赋予的使命,如果没有明确的目标和价值,志愿者和这个管理体系就失去了意义。其次要明确志愿者的动机,树立起自愿服务的中心思想,因为志愿者和行业内部员工是不一样的,不能用物质作为价值回馈,只有让志愿者满足自身的需求,感受到自身的价值,才能自然而然地管理好协会的志愿者。最后就是要落实好实施志愿服务的具体内容,规划志愿服务、开发志愿服务岗位、督促及评估志愿者工作等。志愿者管理机制的完善给行业协会注入新鲜而又灵活的力量,在增强协会内部凝聚力的同时,又起到宣传协会的作用。

(二) 以结构增强执行力

行业协会因其组织特殊性,常会出现少量的工作成员要处理大量繁杂工作的现象。倘若这些内部成员不能树立高效理念,协会顺畅运转就得不到保障,很多日常工作将成为滞留项目,今天的工作拖到明天,日复一日,长此以往,发展无从谈起。若协会内部工作人员能够很好地树立高效理念,将潜移默化地影响他们的执行力,进而影响协会的发展。除了高效理念能够增强协会的执行力,发展理念也能够推动执行力的提升。

合理的组织结构是组织顺畅发展的前提条件,健全协会的组织结构、实行民主管理有利于促进行业协会的能力提升。行业协会的民主化要靠内部的多元治理机制来实现,而完善的理事会体系是协会内部多元制衡的关键。理事会应当是协会的最高决策机构,决议由过半数的理事表决通过并

---

[1] 崔月琴:《转型期中国社会组织发展的契机及其限制》,《吉林大学社会科学学报》2009年第3期。

向全体会员公开，根据选举制度和决策、实施、监管三个方面的相对分立来实现多元制衡，完善理事会体系有助于使协会真正实现自主管理和自治。我国行业协会目前的理事会机制并不成熟，"科层制"的影子还若隐若现，协会内部等级、身份因素颇多，围绕权力形成的利益关系发达，加大了政会脱钩工作的难度，行业协会的自身主动造血也难以开展。

行政机关脱钩后的行业协会商会能否具备可持续发展的能力，关键是结合自身宗旨和实际情况，制定出科学合理的章程，并基于章程组建科学化的法人治理结构。脱钩前的行业协会商会更多地依附于行政机关，法人治理结构大多都不完善，章程也存在一定雷同，对自身行业的针对性较弱，没有明确的定位和科学的设计。因此，改革过程中应抛弃所谓的"标准化章程"倾向，政府部门制定出相关的章程指导意见，各行业协会商会根据自身功能定位和实际情况，自主制定自身的章程。

（三）以平台技术增强执行力

21世纪是科技飞速发展的时代，是信息化时代。先进的科学技术使信息处理智能化，更多的人力资源因技术提升而不再过多耗费在烦琐低效的信息处理上，取而代之的是计算机精确、快捷的处理。同时，科学技术的发展还推进了支撑体系和工作平台的建设，科技帮助了行业协会的体系建设更加完备，工作平台也逐步建立，更为标准化、系统化的操作被运用于日常工作中，大大提升了协会的工作能力。电子通信及网络通信技术的日益发展与交叉推动着现代社会的信息化，使信息化成为当今世界发展和经济社会变革的动力因素和发展趋势。物联网、大数据等技术手段还提高了社会治理的精准度和靶向性。

首先，拥有翔实全面的信息库是行业协会生存发展的基础，行业协会需要在对行业内信息充分把握的基础上进行信息储存、共享和预测。一方面为行业协会成员提供权威的统计资料，另一方面为政府部门提供行业信息服务和行业发展报告。其次，行业协会要以当前的工作平台和科学技术为载体，发挥自身所具有的平台优势，依靠各种正式或非正式网络来汲取所需资源，不断扩大服务领域、丰富服务手段，并以此为依靠提高自身的服务能力。当前政会脱钩过程中，对资金、人员、平台等方面的传统外部行政支持逐渐减弱甚至断裂，内部治理结构也不完善，以精英治理为特征的行业协会商会更需要将"服务"作为资源获取的逻辑起点，寻找和谋求更多外部资金、人员和技术等的支持，形成服务与资源、管理相互支撑的良性循环，通过服务、管理和技术搭建平台，共同构筑行业协会商会的执行力。最后，要通过相关的技术和平台，与政府、社会中介组织、企业一起合作建立社会信用网和信用监管惩罚机制。我国目前尚未建立社会联合信用系统和个人信用体制，是行业协会信用失灵的重要原因。强调行业自律并非排斥政府监管，加强行业协会信用自律需要信用监管对建设社会信用网起兜底作用，同时也是一种负向的激励，要求对企业信用进行记录，形成阶段性信用评价，一旦失信指标达到一定程度，就会由政府、行业协会以及社会大众对其进行"分级惩罚"，加大违约成本来保障社会信用网监督的有效性。其中具有中介性质的信用服务组织也是监督行业信用的重要力量，它们主要利用专业知识和技术向委托人提供信息、公证及代理等的服务。[①] 推动社会信用中介组织的成长是目前各国普遍采用的方法，目的是形成对信用体系的系统化管理，培植信用管理的组织力量。

二 增强协会凝聚力

深化内部改革是协会发展的动力。行业协会作为一个以会员为基本成员的单位组织，政会脱钩后遵循独立发展理念，增强内部的凝聚力就显得尤为重要。要以会员服务管理体系为基础，树立市场化改革理念，逐步为会员单位提供个性化、创新性服务，不断提升服务能力和水平，引导全行业自律。凝聚力是将一个团队成员紧密联系在一起的、看不见的纽带，要想充分发挥这一精神力量的作用，就要努力使这一力量从协会成员的内心深处和他们取得共识的价值观中自觉地迸发出来，使协会呈现积极向上的精神面貌。协会内部和谐、奋进、创新的良好工作氛围能够增进协会的凝聚力与向心力，更好地激发内部员工的执行力与协作力。此外，协会的发展离不开内部成员的通力合作，通过民主管理、制度保障和优秀文化来凝

---

① 国家经贸委行业协会办公室：《我国工商领域行业协会改革与发展政策研究》，《经济研究参考》2003 年第 12 期。

心聚气，提高协会的发展效率。

(一) 人员激励

良好的制度保障是协会留住人才的基本手段，改革前的行业协会商会，特别是参公性质的行业协会商会，其中高层管理人员的身份在很多情况下同时兼具事业的保障性与企业的灵活性，其与主管部门之间存在较为畅通的人才交流渠道。脱钩后的行业协会商会中的高层管理人员的身份将不再具有这种灵活性，其薪酬水平和社会保障水平与之前相比有可能出现下降，短时期内对高素质人才的吸引力将大幅度下降，有可能导致人才快速流失，从而制约行业协会商会改革的顺利推进。建立合理的薪酬制度与奖惩机制是激励会员为协会不断出谋划策的动力机制。薪酬是组织对内部成员工作的肯定，也是成员加强对组织认可度的表现。薪酬管理应该达到三个目标——效率、公平、合法，这是员工努力工作的前提，也是通过组织优化增强了内部的凝聚力。可以实行职级人事制度和人员招聘制度，在可操作范围之间适当参考行业内部的工资福利和社会保险，为吸引人才和保障内部人员权益提供双重保障。行业协会中有团体会员，也有个人会员，不论以哪种形式加入协会中，都是对协会组织的信任。恰当的奖惩制度可以在会员之间形成良性竞争，调动人员的积极性，减少懈怠散漫的工作态度，多劳多得，一定程度上增强了内部凝聚力，让协会取得更为明显的绩效，利于达成工作目标。建立"五险一金"制度，既是对协会制度结构的完善，也是对会员的负责，保障了协会会员的权益，加强了会员对协会的认同感。

(二) 民主约束

要对行业协会的制度进行修改和完善，加强对协会和其成员的民主约束。因为行业协会获得社会信任的大前提是守法，所以必须要对行业协会和其工作人员有严格的道德和职业要求，以规范和维护行业秩序、构建和谐的行业环境。同时，还要加强建设协会的内部制度，形成一套完善的内部保障激励制度，以此来增强协会内部的凝聚力。

1. 监督约束和财务审计机制

理事会的权力大，政府与理事单位的关系密切，领导个人有较大的自由运作空间，因此，要加强内部治理的制度化水平。常设机构要定期向政府管理部门和会员汇报工作情况，自觉接受监督；会员有责任遵守和响应经民主协商确定的各项决定和建议；会员要定期进行自查和互评等。资产管理必须执行国家的财务管理制度，接受政府有关部门和社会专业机构的审计，定期向会员大会汇报财务状况，公开财务审计报告。

2. 民主协调与决策机制

首先，按照民主协商的原则，制定"议事规则"，建立各种例会制度、稳定的信息沟通渠道、内部议事规则和程序、多层次的对话交流制度等。具体包括：通过民主的方式产生和更换理事单位，改变之前由主管单位决定的传统；在协会的决策机构中增加小企业和消费者代表，并给予他们一定的投票权和决策权，提高组织的透明度；通过意见表达机制和问责机制等，畅通会员参与渠道，鼓励行业协会会员积极参与行业协会的事务决策和治理，提高行业协会决策的民主性和科学性。其次，规范协会的议事程序，它是提高行业协会民主性与代表性的突破口，能够发挥程序对象（会员）的能动性，提高决策民主性。一方面要对大小企业平等对待，虽然企业的决策权与其实力挂钩，但也必须通过相关机制来保障中小企业的利益。另一方面要增强协会决策的程序性，比如决策中的大众参与程序、听证程序等，既能给会员表达意见的空间，又能减少错误决策的产生。行业协会应重视每个会员企业的建议，在做出决策后，监事会应监督理事会在执行会员大会决策时是否有偏差，并及时将执行进度反馈给会员企业。此外，任职行业协会会长职位的人员不能一成不变，要采用会长任期制度以保障定期轮换，保障每个会员企业的治理权力，提高行业协会的代表性。行业协会商会领导人员的产生机制是其治理结构中的重要一环，改善的重要途径就是增强领导人产生过程的民主程度，要明确行业协会商会提名和选举领导人所需的票数比例和投票方式，提名和选举领导人的过程也必须公开。[①]

---

① 景朝阳、陈建国：《中国行业协会商会改革发展研究报告》，载景朝阳主编《中国行业协会商会发展报告（2014）》，社会科学文献出版社，2015，第61页。

(三) 文化建设

组织的思想建设离不开组织文化,组织文化又包含了组织信仰、行为规范以及价值观。这是一种生机勃勃的精神,以独特的协会文化加强团队建设,用共同的文化和价值观把会员凝聚在一起。在 20 多年的发展中,S 省煤炭工业协会逐步形成了独具特色的文化精神,这种精神体现在协会日常的方方面面,协会内部人员充满信心、工作积极、齐心协力,共同实现协会的发展。在这种优秀文化的引导下,内部凝聚力得到足够的增强。

其一,加强协会核心文化、价值观以及精神力量的引领。一个协会的文化是其灵魂所在,也是该协会发展的动力。协会文化的核心是该行业的精神和价值观,增强内部人员和志愿者对其的认同有利于提高他们的工作积极性,增强内部凝聚力。

其二,开展丰富多彩的文化活动,增进会员之间的感情。会员作为协会中完全而又独特的个体,有其自身的特点。为了使会员之间更好地达成共识,感情得到升华,协会应该组织各类文化活动,在带动会员积极性的同时,增进会员之间的感情,达成情感上的一致,进而增强协会内部凝聚力。

其三,增强理事会成员的集体感和责任感。理事会承担的责任较重,应该着重加强理事成员的集体责任感,提升他们的工作责任心,才能更好地提升理事会的工作质量。

三 扩大协会影响力

协会治理在我国正处于探索与发展阶段。行业协会治理的价值不仅在于理顺政府、市场与社会三者之间的关系和边界,还在于能够在治理化的进程中不断地培育和壮大社会资本,实现社会组织治理转型,推进社会治理精细化。此过程也是行业协会不断扩大对外影响力的过程。行业协会作为社会组织,扩大对外影响力就要把协会当品牌,明确组织品牌及成员品牌的定位;紧跟时代步伐,注重信息化、多渠道宣传;注重活动参与,落实社会责任。

(一) 靠品牌扩大影响力

1. 品牌建设

崇高而清晰的目标定位是组织存在和持续发展的重要动力。①给予协会清晰的品牌定位。这一工作需要分三步走。第一，明确协会的目标对象。认清服务对象才能取其所需，给其所要。第二，确立协会工作的价值。工作内容的价值很大程度上决定了组织的价值。第三，分析会员单位和公众要相信协会承诺的原因，从而认识到自身存在的价值和重要性，正确定位。②组织及其成员的服务品牌和良好形象。行业协会要服务于会员单位和个人，就一定要与之形成良好的合作关系。服务品牌的核心竞争力体现在服务的过程中，深入本行业调查研究，参与产业政策的起草，为政府考虑，为企业发声，是行业协会所应该达到的服务高度。而且服务通常是由个体的员工来完成，因此个人品牌的建设与组织品牌息息相关。

2. 品牌传播

建立与社会公众、新闻媒体以及其他相关业务部门比较固定的沟通渠道和方式。协会要通过建立视觉（传播元素）、信息、行为"三位一体"的传播方式，多渠道传播协会的品牌理念、品牌愿景，与政府、企业、媒体、公众及其他机构等保持长期的合作和互动，扩大品牌的影响力。①①传播元素。包括品牌名称、logo、网站设计、印刷资料等，它们可以使协会进行更好的品牌塑造和传播，让消费者更快速和深刻地辨识记忆品牌。其中 logo 是"出镜率"较高的一个，经典的 logo 能够给受众很强的冲击感和记忆点。传播这些元素的过程中需要借助网络、手机等一些媒介，通过文字、图片、影视、音乐等多种方式，从多角度对协会开展的项目和品牌的愿景进行介绍和推广，既为公众提供了参与的平台，也加强了与这些媒体的合作，不仅能提高行业的社会影响力，还能使这些媒体得到更多的关注，促进其发展，实现双向共赢。②文字信息。通过口号、项目流程、机构使命、品牌愿景等文字信息传达出机构的战略意图。协会之前的宣传工作基本是纸质和信件，现在网络和微信公众平台的作用得到越来

---

① 杜艳艳:《对公益组织品牌建设的思考》,《新闻界》2011 年第 4 期。

重要的发挥。将宣传文字引入多媒体，丰富信息载体，加强信息平台的建设和维护是协会扩大宣传和影响力的必要途径。③行为沟通。必要的行为沟通是塑造品牌的保证，通过与相关利益者的行为互动来传播品牌。品牌不仅是用来打造的，也是用来做事的，品牌的愿景不能只停留在观念层，必须通过专业的品牌项目付诸行动，让公众看到协会品牌的意义。由此，行业协会应当注重活动参与，用心筹备活动，落实社会责任。完善举办各类会展活动的品牌影响力，制定规范合法的开办流程，如严格使用一致的logo、宣传语等，以彰显会展的品牌价值，拥有一些具有品牌效应的会展和会议，也对塑造协会品牌意识有很重要的作用。每逢举办重大活动，诚邀各界领导、社会知名人士、企业代表以及兄弟协会的代表参加，并且以高标准、高规格举办每一次协会活动，以此扩大协会影响力。

（二）靠诚信增强公信力

弗朗西斯·麦奎尔曾说：品牌最基本也是最根本的东西，就是"信任"。行业协会没有强制性的权力，那么公信力的作用就显得尤为突出。坚定会员和公众的信任，项目和资金的运行一定要规范、公开和透明，提升公众的信任感，提高协会的公信力。政会脱钩之后的行业协会失去了政府背景，需要推动其建立健全自律机制、加强其自身建设、完善其保障措施等。

1. 提升会员的信任

以发展为目标，不断壮大会员队伍，提高利益代表性，增强行业协会的凝聚力与向心力。行业协会要想取得社会认同，就必须对会员单位负责，强化社会责任。根据国家发改委及商务部等2014年印发的《关于推进行业协会商会诚信自律建设工作的意见》，提升行业协会企业的信任度要从以下几个方面着手：①建立健全会员企业信用档案，记录整理企业交易伙伴的信用信息以建立数据库；②评价会员企业的信用，优化评价的指标体系和流程，并通过相关媒介对评价结果进行宣传；③共享与应用会员企业的信用信息，提高他们对信用的管理能力。除此之外，要主动向会员公开协会的财务报告、资金使用情况及人事安排等；会员代表大会应每年召开一次，会议期间由理事会做年度报告，交由会员代表审议；要及时公开会员代表大会要求的其他公开资料。同时,为会员提供基本的制度保障,让协会组织成为会员可以信任、依赖的团队。

2. 提升公众的信任

组织合法性可以分为社会合法性、政治与行政合法性和法律合法性三种,就行业协会而言,其社会合法性的认同主体是会员、消费者及其他组织。政府主导下成立的行业协会的合法性主要来自政府的授予,市场经济发展条件下壮大起来的市场内生型行业协会的合法性多基于社会认同,即具有一定程度上的公信力。行业协会在与行政机关脱钩之后,之前所依赖的"强制性权威"会慢慢弱化,而以市场行业管理和服务为基础的"自主性权威"尚未确立,这时就特别需要尽快地提升协会品牌的社会认同感和公众的信任。

3. 提升政府的信任

协会为了扭转发展困境,必须提高服务意识,具备"先投入,再收获"的心态。协会要多思考观察,多与部门沟通,可尝试先做一些无偿的前提服务。当政府或企业通过协会的服务,感到协会在真正地做事并有做事的能力时,自然会放心地让协会承担一些业务,使其获得有偿服务,得以维持。曾就任于南海区机动车维修行业协会,后任职于交通运输协会的陈东华就说过,当协会承接了政府委托的运营车辆 GPS 发卡任务后,协会"与三大通讯运营商合作,开展有偿服务,从通讯运营商抽取部分流量费作为劳务费维持协会运营,有统一规范政府需要的主体,既不用政府掏钱,也不增加企业负担,赢得不错的社会反响"。[①]

从目前的情况来看,我国的行业协会商会普遍缺乏公信力,导致了其权威性的弱化。一方面,我国尚未出台关于规范行业协会的专门法律,行业协会存在法律合法性不足的问题。现在政府对协会管理的权力来源是《社会团体登记管理条例》等法规。法律条文对行业协会的产生及运作没有做出规定,与之相配套的其他细则和单行法律也尚未出台。而且,对行业协会模糊界定的法律位阶较低,仅限于行政法规,缺乏权威性。另一方面,我国行业协会多数是在计划经济体制下成立的,缺乏基于市场经济发

---

① 麦凤庄:《"断奶"后,行业协会吃什么?》,《佛山日报》2012 年 6 月 26 日。

展成立的社会认同要素，政会脱钩后，社会成员对行业协会自我发展产生信任危机，倾向于认为脱离政府扶持后，行业协会很难进行自我壮大，甚至只能退出行业领域或与其他行业协会合并，导致了吸引社会成员能力差。因此，我国需要制定一部统一规范的"行业协会法"，不仅要规定协会组织在活动中可以拥有做什么的权力，更应该规定其不能做什么的责任，还要规定政府的禁止性活动，为政会脱钩后的行业协会提供运行的法律依据和法律保障，使其独立自治从法律上能够被肯定。

加快构建新型政会关系，培育行业协会商会的社会自组织能力，增强行业协会商会的行业代表性、企业互益性及社会公益性，进一步从"法律授权、政府委托、社会让权"三个角度赋予行业协会商会更多能直接有效地影响会员、改变其行动和决策的权力，以此增加社会各界对行业协会商会的合法性认同，进而增强其公信力。

（三）靠合作扩大影响力

除宣传之外，行业协会与政府、企业、媒体、公众及其他机构等保持长期合作和互动的类型与方式还有很多。"协会的良性运作依赖于多力量参与合作，以及协会在发展中采取参与合作逻辑主动地、非单一地融入多领域。"① 因此，扩大协会影响力需建立有效的合作机制，拓展作用空间。

1. 联合发展，扩大反响

各协会可以联合起来举办一些活动是政会脱钩之后工作中的一种新选择。联合能够整合资源，聚集各种平台、资源、网络的优势，借他人之力来扩大自身影响，进一步提高协会的社会知名度。此外，行业协会与其他社会组织和公众之间也存在很大的合作空间——与企业合作，学习其先进经验、增加办会基金；与公众合作，了解民之所想，提升行业的公信力；与其他机构合作，拓展活动空间，进一步扩大影响力。反过来，企业和机构能够更好地理解和贯彻行业协会的中心思想，更好地开展企业的工作；民众的需求能够得到满足，理解协会组织活动的性质和目的，协会也能更好地深入当地进行实际调研。这种良性循环可以将市场要做却无人开始、

---

① 张沁洁：《参与合作：行业协会的运作逻辑》，《广东社会科学》2007年第2期。

企业要做却无法去做、政府机构想做却无力去做的事情做好，引导整个行业的良性发展。

2. 创新业务、扩展服务

行业协会在发展过程中也蕴含风险因素，只有创新才能使协会拓展新的运作模式、发展经营特色、形成核心竞争力。政会脱钩后，社会组织的后续发展问题以及如何重构政社关系成为两大亟待研究的难题。市场经济条件下，行业协会能够推动经济的运行和发展，政府在转变职能的过程中需要借助行业协会之力，因此，行业协会与行政机关脱钩、提升治理能力的工作，都需要政府与行业协会合力完成。政府要发挥"摆渡人"的角色，将治理方式和经验传递给协会，及时转移协会所需的公共权力和资源，最重要的是帮助协会理清自身职能，厘清原先二者混合模糊不清的职能，将行业协会发展和政府职能转变二者联系起来，帮助协会逐步适应市场化的运行压力。行业协会在学习和交流的基础上要逐步摆脱依赖心理，自主自强，增强自身的造血能力。协会面对政府干预经济的现象应当"先当配角，后当主角"，先参与，后逐步争取管理权限。但是脱钩并不意味着完全脱管，任何时候，现在不成熟的行业协会甚至将来成熟之后的协会组织在一定程度上都需要监管，当务之急是加快立法以及建立健全综合监管体系，将政府由行政手段变为依法监管，建立起新型政会合作关系。

结语　行业协会何以走向自组织治理

行业协会是在特定历史背景下发展起来的。通过部局改制的组织变革、分级分类的组织架构、多种形式主管的组织管控等策略，我国建立了行业协会治理的基本结构体系。组织比个人有更强的长期发展能力，组织内部积蓄了组织网络、管理信息、管理技术等，组织结构在其发展历程中积累了大量失败的经验，可以帮助行业协会的发展具有持续性。因此，行业协会的长远发展需要组织的结构化、稳定化来实现，需要行业协会内部的规章制度以及自身的组织文化来实现。行业协会精英的个人权威转向组织结构权威、个人关系资本转向社会网络资本、个人习惯转向组织制度，既可以发挥行业协会精英治理的优势，又可以促进行业协会的长远发展。

一　走向民主治理

组织权威从卡里斯玛型到法理型的转变离不开合理的组织结构及其所隐含的民主治理需求。我国行业协会仍处在生长发育阶段，远未成熟，它对社会治理发挥的作用受行业精英变化的影响，如何通过组织内部建设来规避一些消极作用的产生是其关键。行业协会的精英治理与目前民主化治理的需求存在冲突。完善组织结构、创新监督方式不仅能消除精英权力专权异化赖以生存的土壤，还能推进行业协会的民主治理。理顺行业协会的内部治理结构，使协会内部会员代表大会、理事会、监事会等三会结构之间达成均衡、各司其职。第一，完善会员代表大会制度，提高会员民主参与程度。在某种意义上讲，协会是一种代表型组织。在行业协会的制度构建上，会员代表大会是其最高权力机关，实行民主集中制。一方面要贯彻同票同权制度，提高会员的民主参与积极性；另一方面要推动行业协会管理层基于民主制度的正常轮换,防止行业精英独断专权。"改善行业协会商会治理结构的一个重要途径就是增强领导人产生过程的民主程度,要明确行业协会商会提名和选举领导人所需的票数比例以及投票方式,提名和选举领导人的过程也必须公开。"① 第二,完善监事会制度,形成高效的监督体系。避免行业协会精英治理的异化,不仅需要政府业务指导部门、民政部门以及其他政府部门的权力监管,而且需要协会的自监督和社会的外监督。监事会作为协会监督机构,监事会成员的构成对监督有着重要的影响,可以吸纳协会内部的专业人员、政府向协会委派的监事员以及邀请社会公众加入。行业协会目前的内部分工更加细化、专业性更强,专业人员的参与能够普及专业知识,避免盲目神化个人专业才能;公众加入监事会可引导公众积极参与到对行业协会的民主监管中,在知情、沟通、反馈等环节建立健全民主监督制度。此外,还应建立行业协会信息公开制度和第三方评估制度,充分发挥媒体、网络和公众举报等的作用,通过外部建议和批评协助行业协会改进工作,提高工作效率。

二 走向网络治理

如果不能建立一个经得起各种冲击、稳定的协会网络治理结构,不能打造一个包容会员多样性的命运共同体,在面临激烈利益冲突时,就很容易导致协会撕裂。依靠精英个人关系构建的网络关系会随着协会精英的离开而失去,不利于协会资本长期积累并巩固。如果行业协会因为内部精英的调动而导致领导阶层变幻不定,协会就难以以稳定可靠的形象出现,也很难与会员之间建立起长期稳定互利的双赢关系。行业协会的长远发展不应该依靠中国式的关系网络,应逐步形成在行业精英引导下注重公共参会的协会网络资本,形成基于社会资本的网络治理。第一,构建信任机制。就组织信任的产生基础来看,有以网络连接、以互惠为基础、以认同为基础的信任,即基于共同的信任者、共同的利益需求和共同的理想愿景,都有可能使交易双方产生信任。就行业协会的产生来看,行业协会的精英们

---

① 景朝阳主编《中国行业协会商会发展报告(2014)》,社会科学文献出版社,2015,第61页。

常利用自身魅力和人脉关系，动员行业内的企业参与组建协会，使互不了解的交易双方（协会和会员）通过双方都信任的"中介组织（行业精英）"构成一个信任链，获得自身发展所需的外部援助，进而促进协会的组建和发展。然而，以个人连接的信任受精英的变化而影响，将原本以行业精英为中心的两两关系的信任转为组织成员之间的了解型信任，增加了自组织内部的社会资本，继而转变为自组织内部的互相信任机制，使行业协会成为稳固的团体。第二，构建互惠机制。按照新经济社会学的解释，社会行为是嵌入一定社会关系和网络之中的，行为主体可以在互惠的交往中形成"关系"。行业协会内部构建互惠机制是拉近行业精英之间和行业精英与普通会员之间关系的重要方式，可以进一步增加组织的社会资本。构建自组织互惠，要有合理的利益分配办法，和各会员在工作上要分工协作、互相支持，使普通会员有更多的机会参与到协会的活动中来。从长远来讲，如果协会内的成员都不回馈组织，会使潜在的会员产生对协会的不信任，影响协会扩大规模。第三，构建声誉机制。在一定意义上，声誉是一种无形的社会资本且具有脆弱性，一旦破坏，很难修复。根据信息经济学的解释，声誉机制可以衍生出多边惩罚机制，解决经验品和信任品等的信息不对称问题。一方面，精英治理发生异变可能给协会带来"声誉租金"：会员可以"用脚投票"加入其他协会，政府等的合作者可以"用脚投票"购买其他协会服务。另一方面，精英治理发生异变可能给精英们带来"声誉租金"：当协会内的行业精英违反了组织内成员共同接受的规范时，组织内成员会感到愤愤不平；当行业精英做出损害协会的行为时，即意味着得罪了整个行业协会，会增加行业精英做违反协会共同利益行为时的成本。此外，协会可以通过信息披露来影响会员声誉而对组织内各成员的行为产生约束，进而促使协会更加稳定。

三 走向制度治理

"获得外部支持，对于一个新的组织而言特别关键。但是它们先前获得的外部资源，在通常情况下都是脆弱的、分散的，因此，官僚组织必须迅速组织起来，为用户提供有价值的服务。只有这样，才能激励用户支持它的存在。"[1] 治理水平的长远提升需要行业协会的长期适应能力。总结我国行业协会的发展历程,形成基于持续发展的制度治理需要从内部治理规则和外部治理规则两方面加强。第一,建立内部的激励与约束制度,提升协会行动力。首先要加强对协会领导层的激励。激发协会领导层的非物质动机,及时肯定协会精英们在协会管理中的价值以满足其自我实现的需求;探索保证委托人和利益代理人诉求相一致的激励机制;建立以制度为规范、以道德为支撑、以信誉为基础的社会信用约束制度。其次要提升对协会工作人员的激励,提升协会的凝聚力和执行力。不仅要建立合理的薪酬激励与社会保障制度,充分发挥协会成员的才能,还要完善志愿者管理制度,"那些具有专业知识和能力的人员发挥了重要的作用。对于一些因缺乏平时专业培训有善心而无善力的志愿者来说则难以发挥更有效的作用,也是社会组织提高公共服务能力和提升社会公信力的重要途径"[2]。第二,建立政会合作制度,提升协会影响力。要推动政府职能向行业协会转移,明确政府购买行业协会服务的范围与方式,签订委托协议,支付相关费用,建立规范化的购买服务机制。一方面,协会积极承接政府和有关部门购买的社会服务事项,扩大协会服务内容和规模,拓展行业协会的发展空间。另一方面,政府应发挥积极作用,进一步优化政府购买行业协会服务的方式和内容、发展多种形式和具有激励意义的资助,防止行业协会失灵。

然而,需要进一步思考的是,转向组织权威、社会资本、组织制度的治理核心是什么?这一问题的回答需要厘清行业协会的组织特性(organizational properties)。我国行业协会的发展受政府影响很大,是一种典型的他组织治理格局。但国外多数的研究认为,行业协会是一种互益性的非营利组织,自治是协会的本质特征和基础结构性条件。随着我国经济社会的发展、政府职能的转移,行业协会治理开始出现由他组织向自组织转变的可能。进一步思考,行业协会如何自治?奥斯特罗姆(Ostrom)指出,"一群边界相对封闭的人可以自组织起来建立自治理的机制";由于行

---

[1] 〔美〕安东尼·唐斯:《官僚制内幕》,中国人民大学出版社,2017,第8~9页。
[2] 崔月琴:《转型期中国社会组织发展的契机及其限制》,《吉林大学社会科学学报》2009年第3期。

业协会"具有一定封闭性,会员身份的取得受到行业、会员资质以及其他条件的限定"①,因此行业协会具备了自组织治理的可能性。奥斯特罗姆进一步指出,一组集体行动问题的委托人需要解决监督问题、可信承诺问题和制度供给问题。组织结构权威、社会网络资本和组织制度供给是自组织治理的重要组成元素,行业协会由个人权威转向组织结构权威、个人关系资本转向社会网络资本、个人习惯转向组织制度与自组织治理不谋而合。首先,自组织治理的监督需要源于组织的结构安排,基于组织结构的组织权威使监督得以井然有序地进行。范华登(Frans Van Waarden)认为:"行业协会不仅为企业创造了信息共享和面对面接触认识的平台,还提供了企业在集体活动参与中检视(监督)他人预期、发展社会联系与集体认知和抑阻'搭便车'的有效机制。"② 其次,可信承诺的"信任、声誉与互惠机制来自人际网络"。③ 行业协会利用精英们的社会资本构建起协会内部的信任机制、互惠机制和信誉机制,进而产生认同与实现合作,增加社会资本,成为"广为接受"的社会事实。最后,在结构和社会资本的基础上制定出组织规则或制度,以规范集体行动。基于组织权威,行业协会的制度如果不建立在组织结构和社会认同的基础上,是不会得到确立的,秩序也难以长久维持。行业协会治理在当前的价值不仅在于理顺政府、市场和社会三者之间的关系和边界,还要在"治理化"的进程中不断培育和壮大社会资本,推进社会组织治理转型,实现社会治理精细化。

---

① 郁建兴:《在参与中成长的中国公民社会》,浙江大学出版社,2008,第73页。
② 赵永亮、张洁:《商会服务功能研究——公共品还是俱乐部品供给》,《管理世界》2009年第12期。
③ E. Ostrom, "Building Trust to Solve Commons Dilemmas: Taking Small Steps to Test an Evolving Theory of Collective Action," in L. Simon, ed., *Games, Groups and the Global Good*, New York: Springer, 2008, pp. 211-216.

参考文献

一 中文著作

1. 陈剩勇、汪锦军、马斌:《组织化、自主治理与民主——浙江温州民间商会研究》,中国社会科学出版社,2004。

2. 陈宪、徐中振:《体制转型与行业协会:上海培育和发展行业协会研究报告》,上海大学出版社,1999。

3. 郭薇:《政府监管与行业自律——论行业协会在市场治理中的功能与现实条件》,中国社会科学出版社,2011。

4. 国务院发展研究中心社会发展研究部课题组:《社会组织建设:现实、挑战与前景》,中国发展出版社,2011。

5. 黄孟复主编《中国商会发展报告 No.1（2004）》,社会科学文献出版社,2005。

6. 贾西津、沈恒超、胡文安:《转型时期的行业协会——角色、功能与管理体制》,社会科学文献出版社,2004。

7. 金晓晨:《商会与行业协会法律制度研究》,气象出版社,2003。

8. 景朝阳主编《中国行业协会商会发展报告（2014）》,社会科学文献出版社,2015。

9. 康晓光:《权力的转移——转型时期中国权力格局的变迁》,浙江人民出版社,1999。

10. 康晓光等:《依附式发展的第三部门》,社会科学文献出版社,2011。

11. 李恒光:《市场与政府之中介——聚焦当代社会组织》,江西人民出版社,2003。

12. 卢现祥：《西方新制度经济学》，中国发展出版社，1996。

13. 民政部民间组织管理局编《有关民间组织管理最新法规政策摘编》（内部资料），1998年12月。

14. 彭南生：《行会制度的近代命运》，人民出版社，2003。

15. 秦晖：《政府与企业以外的现代化——中西公益事业比较研究》，浙江人民出版社，1999。

16. 邱海雄、陈建明主编《行业组织与社会资本——广东的历史与现状》，商务印书馆，2008。

17. 《山西煤炭工业志》编纂委员会编《山西煤炭工业志（1978—2010）》，煤炭工业出版社，2015。

18. 盛洪、陈宪：《WTO与中国经济的案例研究》，上海人民出版社，2007。

19. 史景星主编《行业协会概论》，复旦大学出版社，1989。

20. 孙春苗：《论行业协会：中国行业协会失灵研究》，中国社会出版社，2010。

21. 汤蕴懿：《行业协会组织与制度》，上海交通大学出版社，2009。

22. 王名、胡文安：《中国历史上的民间组织》，社会科学文献出版社，2002。

23. 王名、刘国翰、何建宇：《中国社团改革——从政府选择到社会选择》，社会科学文献出版社，2001。

24. 王名：《社会组织论纲》，社会科学文献出版社，2013。

25. 王名主编《中国民间组织30年：走向公民社会（1978—2008）》，社会科学文献出版社，2008。

26. 王浦劬、〔美〕莱斯特·萨拉蒙等：《政府向社会组织购买社会服务研究》，北京大学出版社，2010。

27. 王史编著《非营利组织管理概论》，中国人民大学出版社，2002。

28. 王思斌：《社团的管理与能力建设》，中国社会出版社，2003。

29. 吴锦良等：《走向现代治理——浙江民间组织崛起及社会治理的结构变迁》，浙江大学出版社，2008。

30. 吴忠泽、陈金罗：《社团管理工作》，中国社会出版社，1996。

32. 萧新煌、官有垣、陆宛苹：《非营利部门：组织与运作》（第二版），巨流图书公司，2009。

32. 徐家良：《互益性组织：中国行业协会研究》，北京师范大学出版社，2010。

33. 徐振国：《中国近现代的"国家"转型和政商关系变迁》，韦伯文化国际出版有限公司，2008。

34. 杨善华：《当代西方社会学理论》，北京大学出版社，1999。

35. 余晖：《行业协会及其在中国的发展：理论与案例》，经济管理出版社，2002。

36. 郁建兴、周俊等：《全面深化改革时代的行业协会商会发展》，高等教育出版社，2014。

37. 郁建兴：《在参与中成长的中国公民社会》，浙江大学出版社，2008。

38. 郁建兴等：《民间商会与地方政府——基于浙江省温州市的研究》，经济科学出版社，2006。

39. 翟鸿祥：《行业协会发展理论与实践》，经济科学出版社，2003。

40. 张静：《法团主义及其与多元主义的主要分歧》，中国社会科学出版社，1998。

41. 张冉：《现代行业协会组织能力》，上海财经大学出版社，2009。

42. 赵黎青编《非营利部门与中国发展》，香港社会科学出版社，2001。

43. 中国（海南）改革发展研究院《反贫困研究》课题组：《中国反贫困治理结构》，中国经济出版社，2002。

44. 中国机械工业年鉴编辑委员会编《中国机械电子工业年鉴（1985）》，机械工业出版社，1986。

45. 《中国企协20年大事记》编委会编《中国企协20年大事记：1979~1999》，企业管理出版社，1999。

46. 中国轻工业年鉴编辑委员会编《中国轻工业年鉴（1989）》，轻工业出版社，1990。

47. 周雪光：《组织社会学十讲》，社会科学文献出版社，2003。

48. 周志忍、陈庆云主编《自律与他律——第三部门监督机制个案研究》，浙江人民出版社，1999。

49. 朱英：《中国近代同业工会与当代行业协会》，中国人民大学出版社，2004。

50. 卓越：《政府绩效管理导论》，清华大学出版社，2006。

二 外文译著

1. 〔德〕黑格尔：《法哲学原理》，范扬、张企泰译，商务印书馆，1995。

2. 〔德〕尤尔根·哈贝马斯：《公共领域的结构转型》，曹卫东等译，学林出版社，1999。

3. 〔德〕尤尔根·哈贝马斯：《在事实与规范之间》，生活·读书·新知三联书店，2003。

4. 〔法〕埃哈尔·费埃德伯格：《权力与规则——组织行动的动力》，张月等译，上海人民出版社，2005。

5. 〔法〕白吉尔：《中国资产阶级的黄金时代：1911—1937》，张富强、许世芬译，上海人民出版社，1994。

6. 〔法〕布迪厄·华康德：《实践与反思》，李猛、李康译，中央编译出版社，1998。

7. 〔法〕孟德斯鸠：《论法的精神》，商务印书馆，1978。

8. 〔美〕D. B. 杜鲁门：《政治过程——政治利益与公共舆论》，天津人民出版社，2005。

9. 〔美〕R. A. W. 罗茨：《新治理：没有政府的管理》，《经济管理文摘》，2005年第14期。

10. 〔美〕埃利诺·奥斯特罗姆：《公共事务的治理之道》，上海三联书店，2000。

11. 〔美〕安东尼·唐斯：《官僚制内幕》，中国人民大学出版社，2017。

12. 〔美〕莱斯特·M. 萨拉蒙：《公共服务中的伙伴——现代福利国家中政府与非营利组织的关系》，田凯译，商务印书馆，2008。

13. 〔美〕理查德·L. 达夫特：《组织理论与设计》，王凤彬、张秀萍等译，清华大学出版社，2003。

14. 〔美〕理查德·W. 斯格特：《组织理论》，黄洋、李霞、申薇、席侃译，华夏出版社，2002。

15. 〔美〕罗伯特·D. 帕特南：《使民主运转起来》，王列、赖海榕译，江西人民出版社，2001。

16. 〔美〕罗伯特·考特，托马斯·尤伦：《法和经济学（第五版）》，史晋川等译，格致出版社，2010。

17. 〔美〕曼库尔·奥尔森：《国家兴衰探源》，商务印书馆，1995。

18. 〔美〕尼尔·斯梅尔瑟：《经济社会学》，方明、折晓叶译，华夏出版社，1989。

19. 〔美〕乔治·弗里德里克森：《公共行政的精神》，张成福译，中国人民大学出版社，2003。

20. 〔美〕塞缪尔·亨廷顿：《经济改革与政治改革》，载《市场逻辑与国家观念》，三联书店，1995。

21. 〔美〕亚历克斯·英克尔斯：《社会学是什么》，陈观胜、李培荣译，中国社会科学出版社，1981。

22. 〔美〕詹姆斯·M. 布坎南、〔美〕罗杰·D. 康格尔顿：《原则政治，而非利益政治：通向非歧视性民主》，张定淮、何志平译，社会科学文献出版社，2004。

23. 〔美〕詹姆斯·N. 罗西瑙：《没有政府统治的治理》，江西人民出版社，2001。

24. 〔日〕青木昌彦：《市场的作用国家的作用》，林家彬译，中国发展出版社，2002。

25. 〔英〕安东尼·吉登斯：《一种社会组织理论》，《国外社会学》1991年第6期。

26. 〔英〕亚当·斯密：《国民财富的性质和原因的研究》，商务印书馆，1981。

三　期刊论文

1. 陈剩勇、马斌：《温州民间商会民主的价值与民主发展的困境》，《开放时代》2004 年第 1 期。

2. 陈剩勇：《另一种领域的民主：浙江温州民间商会的政治学视角》，《学术界》2003 年第 6 期。

3. 崔月琴、沙艳：《社会组织的发育路径及其治理结构转型》，《福建论坛》（人文社会科学版）2015 年第 10 期。

4. 崔月琴、王嘉渊、袁泉：《社会治理创新背景下社会组织的资源困局》，《学术研究》2015 年第 11 期。

5. 崔月琴：《新时期中国社会管理组织基础的变迁》，《福建论坛》（人文社会科学版）2010 年第 11 期。

6. 崔月琴：《转型期中国社会组织发展的契机及其限制》，《吉林大学社会科学学报》2009 年第 3 期。

7. 邓燕华、阮横俯：《农村银色力量何以可能——以浙江老年协会为例》，《社会学研究》2008 年第 6 期。

8. 杜艳艳：《对公益组织品牌建设的思考》，《新闻界》2011 年第 4 期。

9. 冯巨章：《企业合作网络的边界——以商会为例》，《中国工业经济》2006 年第 1 期。

10. 傅昌波、简燕平：《行业协会商会与行政脱钩改革的难点与对策》，《行政管理改革》2016 年第 10 期。

11. 高成运：《民间组织能力建设的视角与路径》，《学会》2006 年第 5 期。

12. 高成运：《推进新常态下行业协会商会健康有序发展》，《社会治理》2016 年第 1 期。

13. 葛亮：《行业协会商会去行政化的困境与路径协同——以政府转移职能为抓手》，《中国机构改革与管理》2016 年第 5 期。

14. 顾昕、王旭：《从国家主义到法团主义：中国市场经济转型过程中国家与专业团体关系的演变》，《社会学研究》2005 年第 2 期。

15. 管兵:《政府向谁购买服务:一个国家与社会关系的视角》,《公共行政评论》2016年第1期。

16. 郭薇、秦浩:《行业协会参与市场治理的内生障碍、外部条件及动力路径分析》,《前沿》2012年第12期。

17. 郭薇等:《行业协会与政府合作治理市场的可能性及限度》,《东北大学学报》(社会科学版)2013年第1期。

18. 何靖华:《非营利组织绩效评价初探》,《中国外资》2010年第12期。

19. 何增科:《论改革完善我国社会管理体制的必要性与意义——中国社会管理体制改革与社会工作发展研究之一》,《毛泽东邓小平理论研究》2007年第8期。

20. 胡辉华、陈楚烽、郑妍:《后双重管理体制时代的行业协会如何成长发展?——以广东省物流行业协会为例》,《公共行政评论》2016年第4期。

21. 黄小惠、鲁水清、徐彦儒、武平:《我国第一家行业协会在改革中发挥行业管理的作用——关于中国包装技术协会行业管理情况的调查》,《中国包装》1994年第1期。

22. 纪莺莺:《转型国家与行业协会多元关系研究——一种组织分析的视角》,《社会学研究》2006年第2期。

23. 纪莺莺:《当代中国的社会组织:理论视角与经验研究》,《社会学研究》2013年第5期。

24. 贾西津、张经:《行业协会商会与政府脱钩改革方略及挑战》,《社会治理》2016年第1期。

25. 贾西津:《中国公民社会发育的三条路径》,《中国行政管理》2003年第3期。

26. 江华、张建民、周莹:《利益契合:转型期中国国家与社会关系的一个分析框架——以行业组织政策参与为案例》,《社会学研究》2011年第3期。

27. 江静:《转型国家行业协会功能发挥的制约因素——基于政府视角的分析》,《财经问题研究》2006年第11期。

28. 康宗基：《从政府选择到社会选择：民间组织发展的必由之路》，《西北农林科技大学学报》2011 年第 11 期。

29. 孔凡义等：《社会组织去行政化：起源、内容和困境》，《武汉科技大学学报》（社会科学版）2014 年第 5 期。

30. 孔繁斌：《从限制结社自由到监管公共责任》，《中国行政管理》2005 年第 2 期。

31. 蓝煜昕：《试论我国非营利部门的法制环境指数》，《中国非营利评论》2009 年第 1 辑。

32. 黎军、李海平：《行业协会法人治理机制研究》，《中国非营利评论》2009 年第 1 辑。

33. 李利利：《超越精英治理模式：行业协会治理模式再思考》，《领导科学》2018 年第 2 期。

34. 李强：《社会组织去行政化的挑战与应对》，《社会管理研究》2014 年第 7 期。

35. 李学楠：《政社合作中资源依赖与权力平衡基于上海市行业协会的调查分析》，《社会科学》2015 年第 5 期。

36. 龙宁丽：《关于全国性行业协会网络关系结构的考察》，《中国社会组织》2015 年第 8 期。

37. 麻宝斌、任晓春：《从社会管理到社会治理：挑战与变革》，《学习与探索》2011 年第 3 期。

38. 马秋莎：《比较视角下中国合作主义的发展：以经济社团为例》，《清华大学学报》（哲学社会科学版）2007 年第 2 期。

39. 乜琪：《民间组织"双重管理"体制的运行效用及问题分析》，《北京行政学院学报》2012 年第 5 期。

40. 潘惠彬、梁根乐：《社团挂靠体制的弊端分析》，《学会》2006 年第 6 期。

41. 彭敏：《行业协会内部治理结构运行中存在的问题和解决途径——以 C 行业协会为例》，《学会》2014 年第 11 期。

42. 彭泽益：《中国行会史研究的几个问题》，《历史研究》1988 年第 6 期。

43. 秦诗立、岑丞：《商会：从交易成本的视角解释》，《上海经济研究》2002 年第 4 期。

44. 任丙强、曹庆萍、雷强：《"官办"行业协会的发展路径研究——治理理论途径的建构》，《北京航空航天大学学报》（社会科学版）2011 年第 1 期。

45. 石碧涛、张捷：《行业协会的精英治理利弊问题分析》，《西南农业大学学报》（社会科学版）2011 年第 3 期。

46. 宋悦华、吴诗琪：《当前我国行业协会角色扮演失调现象及对策分析》，《学会》2006 年第 11 期。

47. 孙发锋：《我国行业协会"去行政化"改革的成效、问题和对策》，《河北青年管理干部学院学报》2013 年第 4 期。

48. 孙元欣、于茂荐：《关系契约理论研究述评》，《学术交流》2010 年第 8 期。

49. 谭燕：《行业协会治理：组织目标、组织效率与控制权博弈》，《管理世界》2006 年第 10 期。

50. 田国杰、陈伟：《行业协会在反倾销应诉中组织作用的博弈分析》，《温州职业技术学院学报》2011 年第 2 期。

51. 田凯：《发展与控制之间：中国政府部门管理社会组织的策略变革》，《河北学刊》2016 年第 2 期。

52. 王名、孙春苗：《行业协会论纲》，《中国非营利评论》2009 年第 1 辑。

53. 王名、刘求实：《中国非政府组织发展的制度分析》，《中国非营利评论》2007 年第 1 辑。

54. 王名、孙春苗：《行业协会论纲》，《中国非营利评论》2009 年第 1 辑。

55. 王名：《治理创新重在政社分开》，《人民论坛》2014 年第 4 期。

56. 王诗宗、宋程成：《独立抑或自主：中国社会组织特征问题重思》，《中国社会科学》2013 年第 5 期。

57. 王杨、邓国胜：《社会资本视角下青年社会组织培育的逻辑》，《中国青年研究》2015 年第 7 期。

58. 王永干:《经济全球化背景下的中国电力企业联合会》,《中国电力企业管理》2003年第3期。

59. 韦锋、梅娟:《当代中国行政改革价值取向的嬗变》,《四川理工学院学报》(社会科学版) 2009年第5期。

60. 吴建平:《理解法团主义——兼论其在中国国家与社会关系研究中的适用性》,《社会学研究》2012年第1期。

61. 吴军民:《行业协会的组织运作:一种社会资本分析视角——以广东南海专业镇行业协会为例》,《管理世界》2005年第10期。

62. 吴伟:《竞争能够提高协会服务能力吗?——行业协会的竞争逻辑及实证分析》,《中国行政管理》2017年第3期。

63. 徐家良、张玲:《治理结构、运行机制、与政府关系:非营利组织有效性分析——浙江省义乌市玩具行业协会个案》,《北京行政学院学报》2005年第4期。

64. 徐家良、赵挺:《政府购买公共服务的现实困境与路径创新:上海的实践》,《中国行政管理》2013年第8期。

65. 徐家良:《双重赋权:中国行业协会的基本特征》,《天津行政学院学报》2003年第1期。

66. 徐林清、张捷:《我国行业协会的营利倾向与治理困境》,《南京社会科学》2009年第3期。

67. 徐晞、叶民强:《政府职能向行业协会转移的新制度经济学分析》,《商业研究》2006年第16期。

68. 许昀:《从"国家与社会"视角看社会团体的内部治理问题》,《社团管理研究》2009年第5期。

69. 学会挂靠体制与学会办事机构改革专题调研组:《关于学会挂靠体制及办事机构改革的专题调研报告》,《学会》2005年第1期。

70. 杨力伟、周云梅:《国外行业协会情况简介》,《中国物资经济》1996年3期。

71. 姚晓霞:《工业行业协会:转型定位与成熟路径》《江海学刊》2003年第6期。

72. 尹广文、崔月琴:《能人效应与关系动员:农民专业合作组织的生成机制和运作逻辑》,《南京农业大学学报》（社会科学版）2016 年第 2 期。

73. 尹海洁、游伟婧:《非政府组织的政府化及对作者绩效的影响》,《公共管理学报》2008 年第 3 期。

74. 游祥斌、刘江:《从双重管理到规范发展——中国社会组织发展的制度环境分析》,《北京行政学院学报》2013 年第 4 期。

75. 于显洋、蔡斯敏:《多元合作何以实现——现代社会治理下的行业协会行动机制》,《哈尔滨工业大学学报》（社会科学版）2015 年第 2 期。

76. 于晓虹、李姿姿:《当代中国社团官民二重性的制度分析——以北京市海淀区个私协会为个案》,《开放时代》2001 年第 9 期。

77. 余晖:《行业协会及其在中国转型期的发展》,《制度经济学研究》2003 年第 1 期。

78. 余晖:《我国行业组织管理体制的模式选择》,《财经问题研究》2008 年第 8 期。

79. 俞可平:《治理和善治引论》,《马克思主义与现实》1999 年第 5 期。

80. 俞可平:《中国公民社会：概念、分类与制度环境》,《中国社会科学》2006 年第 1 期。

81. 郁建兴、沈永东、周俊:《从双重管理到合规性监管——全面深化改革时代行业协会商会监管体制的重构》,《浙江大学学报》（人文社会科学版）2014 年第 7 期。

82. 郁建兴、周俊、沈永东、何宾:《后双重管理体制时代的行业协会商会发展》,《浙江社会科学》2013 年第 12 期。

83. 袁曙宏、宋功德:《通过公法变革优化公共服务》,《国家行政学院学报》2004 年第 5 期。

84. 张贯一:《我国企业协会的覆盖率及其相关制度的再设计》,《改革与战略》2009 年第 4 期。

85. 张冠:《转型期我国行业协会治理能力缺失与改善路径》,《辽宁工业大学学报》（社会科学版）2014 年第 5 期。

86. 张华:《连接纽带抑或依附工具：转型时期中国行业协会研究文献

评述》,《社会》2015 年第 3 期。

87. 张捷、王霄、赵永亮:《商会治理功能与组织边界的经济学分析——基于公共选择的理论框架与中国的经验证据》,《中国工业经济》2009 年第 11 期。

88. 张紧跟:《从结构论争到行动分析：海外中国 NGO 研究述评》,《社会》2012 年第 3 期。

89. 张静:《通道变迁：个体与公共组织的关联》,《学海》,2015 年第 1 期。

90. 张康之:《合作治理是社会治理变革的归宿》,《社会科学研究》2012 年第 3 期。

91. 张良等:《论我国行业协会的重组模式、治理结构和政策创新》《华东理工大学学报》(社会科学版) 2004 年第 1 期。

92. 张沁洁:《参与合作：行业协会的运作逻辑》,《广东社会科学》2007 年第 2 期。

93. 张银岳:《从结构、心灵到体系：社会行动的逻辑演进》,《西南大学学报》(社会科学版) 2010 年第 5 期。

94. 赵立波:《政府购买行业协会商会服务研究》,《学习论坛》2016 年第 1 期。

95. 赵向莉:《不同生成途径行业协会的功能差异分析》,《统计与决策》2011 年第 21 期。

96. 赵永亮、张捷:《商会服务功能研究——公共品还是俱乐部品供给》,《管理世界》2009 年第 12 期。

97. 郑超:《社会组织"去行政化"正当时》,《中国社会组织》2014 年第 16 期。

98. 郑江淮、江静:《理解行业协会》,《东南大学学报》(哲学社会科学版) 2007 年第 6 期。

99. 周立群、李峰:《行业协会服务属性探析——兼论我国行业协会的发展机理》,《天津社会科学》2008 年第 2 期。

100. 周雪光:《西方社会学关于中国组织与社会制度变迁研究状况评述》,《社会学研究》1999 年第 4 期。

四　学位论文

1. 程子娴：《商会寻租行为研究》，硕士学位论文，暨南大学，2008。

2. 黄建：《治理视阈下中国地方工商联合会之功能研究》，博士学位论文，武汉大学，2010。

3. 李丹：《我国行业协会治理结构研究》，硕士学位论文，南京航天航空大学，2006。

4. 李学楠：《行业协会政治行动的逻辑与资源依赖结构》，博士学位论文，复旦大学，2014。

5. 鲁篱：《行业协会经济自治权研究》，博士学位论文，西南政法大学，2002。

6. 沈恒超，《行业协会管理体制研究：基于国家与社会关系的分析》，硕士学位论文，清华大学，2003。

7. 石碧涛：《转型时期中国行业协会治理研究》，博士学位论文，暨南大学，2011。

8. 孙芳：《中国行业协会发展方向研究》，博士学位论文，对外经济贸易大学，2004。

9. 孙丽军：《行业协会的制度逻辑》，博士学位论文，复旦大学，2004。

10. 陶超波：《行业协会与政府互动关系研究——以广东省 W 行业协会为例》，硕士学位论文，暨南大学，2011。

五　报纸网络

1. 常梦飞：《行业协会"去行政化"仅仅迈出一小步》，《中国改革报》2007年6月11日第7版。

2. 林依文：《不再是"项目化缘"商会众筹服务会员》，《厦门晚报》2016年7月13日第B3版。

3. 刘雪梅：《"工程机械"是具有中国特色的名称》，《中国机电日报》2002年1月8日第4版。

4. 麦凤庄：《"断奶"后，行业协会吃什么?》，《佛山日报》2012年6

月 26 日第 A5 版。

5. 欧阳少伟:《同班同学组商会不收会费玩众筹》,《南方都市报》2015 年 12 月 18 日第 A6 版。

6.《行业协会现行的双重管理体制必须改革》,中国纺织网,2003-6-24。

7. 余晖:《寻找自我:转型期自治性行业组织的生发机制》,http://www.unirule.org.cn.

8.《粤仅一成行业协会承接政府转移职能》,《南方都市报》2013 年 5 月 27 日。

9. 赵昂:《行业协会去行政化难在哪儿?》《工人日报》2014 年 7 月 30 日第 5 版。

10. 重华:《李毅中:行业协会脱钩重在去行政化》,《第一财经日报》2014 年 7 月 28 日第 A3 版。

六 外文文献

1. A. Chan, "Revolution or Corporatism? Workers and Trade Unions in Post-Mao China," *The Australian Journal of Chinese Affairs*, 29 (1), 1993.

2. A. Grief, "Contract Enforceability and Economic Institutions in Early Trade: The Maghribi Traders' Coalition," *American Economic Review*, 83 (3), 1993.

3. A. Ordanini, L. Miceli, M. Pizzetti & A. Parasuraman, "Crowd Funding: Transforming Customers into Investors through Innovative Service Platforms," *Journal of Service Management*, 22 (4), 2011.

4. B. J. Dickson, *Red Capitalists in China: The Party, Privae Enterpreneurs, and Prospects for Political Change*, Cambridge: Cambridge University Press, 2000.

5. B. Jessop, "Interpretive Sociocity and the Dialectic of Structure and Agency," *Theory, Culture & Society*, 13 (1), 1996.

6. C. L. Lockley, "Trade Associations as Advertisers," *Journal of Marketing*, 8 (2), 1943.

7. C. Oliver, "Strategic Responses to Institutional Processes," *Academy of Management Review*, 16 (1), 1991.

8. D. Riley, "Civic Associations and Authoritarian Regime in Interwar Europe: Italy and Spain in Comparative Perspective," *American Sociology*, 70 (2), 2005.

9. D. Wank, "The Making of China's Rentier Entrepreneur Elite: State, Clientelism, and Power Conversion, 1978–1995," *Politics in China Moving Frontiers*, F. Mengin, J. L. Rocca, (eds.), New York: Macmillan, 2002.

10. E. Ostrom, "Building Trust to Solve Commons Dilemmas: Taking Small Steps to Test an Evolving Theory of Collective Action," L. Simon (ed.), *Games, Groups and the Global Good*, NewYork: Springer, 2008.

11. F. Recanatini, R. Ryterman, "Disorganization or Self-Organization," *World Bank Working Paper*, 2001 (2).

12. F. Traxler, G. Huemer, *Handbook of Business Interest Associations, Firm Size and Governance: A Comparative Analytical Approach*, London: Routledge, 2007.

13. F. V. Waarden, "Emergence and Development of Business Interest Associations: An Example from the Netherlands," *Organization Studies*, 13 (4), 1992.

14. F. V. Waarden, "Sector Structure, Interests and Associative Action in the Food Processing Industry," in Wyn Grant, *Business Interests, Organizational Development and Private Interest Government*, Berlin: de Gruyter, 1987.

15. G. K. Hadfield, "Problematic Relations: Franchising and the Law of Incomplete Contracts," *Standford Law Review*, 42 (4), 1990.

16. G. P. Lamb, "Trade Association Law and Practice," *The University of Chicago Law Review*, 24 (4), 1957.

17. Han Jun, "Social Marketision and Policy Influence of Third Sector Organisations: Evidence from the UK," *VOLUNTAS: International Journal of Voluntary and Nonprofit Organizations*, 28 (3), 2017.

18. H. P. Baker, "Practical Problem of Trade Association," *Proceedings*

of the Academy of Political Science in the City of New York, 11 (4), 1926.

19. J. A. Bradshaw, "Taxonomy of Social Need," *New Society*, 30 (3), 1972.

20. J. B. Robert, "The Logic of Local Business Association: An Analysis of Voluntary Chambers of Commerce," *Journal of Public Policy*, 15 (3), 1996.

21. I. L. Sharfman, "The Trade Association Movement," *American Economic Review*, 16 (1), 1926.

22. J. Kooiman, *Modern Governance: Government-Society Interacetions*, London: Sage, 1993.

23. J. Unger, "Chinese Associations, Civil Society, and State Corporatism: Disputed Terrain," J. Unger, ed., *Association and the Chinese State: Contested Spaces*, New York: M. E. Sharpe, Inc, 2008.

24. K. W. Foster, "Embedded Within State Agencies: Business Assocaitions in Yantai," *The China Journal*, 47 (1), 2002.

25. L. Dittmer, "Chinese Informal Politics," *The China Journal*, 34 (7), 1995.

26. L. Galambos, *Competition and Cooperation: The Emergence of a National Trade Association*, Baltimore: Johns Hopkins University Press, 1965.

27. L. H. Lynn, T. J. Mckeown, *Organizing Business: Trade Associations in America and Japan*, Washington, D. C: America Enterprise Institute for Public Policy Research, 1988.

28. Lin Nan, *Social Capital: A theory of Social Structure and Action*, Cambridge University Press, 2001.

29. M. F. Rademakers, "Agents of Trust: Business Associations in Agri-food Supply Systems," *International Food and Agribusiness Management Review*, 2000 (3).

30. M. Granovetter, *The Old and New Economic Sociolgy: A History and an Agenda*, New York: Aldine DeGruyter, 1990.

31. M. Pearson, *China's New Business Elite: The Political Consequences*

of Economic Reform, Berkley and Los Angeles, California: University of California Press, 1997.

32. M. Schneiberg, J. R. Hollingsworth, "Can Transaction Cost Economics Explain Trade Associations?" Masahikon Aoki, Bo Gustaffaon, O. Williamson, *The Firm as a Nexus of Treaties*, London and Beverly Hills: Sage Pulications, 1990.

33. N. R. Lamoreaux, *The Great Merger Movement in American Business*, Cambridge: Cambridge university press, 1985.

34. Pei Minxin, "Chinese Civic Association: A Emprical Analysis," *Modern China*, 24 (3), 1998.

35. P. P. Aleman, "A Learning-Centered View of Business Associations: Building Business-Government Relations for Development," *Business and Politics*, 5 (2), 2003.

36. R. F. Doner, B. R. Schneider, R. S. Ben, "Business Association and Economic Development: Why Some Associations Contribute More than Others," *Business and Politics*, 2 (3), 2000.

37. R. K. Merton, "Social Structure and Anomie," *American Sociological Review*, 3 (5), 1938.

38. R. J. Bennett, "The Logic of Membership of Sector Business Associations," *Review of Social Economy*, 57 (1), 2000.

39. S. White, "The Politics of NGO Development in China," *Voluntas: International Journal of Voluntary and Nopprofit Organizations*, 2 (2), 1991.

40. T. Parsons, "A Sociological Approach to the Theory of Organizations," Talcott Parsons, ed., *Structure and Process in Modern Societies*, Glencor, IL: Free Press, 1960.

41. T. Pierenkemper, "Trade Associations in Germany in the Late Nineteenth and Early Twentieth Century," Hiroaki Yamazaki, Matao Miyamoto, eds., *Trade associations in Business History*, Tokyo: Tokyo University Press, 1988.

42. T. Saich, "Negotiating the State: The Development of Social

Oranizations in China," *China Quarterly*, 161（3）, 2001.

43. W. Beyond, "Economic, Organizational, and Political Influences on Biases in Forecasting State Sales Tax Receipts," *International Journal of Forecasting*, 7（4）, 2007.

44. W. Compton, W. Myron, et al., "Trade Association-Discussion," *The American Economic Review*, 16（1）, 1926.

45. W. M. John, R. Brian, "Institutionalized Organizations: Formal Structure as Myth and Ceremony," *American Journal of Sociology*, 83（2）, 1977.

46. W. R. Scott, *Institutions and Organizations*, Thousand Oaks, CA: Sage, 1995.

47. W. Streeck, P. C. Schmitter, "Community, Market, State-and Associations? The Prospective Contribution of Interest Governance to Social Order," *European Sociological Review*, 1（2）, 1985.

48. W. Streeck, P. C. Schmitter, *Private Interest Government: Beyond Market and State—Sage Studies in Neo-corporatism*, SAGE Publications Ltd, 1985.

49. X. Vives, "Trade Association Disclosure Rules, Incentives to Share Information, and Welfare," *Rand Journal of Economics*, 21（3）, 1990.

后　记

本书是在我的博士后出站报告的基础上形成的，也是在我承担的山西省哲学社会科学规划项目"提升社会治理能力研究：以行业协会与政府的互动为例"（2016054007）、中国博士后科学基金第59批面上资助项目"行业协会治理结构转型：以煤炭工业协会去行政化为例"（2016M591473）的成果上完善的。

在吉林大学攻读博士学位和做博士后期间，得到了老师们的悉心指导和帮助，在此深表谢意。特别是导师崔月琴教授将我收在"门下"，使我有了进一步学习的机会和发展的可能，老师的亲切和蔼让我感受到一股回家般的温暖。难忘师门讨论会上，同门的热烈发言和独到观点；难忘老师来太原开会，间歇和休息期间还给我讲述社会组织的学术见解和经典理论；难忘参与老师重大项目结题会，眼界得到很大提高……老师的学识和为人折服了我，使我受到一种如沐春风的幸福。

同时，感谢我的硕士导师王臻荣教授和博士导师麻宝斌教授帮我步入恬淡的学术旅程。王老师总在不断地鼓励我、关心我、帮助我，他乐观的态度和豁达的品格总是让我钦佩不已。麻老师的言传身教和启迪开导使我受益匪浅，初尝专研学问的乐趣。现任教的山西大学的学院领导都为本书的完成提供了便利的条件，使我能够全身心地投入到工作学习之中。

此外，感谢参考文献的作者们为本书的完成提供了借鉴和启发。也感谢生活和学习中每一位知名与不知名朋友的帮助。

最后，感谢我的家人：父母无微不至的关爱是我的心灵依靠，妻子的默默支持是我全身投入科研的坚强后盾，一双可爱女儿的甜美笑容是我永远的前行动力。

本书文稿的完成虽经历了反复加工与精雕细琢，但目前的研究成果只能算作研究的起点。而且，由于文献的稀缺和问题的错综复杂，再加上天资和积累的明显不足，势必难以取得令人满意的研究成果。书中不足之处，敬请读者批评指正。

图书在版编目(CIP)数据

行业协会的治理转型与渐进调适／任晓春著. -- 北京：社会科学文献出版社，2022.1
ISBN 978-7-5201-8214-0

Ⅰ.①行… Ⅱ.①任… Ⅲ.①行业协会-组织管理-研究-中国 Ⅳ.①F279.21

中国版本图书馆 CIP 数据核字（2021）第 063729 号

行业协会的治理转型与渐进调适

著　　者 / 任晓春
出 版 人 / 王利民
责任编辑 / 范　迎
责任印制 / 王京美

出　　版 / 社会科学文献出版社·人文分社（010）59367215
地址：北京市北三环中路甲29号院华龙大厦　邮编：100029
网址：www.ssap.com.cn
发　　行 / 社会科学文献出版社（010）59367028
印　　装 / 三河市龙林印务有限公司
规　　格 / 开　本：787mm×1092mm　1/16
印　张：15.5　字　数：247千字
版　　次 / 2022年1月第1版　2022年1月第1次印刷
书　　号 / ISBN 978-7-5201-8214-0
定　　价 / 128.00元

读者服务电话：4008918866

△ 版权所有 翻印必究